中国农业发展银行服务脱贫攻坚系列丛书

中国农业发展银行金融扶贫模式

中国农业发展银行◎著

中国金融出版社

责任编辑：黄海清　童祎薇
责任校对：李俊英
责任印制：程　颖

图书在版编目（CIP）数据

中国农业发展银行金融扶贫模式／中国农业发展银行著. —北京：中国金融出版社，2023.9

（中国农业发展银行服务脱贫攻坚系列丛书）

ISBN 978-7-5220-1583-5

Ⅰ. ①中…　Ⅱ. ①中…　Ⅲ. ①中国农业发展银行—扶贫模式—研究　Ⅳ. ①F832.33

中国版本图书馆CIP数据核字（2022）第055609号

中国农业发展银行金融扶贫模式
ZHONGGUO NONGYE FAZHAN YINHANG JINRONG FUPIN MOSHI

出版
发行　中国金融出版社

社址　北京市丰台区益泽路2号
市场开发部　（010）66024766，63805472，63439533（传真）
网 上 书 店　www.cfph.cn
　　　　　　（010）66024766，63372837（传真）
读者服务部　（010）66070833，62568380
邮编　100071
经销　新华书店
印刷　天津市银博印刷集团有限公司
尺寸　185毫米×260毫米
印张　19.75
字数　370千
版次　2023年9月第1版
印次　2023年9月第1次印刷
定价　90.00元
ISBN 978-7-5220-1583-5

如出现印装错误本社负责调换　联系电话（010）63263947

丛书编委会

序言

PREFACE

消除贫困、改善民生、逐步实现共同富裕，是社会主义的本质要求，是中国共产党对人民的庄严承诺。党的十八大以来，以习近平同志为核心的党中央把脱贫攻坚摆在治国理政的突出位置，作为实现第一个百年奋斗目标的重点任务，纳入“五位一体”总体布局和“四个全面”战略布局，采取一系列具有原创性、独特性的重大举措，组织实施了人类历史上规模空前、力度最大、惠及人口最多的脱贫攻坚战。经过全党全国各族人民共同努力，我国脱贫攻坚战取得全面胜利，完成了消除绝对贫困的艰巨任务，创造了又一个彪炳史册的人间奇迹。

金融扶贫，特别是政策性金融扶贫是国家层面的重要制度安排。中国农业发展银行作为我国唯一的农业政策性银行，自1994年成立以来，始终将服务国家战略和“三农”事业发展作为重要政治任务和职责使命，聚焦重点区域领域，特别是对贫困地区加大支持力度，资产规模突破8万亿元，贷款余额7.37万亿元，是我国农村金融体系中的骨干和主力。党中央打响脱贫攻坚战以来，农发行在全国金融系统率先发力，确立以服务脱贫攻坚统揽业务发展全局，坚定金融扶贫先锋主力模范目标不动摇，构建全行全力全程扶贫工作格局，大力支持易地扶贫搬迁、深度贫困地区、产业扶贫、“三保障”专项扶贫、定点扶贫、东西部扶贫协作和“万企帮万村”行动等，全力以赴支持打赢脱贫攻坚战。

脱贫攻坚期，农发行累计投放精准扶贫贷款2.32万亿元，占全国精准扶贫贷款投放额的四分之一；2020年末扶贫贷款余额1.5万亿元，投放额和余额始终稳居全国金融系统首位；连续5年荣获全国脱贫攻坚奖，5个集体和3名个人在全国脱贫攻坚总结表彰大会上荣获表彰，在历年中央单位定点扶贫成效评价中均获得“好”的等次，树立了“扶贫银行”的品牌形象，为脱贫攻坚战全面胜利贡献了农业政策性金融的智慧和力量。

习近平总书记指出：“脱贫攻坚不仅要做得好，而且要讲得好。”2021年，农发行党委决定组织编纂“中国农业发展银行服务脱贫攻坚系列丛书”，系统总结政策性金融扶贫的成功经验，传承农发行服务脱贫攻坚精神，为支持巩固拓展脱贫攻坚成果、全面推进乡村振兴提供启示和借鉴。系列丛书共6册，依次为《农业政策性银行扶贫论纲》《中国农业发展银行金融扶贫“四梁八柱”》《中国农业发展银行金融扶贫模式》《中国农业发展银行定点扶贫之路》《金融扶贫先锋》《我所经历的脱贫攻坚故事》，从理论思想、体制机制、产品模式、典型案例、先进事迹等维度，全景式展现农发行服务脱贫攻坚的历史进程和实践经验。

“十三五”期间，农发行紧紧瞄准贫困地区发展和贫困人口脱贫面临的融资难、融资贵等问题，围绕“放得出、收得回、能保本”，整体谋划推进金融扶贫资金借、用、管、还，创新推出系列金融扶贫模式，较好地解决了“桥和船”的问题。本书共收集农发行服务脱贫攻坚金融扶贫模式32种、典型案例65个，每种模式以“政策+产品+模式+案例”为脉络展开，内容覆盖“两不愁三保障”、产业扶贫、项目扶贫、专项扶贫等脱贫攻坚重点领域、薄弱环节，全方位展现了农发行以中央部署和国家政策为遵循、以信贷产品和模式创新为重点、以典型案例和成功经验为指引的金融扶贫之路。

在一年多的研究写作过程中，课题组得到了来自农发行系统内外各位领导的悉心指导和各级行、各部门的大力支持。在此，谨向长期以来关心、支持和直接参与农发行服务脱贫攻坚工作的各级领导表示衷心感谢，向奋战在脱贫攻坚一线、为政策性金融扶贫事业作出贡献的广大同仁致以崇高的敬意！

由于作者水平有限，书中难免有疏漏、不当之处，敬请读者批评指正。

“中国农业发展银行服务脱贫攻坚系列丛书”编写委员会

2022年6月

目录

CONTENTS

第一章　中国金融扶贫模式

第二章　农发行金融扶贫模式

第三章　易地扶贫搬迁金融扶贫模式

第四章 “三保障”金融扶贫模式

第五章 粮棉油产业金融扶贫模式

第六章 基础设施金融扶贫模式

第八章 政策性金融扶贫实验示范区模式创新与成效

第九章　“东西部扶贫协作”“万企帮万村”金融扶贫模式

第十章　巩固拓展成果　推进乡村振兴

第一章 中国金融扶贫模式

第一节 金融扶贫概述

一、金融扶贫的意义

脱贫攻坚战打响以来，党中央、国务院把金融扶贫作为脱贫攻坚的重要举措来部署。《中共中央 国务院关于打赢脱贫攻坚战的决定》提出了20条金融扶贫具体措施，被称为“最有新意、最有含金量”的政策举措。习近平总书记2018年2月在打好精准脱贫攻坚战座谈会上强调“脱贫攻坚，资金投入是保障。必须坚持发挥政府投入主体和主导作用，增加金融资金对脱贫攻坚的投放，发挥资本市场支持贫困地区发展作用，吸引社会资金广泛参与脱贫攻坚，形成脱贫攻坚资金多渠道、多样化投入”[①]。

在国家脱贫攻坚规划、“精准扶贫、精准脱贫”方略等顶层设计引领下，金融机构对接贫困地区、贫困人口多元化融资需求精准配置金融资源，帮助贫困地区改善基础设施和提升公共服务，发展特色产业和培育市场主体，促进贫困地区摘帽、贫困人口脱贫。作为我国扶贫开发工程的重要组成部分，金融扶贫在贯彻落实中央顶层设计和战略部署，推动扶贫政策实施落地，促进贫困地区社会经济发展的过程中发挥了不可替代的重要作用。

一是鼓励金融机构积极服务贫困地区实体经济发展。金融是现代经济的血脉，金融业与实体经济相互依存、同生共荣。然而受金融工具创新以及全球资本市场不规律流动带来的投机影响，金融机构刻意追求“短平快”的趋利性越来越强。金融扶贫是落实国家脱贫攻坚战略的制度安排。庄严的政治承诺、系统的组织保障和全社会参与的大格局，要求金融机构承担惠农益贫责任，因地制宜、综合施策、主动作为参与脱贫攻坚，把资金投向边际效应更高的贫困地区，提高资金供给和配置效率，在避免“脱实向虚”的同时，兼顾社会效益与经济效益。

二是打破贫困地区长期金融资源短缺导致的恶性循环。受自然禀赋、市场滞后以及其他风险因素影响，我国“老少边穷”等贫困地区普遍基础设施落后，劳动生产率不高，投资吸引力明显不足，各种不利因素多重叠加使原本就匮乏的本地资源更加稀缺，城乡、工农“剪刀差”诱使金融资源持续外流，进一步加剧了当地的贫困水平，形成致贫恶性循环。金融扶贫通过实施特定政策，为贫困地区注入发展产业、改善生产生活条件所必需的资金，打破资源禀赋不足导致的贫困闭环，对帮助贫困人口摆脱“贫困陷阱”具有重要意义。

① 中共中央党史和文献研究院．习近平扶贫论述摘编[M]．北京：中央文献出版社，2018:94.

三是弥补政策扶贫和公益扶贫有效供给不足的资源缺口。政策扶贫以财政扶贫为主，单纯通过公共部门直接向贫困地区和贫困人口发放财政性补贴。自1949年至脱贫攻坚战开始，我国已经历了五轮较大规模的扶贫，但受限于财政规模，扶贫成果在广度、深度上仍然有较大差距，存量贫困群体还有相当规模。公益扶贫以社会公益团体、个人为主，扶贫资金和物资来自自发筹集，占社会总扶贫的份额较小，方式手段也以治标为主。金融扶贫不仅为贫困地区和贫困人口注入大量金融资源，还可以发挥杠杆作用，与政策扶贫、公益扶贫形成合力，撬动全社会更多资源的投入，在扶贫领域形成资源持续供给的良好局面。

四是引导开发式扶贫在贫困地区发挥基础性作用。金融扶贫具有开发属性，以市场机制为基础，在严格遵循金融规律，坚持安全性、流动性、效益性相统一的前提下，缓解贫困地区的资金约束，通过金融手段满足贫困地区交通、水利、医疗、教育等基础设施和民生事业的资金需求，支持产业做大做强带动贫困人口就业创业，有力促进贫困地区经济社会发展。金融在经济中具有核心地位，可以将开发式扶贫方式带入贫困地区市场建设，弥补贫困地区长期市场失灵造成的“缺人、缺钱、缺资源”劣势，促进信用制度建设和市场能力培育，助力实现国家经济建设的各项目标。

二、金融扶贫的概念界定

金融扶贫是指综合运用金融资源，统筹国家各项扶贫政策、各类金融政策和工具，帮助贫困地区和贫困户开发经济、发展生产、摆脱贫困的一种开发性扶贫方式。金融扶贫将金融资源投向贫困地区，立足基础设施建设和地方特色产业，支持实体经济快速发展，丰富当地各类生产经营活动，在全社会范围内促进各类资本资源持续流向贫困地区，激活内生发展动能，实现“贫困县摘帽、贫困村出列、贫困人口脱贫”。

从金融扶贫综合覆盖面、扶贫质效来看，金融扶贫可分为广义和狭义两个方面。广义的金融扶贫是指在普惠金融理论指导下，通过全面制定和实施有关扶贫的宏观金融调控政策和监管法律法规，建立有关激励约束机制，完善金融基础设施，着力引导各类金融机构共同参与，构建起宏观、中观和微观相结合的系统的扶贫金融服务体系，增强金融服务的包容性和公平性，满足贫困地区和贫困人口多元化的金融需求，帮助其在金融支持下以自身努力减贫和脱贫。狭义的金融扶贫相对于传统的财政扶贫、社会救助扶贫而言，是指以银行信贷为主，按照保本微利原则，为贫困地区和贫困人口提供优惠利率和低成本的金融服务，满足其生产生活的金融服务需求，进而帮助贫困群体实现减贫和脱贫。

从金融扶贫帮扶渠道、带动脱贫方式来看，可分为直接帮扶和间接帮扶。前者是为贫困人口直接提供金融服务，优点是定向精准，缺点是额度小、期限短，贫困家庭实现内生接续的能力明显不足；后者是向扶贫重点产业的优质企业提供金融服务，通过龙头企业及其所属产业的快速发展间接带动实现贫困人口脱贫。相较而言，间接帮扶更容易帮助贫困户进入劳动密集型产业，推动贫困群体充分就业，获得劳动性收入，或参与合作经济组织改善生产条件，贫困户与大市场实现有机对接，大幅提高经营性收入。在扶贫金融支持下，助贫经济主体的市场生存能力日益增强，益贫效能得以拓展，扶贫成效更加持久。通过金融支持贫困地区公共服务设施建设，贫困人口的生产、生活环境逐步改善，享有的上学、就医等社会服务水平显著提升，脱贫成果得到巩固，致富基础更加扎实。大规模的金融扶贫推动宏观经济环境进一步改善，市场运行效率持续提高，不断创造出更多的投资、就业机会。

三、金融扶贫的相关政策

我国的金融扶贫政策是在顺应经济发展趋势前提下，通过鼓励各地区扶贫实践"先行先试"而不断完善发展起来的，金融扶贫政策实现了从微观层面到宏观层面的全覆盖。

1992年10月，国务院扶贫开发领导小组与世界银行在北京召开有关扶贫的国际研讨会，这是中国首次与国际组织召开专门研讨会，也是中国首次提出"金融扶贫"概念。在较长的一段时间内，金融扶贫主要方式是提供扶贫贴息贷款，为贫困地区和贫困人口的基本生活保障、生产经营活动提供优惠资金支持。党的十八大以来，我国扶贫开发工作进入新的历史时期，金融扶贫政策更加综合全面，不仅从微观层面继续加强对贫困群体的资金支持，而且通过立法、立规、立标，从宏观层面逐步解决贫困地区经济社会发展、自然条件改善等各方面所面临的规制性障碍。习近平总书记强调，做好脱贫攻坚要发挥政府投入的主体和主导作用，发挥金融资金的引导和协同作用。[①]我国的金融扶贫在国家脱贫攻坚规划和精准扶贫、精准脱贫方略等顶层设计引领下，构建了日臻完善的金融精准扶贫政策体系，是将金融资源定向、精准配置到贫困地区和贫困人口的过程，是促进贫困地区经济社会发展、贫困人口脱贫致富的重要支撑，在服务打好打赢脱贫攻坚战中发挥了不可或缺的重要作用。

① 2017年6月23日，习近平总书记在山西太原主持召开深度贫困地区脱贫攻坚座谈会时发表题为《坚决打赢深度贫困地区脱贫攻坚这场硬仗中的硬仗》的重要讲话时强调。

2014年，人民银行等七部门联合出台了《关于全面做好扶贫开发金融服务工作的指导意见》（银发〔2014〕65号），提出了做好扶贫开发金融服务工作总体要求、重点支持领域、十项重点工作、保障政策措施、加强组织领导五个方面内容，是新时期全面做好扶贫开发金融服务的指导性意见，也是我国首个全面系统的关于金融扶贫政策体系的正式表述。

2015年《中共中央　国务院关于打赢脱贫攻坚战的决定》颁布实施，全党全社会共同参与的脱贫攻坚战正式拉开大幕。该文件把“加大金融扶贫力度”作为脱贫攻坚政策保障和支撑体系进行安排部署，提出鼓励和引导各类金融机构加大对扶贫开发的金融支持，包括设立扶贫再贷款、发行政策性金融债筹资专项用于易地扶贫搬迁等举措，为各专项金融扶贫政策的制定提供了依据，是总领脱贫攻坚全局和贯穿始终的纲领性文件。

2015年首次召开中央扶贫开发工作会议以来，各金融单位积极行动，围绕贯彻《中共中央　国务院关于打赢脱贫攻坚战的决定》中有关金融扶贫的20条举措，出台了包括《中国人民银行　发展改革委　财政部　银监会　证监会　保监会　扶贫办关于金融助推脱贫攻坚的实施意见》（银发〔2016〕84号）在内的总体指导政策，《中国银监会关于银行业金融机构积极投入脱贫攻坚战的指导意见》（银监发〔2016〕9号）、《中国证监会关于发挥资本市场作用服务国家脱贫攻坚战略的意见》（中国证券监督管理委员会公告〔2016〕19号）、《中国保监会关于做好保险业助推脱贫攻坚工作的意见》（保监发〔2016〕44号）等行业政策，《中国人民银行　财政部　银监会　证监会　保监会　扶贫办　共青团中央关于全面做好扶贫开发金融服务工作的指导意见》（银发〔2016〕65号）、《中国人民银行关于开办扶贫再贷款的通知》（银发〔2016〕91号）等产品政策，初步构建了金融扶贫政策框架体系。

2016年，人民银行会同相关部门联合印发的《关于金融助推脱贫攻坚的实施意见》（银发〔2016〕84号），从准确把握金融精准扶贫工作的总体要求、精准对接脱贫多元化融资需求、发挥各类金融机构助推脱贫攻坚主体作用、完善精准扶贫金融支持保障措施等六个方面提出22项金融扶贫政策举措，特别要求精准对接贫困地区发展规划，找准金融支持的切入点，精准对接特色产业、贫困人口就业就学、易地搬迁、重点项目和重点地区等领域的金融服务需求。

同年，人民银行印发的《中国人民银行关于建立金融精准扶贫贷款专项统计制度的通知》（银发〔2016〕185号）将金融扶贫贷款界定为“金融精准扶贫贷款”[①]，

① 《中国人民银行关于建立金融精准扶贫贷款专项统计制度的通知》（银发〔2016〕185号）。

依据承贷主体和贷款用途划分，分设了“产业精准扶贫贷款”和“项目精准扶贫贷款”，并对各类精准扶贫贷款的认定标准作了详细规定，对扶贫成效统计、多层成效归类等进行了精准界定。2017年，人民银行等四部门联合印发了《关于金融支持深度贫困地区脱贫攻坚的意见》（银发〔2017〕286号），涵盖强化责任、综合运用货币政策工具、改进完善差别化信贷管理、加强资金筹集使用管理、加强深度贫困地区金融生态环境建设、优化银行业金融机构监管考核、加强财税金融结合、完善监测考核评价机制等十三个方面，特别对着力做好深度贫困地区金融服务指明了方向、明确了措施。

2018年6月，中共中央政治局审议通过《中共中央　国务院关于打赢脱贫攻坚战三年行动的指导意见》，该意见在要求“加大金融扶贫支持力度”，加大深度贫困地区政策金融扶贫倾斜力度的同时，对银行业金融机构提出了加强金融精准扶贫服务、创新产业扶贫信贷产品和模式，建立健全金融支持产业发展和带动贫困户脱贫的挂钩机制等八条具体要求。

2019年初，根据打响脱贫攻坚战以来贫困村出列、贫困县摘帽的数量不断增加，建档立卡贫困人口脱贫人数不断增多的实际情况，人民银行印发《金融精准扶贫贷款专项统计制度修订内容》（银发〔2019〕346号），增设“已脱贫人口贷款”等明细指标，为各银行业金融机构与时俱进落实脱贫攻坚金融政策提供了制度保障。

“十三五”期间，党中央、国务院持续出台有关脱贫攻坚的战略部署和要求，人民银行、银保监会、证监会等部门不断完善金融扶贫政策体系，指导金融机构有效实施倾斜支持政策、探索有效服务模式、实施差异化监管制度等，为金融精准扶贫政策的有效落实提供了保障，为打赢脱贫攻坚战提供了强有力的金融服务支撑。通过对金融机构扶贫成效年度评估考核，充分调动全国金融系统力量开展集中攻坚，引导金融机构将更多资源投向贫困地区，形成了具有中国特色的金融扶贫经验，为“十四五”时期巩固拓展脱贫攻坚成果打下了扎实的基础。

第二节　金融扶贫模式

金融扶贫模式，是指通过向贫困地区提供金融资源支持，实现贫困地区经济增长、贫困户增收的扶贫方式。金融扶贫模式随着金融扶贫政策调整、金融机构扶贫实践不断积累递进，由改革开放后最初的给予贫困户单一的扶贫贴息贷款支持，逐步发展到向能够拉动贫困户脱贫的企业提供扶贫优惠的信贷支持。伴随着我国扶贫开发不断深入，在经历了广度、精准度、输血、造血等一系列探索后，进入21世纪我国颁发《国务院关于印发中国农村扶贫开发纲要（2001—2010年）的通知》，对金融扶贫提出更高要求，支持扶贫开发的金融机构不断增加，金融扶贫模式得到了进一步创新发展，特别是在脱贫攻坚精准扶贫战略框架下，我国通过顶层设计，构建了多部门参与的金融扶贫体系，金融扶贫须定向瞄准脱贫攻坚的重点人群和重点任务，通过因地制宜创新扶贫产品、融资模式，积极支持东西部扶贫协作，精准分析建档立卡贫困户的易地搬迁安置、产业发展、上学就业等各类融资需求，最终提升脱贫的内生动力。因此，金融支持扶贫开发的领域更加宽泛、扶贫模式更加多元。考虑到实现金融减贫目标需要多种金融工具的协同推进，金融扶贫模式由单一信贷扶贫转变为现阶段信贷扶贫、保险扶贫、资本市场扶贫、担保扶贫等协同推进，金融扶贫支持重点不仅在于增加贫困户收入，还在于推动贫困地区生态建设、环境建设、产业结构升级、基础设施建设、创业就业等领域。有专家学者认为，金融扶贫模式是指金融机构给予贫困地区、贫困群体、贫困家庭或贫困个人提供金融支持，让它们获得发展生产的必要资本，促进生产和扩大再生产，增加收入，实现脱贫的扶贫方式。也有国内专家等研究人员称其为“金融精准扶贫模式”。

根据政治体制、经济结构和地域文化不同，各国有不同金融扶贫模式，如NGO扶贫、政府主导的正规金融扶贫、“互助金组织+金融机构”扶贫、合作性金融扶贫、“微型金融+技术培训援助”等[①]。自2014年以来，我国各地围绕金融精准扶贫开展了一系列实践，总体呈现“政府主导、社会参与、类型多样”的基本特征。金融扶贫模式根据国家扶贫政策制度、资金来源和运作方式，分为“政府主导金融扶贫模式、金融机构主导金融扶贫模式、国际金融组织参与扶贫开发模式、社会扶贫组织金融扶贫模式、产业金融扶贫模式、互联网金融扶贫模式、‘电商平台+金融’扶贫模式七种”[②]。从脱贫攻坚金融扶贫的实践看，多以政府主导和金融机构主导金融扶贫为主，产业金融扶贫模式成为“十三五”时期应用最广泛的融资扶贫模式。

一、政府主导金融扶贫模式

政府主导金融扶贫模式，由政府部门、扶贫机构、金融机构监管部门发起，主要通过风险补偿金、贷款贴息、民生救助、支农再贷款四种方式给予扶贫对象支持，旨在撬动信贷资金投入、降低资金使用成本、破除融资瓶颈。一是杠杆式金融扶贫。该模式由贫困地区当地政府部门、扶贫机构运用专项扶贫基金发起设立“风险补偿基金”，构建“银行+贫困户+风险补偿金”的联结关系，为贫困户贷款提供担保和风险

① 曾旭辉，李志慧，郭晓明. 中国金融精准扶贫的实践与创新[J]. 当代经济管理，2021，43(4):81-88.
② 胡兴东，杨林. 中国扶贫模式研究[M]. 北京：人民出版社，2018:121.

补偿。二是扶贫贴息贷款。该方式是指贫困地区政府及人民银行为向特定贫困地区、产业和特定贫困户提供贷款的金融机构提供贷款贴息补助，以降低其融资成本。三是民生金融扶贫。该方式主要是贫困地区当地政府及人民银行给予地方金融机构针对特定群体的特惠贷款，支持贫困地区特定群体脱贫致富，如大学生入学贷款、创业贷款等民生类金融服务。四是支农再贷款扶贫。该方式是人民银行以专用贷款形式向涉农金融机构发放的，用于金融机构向贫困户发放贷款的支农再贷款，是人民银行支持“三农”经济发展的重要工具。

二、金融机构主导金融扶贫模式

金融机构主导金融扶贫模式是以包括银行、小额信贷公司等在内的金融机构为主导，通过创新贷款产品，不断探索创新抵押、质押和担保等增信措施来实现金融扶贫的一种主要模式。该模式主要有“金融机构+农村产权抵押+贫困户”贷款形式、“金融机构+供应链企业+贫困户”贷款形式、“金融机构+互助资金+公司担保+贫困户”多倍增信贷款形式。另外，依据风险控制、财务可持续的特点，金融机构主导扶贫模式可以细化为“风险小的产业项目+农民财产抵押+信用贷款”模式、“风险大的产业项目+乡村镇基层担保基金担保+农户互助+保险公司承保”信贷模式。

20世纪90年代，为了更好促进金融信贷扶贫工作，我国成立了专门负责国家扶贫开发信贷工作的政策性专业银行——国家开发银行和中国农业发展银行。为更好支持全国贫困地区扶贫开发工作，2016年4月两家银行分别成立了针对扶贫工作的扶贫金融事业部，以更加专业的形式深度参与国家扶贫，以执行国家意志、服务国家战略政治态度，聚焦聚力推进易地扶贫搬迁、旅游扶贫开发、农村环境修复和保护、产业扶持和市场主体培育、教育和健康等领域金融扶贫模式落地见效，成为当时“全国扶贫工作中金融扶贫的支柱”[①]。

三、产业金融扶贫模式

产业金融扶贫模式是以贫困地区粮油、蔬菜、林果、中药材、畜牧和乡村旅游等区域性优势产业为着力点，以覆盖面广、带动能力强的龙头企业或农业产业链的核心企业为抓手，以金融、财税等政策措施为主要手段，大力推进产业化的金融扶贫模

① 潘功胜．金融精准扶贫政策、实践和经验[M]．北京：中国金融出版社，2019:9.

式，在产业金融扶贫资金的供给、增信和运作方式上，坚持政府主导、政策引导、金融助力。该模式主要通过四种方式提供金融服务：一是直接向政府及有关部门认定的扶贫产业龙头企业发放贷款，扩大龙头企业的生产规模和拉动能力，带动贫困地区贫困户脱贫；二是为扶贫产业的龙头企业及其上下游产业链上的贫困户或具有带贫作用的供应商办理集中信贷授信业务；三是在当地政府的主导下，对采取贫困户入股的"资产收益扶贫"方式的企业给予信贷支持，或者支持龙头企业为其上下游产业链条的贫困户或具有带贫作用的供应商提供贷款增信，形成"产业化联合体扶贫模式"等；四是当地政府与金融机构合作，成立产业投资基金，以直接投资带动的形式帮助贫困地区重点产业快速发展，形成"基金+贷款"的投贷联动模式。

四、社会扶贫组织金融扶贫模式

社会扶贫组织金融扶贫模式是我国贫困地区金融精准扶贫的组成部分之一。该模式不以营利为目的，旨在发动全社会力量参与金融精准扶贫，如"东西部扶贫协作""万企帮万村"和原国务院扶贫办搭建的"832平台"的"消费扶贫"专项行动等，通过发达地区与贫困地区结对联姻帮扶，帮助销售贫困地区、贫困人口农产品，强有力地支撑了贫困地区、建档立卡贫困人口致富脱贫。该模式下的金融机构主要通过对社会扶贫主体的信贷支持实现金融扶贫成效，该模式有效填补了其他模式金融扶贫服务空白和盲点，特别是在疫情防控等特殊时期的脱贫攻坚中，更彰显出金融扶贫特殊贡献与效能。

五、其他形式的金融扶贫模式

脱贫攻坚期间，在全国各地扶贫实践中，在互联网金融扶贫模式、"电商平台+金融"扶贫模式、国际金融组织参与扶贫开发模式的基础上，地方政府基于金融信贷等扶贫手段，创新了很多诸如"农业价值链"金融扶贫模式等多种新模式，其中较有名的有广东省梅州市丰顺县北斗镇拾荷村的"担保基金+农村金融机构+合作社+农业龙头企业+行业协会"模式，河北巨鹿县"三级担保"信贷扶贫模式，浙江丽水、河北张家口等地的"征信+信贷"模式等。这些金融扶贫模式是基于全国各地金融信贷扶贫实践形成的，具有很强的实践性。

除以上所述的银行类金融扶贫外，非银行类金融主体的保险业、证券业等金融机构也发挥了有力而有成效的金融扶贫作用。保险业通过拓展农业保险、扩大大病保险和农房保险覆盖面，与银行类金融机构协作创新保险融资增信功能等措施，为促进贫困地区产业发展、防止贫困户因灾因病返贫致贫发挥了“四两拨千斤”的助贫脱贫作用。证券业加强对贫困地区企业上市辅导培育和孵化，积极支持贫困地区企业利用多层级资本市场融资，在拓宽贫困地区融资渠道的同时，帮助贫困地区培育内生发展动力，较好地发挥了资本市场服务脱贫攻坚作用。

第三节　金融扶贫实施成效

金融扶贫既是金融系统积极践行服务实体经济、服务国家战略、服务国民经济发展短板的充分体现，也是脱贫攻坚阶段金融工作的重大亮点①。脱贫攻坚战中，各金融机构自觉提升政治站位，强化政治担当，纷纷采取强有力措施创新扶贫模式，推动产品落地，为打赢脱贫攻坚战作出了积极贡献。

一、金融支持力度空前加大

银行业方面，打响脱贫攻坚战以来，扶贫小额信贷累计发放7100多亿元，扶贫再贷款累计发放6688亿元，金融精准扶贫贷款发放9.2万亿元，累计支持贫困人口9000多万人次。2016年以来发放产业精准扶贫贷款4万亿元，累计发行易地扶贫搬迁专项金融债券1939亿元②。创新小额信贷政策，累计发放扶贫小额贷款6043亿元，惠及1520多万户贫困户。保险业方面，中国人寿、中华财险、阳光财险、平安产险等保险业金融机构，作为一种市场化的风险处置机制积极投身扶贫事业，数据显示，保险业在攻坚的后3年里，涉农扶贫保险累计提供风险保障3.5万亿元③。截至2020年末，阳光保险为近63.58万农户提供农业保险。证券业金融机构在金融扶贫开发过程中扮演着重要角色。2016年，利用主板市场扶持贫困地区企业首次公开发行股票并上市融资。据证监会统计，截至2019年末已有14家贫困地区的企业通过绿色通道实现IPO，累计融资79亿元④；截至2019年8月末，新三板市场累计服务22个省179个贫困县区挂牌公司315家，169家获得股权融资，涉及金额约200亿元，利用主板市场再融资等方面扶贫作用明显。

---

① 潘功胜.金融精准扶贫政策、实践和经验[M].北京：中国金融出版社，2019:2（序言）.
② 人民银行倾力做好金融扶贫大文章[EB/OL].http://www.gov.cn/xinwen/2021-02/28/content_5589300.htm.
③ 用保险的办法守好脱贫攻坚成果[EB/OL].https://www.financialnews.com.cn/bx/ch/202106/t20210623_221677.html.
④ 汪小亚，唐诗.资本市场服务脱贫攻坚[J].中国金融，2020(24):3.

在金融的大力支持下，贫困地区城乡道路、农田水利等基础设施日益完善，综合保障全面推进，既着力解决贫困地区吃饭与穿衣的问题，满足人们的基本生存需要，又着力解决贫困人口的教育、医疗、住房和社会保障等诸多方面的公共服务问题，贫困群众出行难、住房难、饮水难、宜居难、就医难、上学难等长期民生难题逐步得到了解决，打通了人“全面而自由发展”的道路。特别是农业政策性金融低成本资金的介入，为充分发挥当地主导产业优势，架起产业化经营主体和贫困户增收脱贫的桥梁和纽带，形成“融资+优势产业+经营主体+贫困户”的产业扶贫链接新途径，进一步增强了实现脱贫致富的持久性、可持续性。

二、金融扶贫模式日益成熟完善

在取得实际效果的同时，金融扶贫理论与方法也取得了较大的发展。在国家政府政策大框架下，各金融机构与当地政府结合自身禀赋，因地制宜开展模式创新，使其早期主要由人民银行或地方政府提供专项贷款、贴息贷款模式，重点提供“三农”金融信贷业务，逐步扩展到对贫困地区、贫困人口提供专项扶贫贷款等模式，以解决贫困人口温饱问题，解决贫困地区和贫困人口发展生产过程中资金短缺和融资困难等问题，典型模式有支农小额贷款模式、风险补偿金担保模式、民生金融模式和扶贫贷款贴息模式。基于进一步完善风控管理需要，金融机构逐步对贷款要素进行拆分组合，诞生了基于农业价值链的扶贫模式、“征信+信贷”模式、风险补偿的“吕梁模式”、“资产收益扶贫”模式、土地流转扶贫模式等多种金融扶贫模式。

随着脱贫攻坚的不断深入，为从根本上斩断贫困地区贫困的代际传递，在扶贫传导机制、方式和扶贫效能上，金融扶贫模式得到进一步深入挖掘和探索，从资源禀赋、产业发展、经济可持续性等多方面考虑、多角度着手，实践推出更丰富的金融扶贫模式。从脱贫方式上，创新了易地扶贫搬迁模式、特色产业扶贫模式、基础设施扶贫模式、教育健康专项扶贫模式等，从传导机制上，探索了“企业+银行+基地+农户”产业化联合体、“供应链”扶贫模式，保险业参与产业扶贫的“农业保险+扶贫”等一系列金融扶贫模式，“保险+期货”模式连续六年被写入中央一号文件。这些模式创新，都是从具体的实践中总结提炼出来的，具备很强的可操作性，既注重解决贫困户家庭发展融资等微观层面的问题，又着力建立特色产业带动区域经济发展的长效机制；既加大对农村基础设施薄弱环节的投入与建设，又着力加强对贫困地区经济持续发展的制度建设。金融扶贫模式理论与实践相互促进，方法不断灵活，效果更加显著。

农发行金融扶贫模式

第一节　农发行金融扶贫概述

一、政策性金融扶贫的定义与作用

一般而言，参与金融信贷服务的金融机构分为商业性金融机构、合作性金融机构和政策性金融机构三类。其中，商业性金融机构在追求个体利润最大化过程中，金融资源被不断配置到生产回报率更高的领域，通过价格机制实现金融资源的有效配置。合作性金融则发端于地缘、业缘或亲缘网络，坚持个体自愿参与，形成了以信用合作社、资金互助社为代表的合作金融机构。从2003年我国开始启动信用合作社改革以来，各地农村信用社纷纷改制成立农商银行，转变为商业性金融机构，合作属性逐渐弱化。然而，在广大发展中国家，“三农”通常伴随着“三弱”，即弱势产业、弱势区域、弱势群体，享受不到平等的金融发展权。相反，金融资金往往从贫穷落后地区流向经济发达地区，形成了乡村补贴城市、农业补贴工业的现象。

政策性金融是指政府通过出资、担保或其他政策支持，为了实现国家特定的社会经济政策目标，以利率、期限、规模等方面优惠条件，不以追求利润最大化为经营目标，对特定产业、地区或群体提供融资支持的资金融通行为。[①]政策性金融是一种特殊的金融制度安排，是政府从实施特定战略、弥补市场失灵等角度作出的重要制度设计，具有公共性、金融性、国家信用性以及特定选择性等特点，内在机制上天然具有益贫属性。同时以金融手段、市场化方式弥补政府失灵，解决政府投资总量不足、时间错配等问题，并进一步发挥先导、引领、示范推动作用，实现引导商业性金融、合作性金融以及其他各类社会资本支持贫困地区基础设施建设和主导产业发展的目的，有利于脱贫攻坚目标的实现。从全球视野来看，无论是美国、德国、日本等发达国家，还是巴西、印度、孟加拉国等发展中国家，都建立了各自的政策性金融扶持体系，特别是对于贫困落后地区、贫穷弱势群体，普遍采取政府增信、长期限低利率贷款、差别化监管等手段，实行特惠金融支持。世界各国的发展实践表明，政策性金融是解决贫困问题的重要手段。

二、农发行金融扶贫政策背景

习近平总书记强调“加大对脱贫攻坚的金融支持力度，特别是要重视发挥好政策性金融和开发性金融在脱贫攻坚中的作用”[②]。农发行金融扶贫源于1996年6月30日农

① 中国农业发展银行课题组. 农业政策性金融演进与国际比较[M]. 北京：中国金融出版社，2020:8.
② 中共中央党史和文献研究院. 习近平扶贫论述摘编[M]. 北京：中央文献出版社：2018:91-92.

业政策性金融机构设立，自成立伊始，农发行就是国家“八七攻坚计划”开发式扶贫的重要参与者。1998年4月，按照国务院及人民银行总体安排和要求，扶贫开发业务整体移交给中国农业银行。2015年4月，党中央、国务院时隔17年重新赋予农发行服务脱贫攻坚的职责与任务，农发行再次踏上了服务脱贫攻坚新征程，展现了新作为。

党中央、国务院把金融扶贫作为一项重要制度进行安排，多次对金融扶贫特别是农业政策性金融服务脱贫攻坚提出明确要求、赋予重要职责。《中共中央　国务院关于打赢脱贫攻坚战的决定》提出了20条金融扶贫具体措施，明确要求“鼓励和引导商业性、政策性、开发性、合作性等各类金融机构加大对扶贫开发的金融支持，运用适当的政策安排，动用财政贴息资金及部分金融机构的富余资金，对接政策性、开发性金融机构的资金需求，拓宽扶贫资金来源渠道。由国家开发银行和中国农业发展银行发行政策性金融债，按照微利或保本的原则发放长期贷款，中央财政给予90%的贷款贴息，专项用于易地扶贫搬迁。设立扶贫金融事业部，依法享受税收优惠等”。国家脱贫攻坚自上而下的顶层设计，决定和形成了依靠制度优势、政策支持和系统力量支撑的政策性金融扶贫体制、机制和模式，既把政策性金融发展融入党和国家的战略意图，又高度契合了我国打好打赢脱贫攻坚战的现实需要。

三、农发行金融扶贫的内在优势

农发行是我国唯一的农业政策性银行，其设立和改革的初衷，就是服务国家战略、推动实现政府发展目标、加大对重点领域和薄弱环节的支持力度，在商业金融资源配置失灵的领域提供更多更有效的支持，有责任、有条件、有能力承担好服务脱贫攻坚的重大使命。从办行宗旨上看，农发行作为政策性银行，始终坚持社会效益优先，扶持弱势领域，提供公共产品，执行国家战略意图，与扶贫开发的战略性、公益性高度契合。从服务领域上看，农发行长期根植“三农”、服务“三农”，比较熟悉“三农”、贴近“三农”，拥有一支热爱“三农”工作、了解“三农”需求的员工队伍，具有较强的工作基础和人才基础。从专业能力上看，农发行成立之初就履行扶贫职责，近年来又持续加大对贫困地区的信贷投入，“十三五”时期，累计投放扶贫贷款2.32万亿元，余额1.5万亿元。从机构布局上看，农发行组织体系比较健全，人员和机构重心都在基层，县级机构覆盖全国832个贫困县的60%以上，在没有机构的县派驻了工作组，实现了贫困县全覆盖，便于为脱贫攻坚提供融资和融智等方面的金融服务。脱贫攻坚战打响后，农发行以支持易地扶贫搬迁为突破口，以设立金融扶贫实验示范区为着力点，坚持因地制宜、先行先试，发展特色金融扶贫产品与融资模式，积累了经验、创新了模式，探索出了一系列全方位、多维度的金融扶贫方案。

四、农发行金融扶贫的主要特点

农发行作为我国唯一的农业政策性金融机构，在金融扶贫中充分发挥了先锋主力模范作用。新时代农业政策性金融扶贫主要呈现出五个鲜明特点。

一是定位清晰，坚持以服务脱贫攻坚统揽全局。积极构建全行全力全程扶贫工作格局，提出要在打赢脱贫攻坚战中成为金融扶贫的先锋主力模范的目标，推动各项工作、各种资源、各方力量向服务脱贫攻坚聚合。

二是精准落实，坚决贯彻精准扶贫、精准脱贫的基本方略。精准扶贫、精准脱贫是新时期脱贫攻坚最鲜明的特征。农发行严格按照人民银行有关扶贫贷款认定要求，主力支持易地扶贫搬迁、产业扶贫、教育扶贫、基础设施扶贫、健康扶贫等重点领域，精准支持建档立卡贫困人口脱贫、贫困村退出、贫困县摘帽，有力助推解决区域性整体贫困。

三是确保特惠，坚持保本经营原则。农发行作为政策性银行，始终坚持社会效益优先，扶持弱势领域，特别是针对脱贫攻坚，强调的是特惠性，坚持办贷优先、规模保证、利率特惠、期限延长的原则，切实让利于贫困地区和贫困农户。

四是全面覆盖，满足贫困地区和贫困群众的金融需求。农发行紧紧围绕脱贫攻坚总体部署，坚持“六个精准”“五个一批”谋篇布局，形成了紧贴贫困地区和贫困群众金融需求、具有农发行特色的产品服务体系，实现了对贫困地区易地扶贫搬迁、产业扶贫、专项扶贫、基础设施扶贫等各个领域资金需求的全面覆盖。建立扶贫金融事业部组织架构，率先向县级延伸扶贫金融服务机构，实现了对国家级贫困县的全覆盖，为扶贫开发提供更加便捷全面的金融服务。

五是可持续发展，严格遵循银行规律。农发行金融扶贫坚持安全性、流动性、效益性相统一，注重风险可控和业务可持续。在加大扶贫信贷投入的同时，切实加强贷款管理和资金监管，确保扶贫贷款“放得出、收得回、能保本”，实现金融扶贫的可持续。

第二节　农发行金融扶贫模式

一、农发行金融扶贫模式内涵

如前所述，金融扶贫模式是指金融机构为贫困地区、贫困群体、贫困家庭或贫困个人提供金融支持，让它们获得发展生产的必要资本，促进生产和扩大再生产，实现增收脱贫的扶贫模式。在实践中，扶贫模式通常是指扶贫主体通过扶贫传导机制，有效地作用于扶贫客体，切实改善和提升扶贫客体的生存环境、生产条件、生活水平。遵循这一逻辑主线，在我国中央统筹、省负总责、市县抓落实、全社会共同参与的扶贫大格局下，扶贫主体为地方政府及有关职能部门、企事业单位、金融机构及其他社会团体等各类机构组织。扶贫客体为帮扶受益对象，即贫困地区、贫困村和贫困人口。扶贫主体通过就业帮扶、消费帮扶、发展特色产业，改善人居环境、医疗、教育、交通等基础设施和公共服务设施建设等，提升扶贫客体发展能力和发展机会，构建多种情景下的扶贫传导机制。金融机构作为扶贫主体，将金融产品贯穿于扶贫模式运作之中，发挥资源配置、风险防范、信息提供等功能，推动提升扶贫效能，因地制宜形成各种金融扶贫模式。

农发行金融扶贫模式是中国农业发展银行为服务脱贫攻坚，在易地扶贫搬迁、“三保障”专项扶贫、产业扶贫、基础设施扶贫等领域，发挥政策性银行联合保障、先导衔接、信用增进等功能作用，通过建立政府、市场主体和贫困人口的利益联结与风险共担机制，有效解决贫困治理中的市场失灵与政府失灵问题，改善贫困地区的发展条件、提高贫困人口脱贫内生动力的金融支持方式的集合。其旨在找到农业政策性金融资金有效支持脱贫攻坚的“跨线桥”“打桩船”，促进扶贫运作方式和传导机制不断优化改进，打造金融扶贫可借鉴、可复制、可推广模式样板，实现扶贫资源与扶贫对象全面精准对接。

二、农发行金融扶贫模式分类

农发行的金融扶贫模式契合责任主体、扶贫主体、扶贫客体意愿和需求，体现政策制度安排意图，充分彰显政治体制、经济体制优越性，有效促进了扶贫利益联结、风险分摊、信息共享，发挥了提高扶贫质效的桥梁和纽带作用。从参与扶贫的责任、方式来看，可以划分为政府主导、“政府引导+政策扶持+金融主导”、“政府主导和倡导+社会化组织参与”、创建政策性金融扶贫实验示范区等扶贫模式；从农发行职能定位、内设部门分工、产品设计和服务扶贫方式以及适用范围来看，可以划分为易地扶贫搬迁、专项扶贫、粮棉油产业扶贫、基础设施扶贫、产业扶贫等金融扶贫模式；从银行贷款方式来看，又可划分为诸如扶贫过桥、风险补偿金的“吕梁模式”、PPP模式，以及其他自营方式等金融扶贫模式；从党中央及地方党政倡导、社会参与扶贫方式来看，也可以分为“东西部扶贫协作”“万企帮万村”等政府倡导和农发行积极参与的金融扶贫模式。

在金融扶贫实践中，多种金融扶贫模式之间互为关联、相互融合。其中，易地扶贫搬迁金融扶贫模式、“三保障”金融扶贫模式属于政府主导金融扶贫模式；粮棉油产业金融扶贫模式、基础设施金融扶贫模式、产业金融扶贫模式、政策性金融扶贫实验示范区模式属于“政府引导+政策扶持+金融主导”金融扶贫模式；“东西部扶贫协作”“万企帮万村”金融扶贫模式等属于“政府主导和倡导+社会化组织参与”金融扶贫模式。无论如何划分，农发行金融扶贫模式将信贷产品镶嵌于扶贫模式、扶贫传导机制中，是政府主导或引导，职能部门和社会主体积极参与，政策性金融充分助力的扶贫方式。后文以政府主导、政府引导、政策扶持、政府倡导和社会参与为主线，结合农发行职责职能和服务脱贫攻坚创新过程，介绍农发行金融扶贫模式。

三、农发行金融扶贫模式简介

（一）易地扶贫搬迁金融扶贫模式

易地扶贫搬迁模式属于政府主导型金融扶贫模式，其政策制定、资金筹集、运作方式以及过程和效果评价，由政府实施并全程管控。脱贫攻坚期间，农发行严格执行易地扶贫搬迁相关政策规定，设立“中国农业发展银行专项建设基金”支持搬迁项目资本金，瞄准建档立卡贫困人口安置建房和安置区公共服务设施建设，及时给予信贷支持。国家对易地扶贫搬迁融资政策调整后，农发行应用现有产品和金融扶贫的手段，定向支持易地扶贫搬迁后的产业发展、就业帮扶等后续扶持项目，为搬得出、稳得住、能致富作出了积极贡献。

（二）“三保障”金融扶贫模式

“三保障”源于义务教育、基本医疗、住房安全和贫困村提升工程扶贫，是贫困人口脱贫、贫困村出列、贫困县摘帽考核重要指标，是确保贫困地区基本公共服务主要领域指标接近全国平均水平的重要保障，因此该模式应属于政府主导金融扶贫模式。在脱贫攻坚战中，农发行对接国家教育扶贫、健康扶贫、住房安全和贫困村提升工程相关政策，主动契合政府意愿，满足贫困地区脱贫对金融资金的需求，推出教育、健康、贫困村提升工程等专项产品，推广“专项扶贫+融资方式”金融扶贫。加大对扶贫客户金融支持力度，促使贫困地区在义务教育阶段办学条件改善、医疗保障服务提升、安全住房建设、贫困村环境提升、产业扶贫设施改善新建等方面不断增加资金投入，促进贫困地区“三保障”和服务能力提升，为全面实现脱贫目标、解决区域整体贫困发挥了积极作用。

（三）粮棉油产业金融扶贫模式

农发行因粮而生、伴粮成长、随粮壮大，做好贫困地区粮棉油产业扶贫既符合农发行办行宗旨，也是打赢脱贫攻坚战的根本要求。粮棉油产业扶贫属于政府引导、政策扶持、金融主导下的金融扶贫模式。在脱贫攻坚大背景下，农发行瞄准建档立卡贫困人口、贫困地区相关产业，应用粮棉油产业信贷产品，加大“粮棉油全产业链”、“政银企风险补偿金”、贫困户入股的“资产收益”、“银行+企业+基地+贫困户”等金融扶贫模式推广应用，加大对粮棉油扶贫客户支持力度，加大对贫困地区粮棉油收储、加工和全产业链的资金投入，通过对贫困地区、贫困人口粮棉油的收购、就业安置实现了直接帮扶，通过产业链带动、跨省协作扶贫等致富增收实现了间接帮扶，在推动贫困地区粮棉油产业发展和贫困人口增收脱贫“双赢”上发挥了金融催化效能。

（四）基础设施建设金融扶贫模式

基础设施建设金融扶贫模式仍属于政府引导、政策扶持、金融主导下的模式范畴。基础设施建设是实现减贫和经济增长的基础，基础设施建设扶贫是保障贫困地区人口生产生活条件的基本路径，也是各类扶贫手段得以发挥作用的重要支撑。基础设施建设扶贫与国家整体扶贫体系互相协同，在中央统筹格局下发挥部门扶贫优势，是基础设施建设扶贫的重要经验。党的十八大以来，农发行锚定贫困地区基础设施重点领域薄弱环节，聚焦贫困群众出行难、住房难、饮水难、宜居难等突出民生问题，利用农村交通、城乡一体化、生态环境等已有信贷产品，应用政府和社会资本合作（PPP）贷款、公司类自营等金融扶贫模式，切实加大了贫困地区基础设施建设项目资金投入，为贫困地区营商发展环境改善和产业“造血”能力的提升发挥了先锋模范带头作用。脱贫攻坚期内，农发行年度扶贫贷款余额居金融机构首位，农发行基础设施建设扶贫贷款份额居系统首位。

（五）产业金融扶贫模式

产业扶贫是指在政府督导、政策扶持下，通过市场扶贫主体将贫困户纳入产业链、供应链并共享红利，进而激活贫困地区、贫困人口内生发展动能，促使其最终摆脱贫困的方式。农发行产业金融扶贫模式属于政府引导、政策扶持、金融主导下的融资模式。农发行充分尊重地方政府实施脱贫规划、主导特色产业，确认扶贫企业或其他扶贫主体的意愿，用好已有产品、研发新产品，及时推出“土地流转与规模化经营”“农业产业化联合体”“吕梁模式”“总部经济”等七种产业金融扶贫模式，支持产业扶贫贷款客户加大对贫困地区产业发展资金投入，通过增加产业订单、提高农副产品收购价格，将产业链、供应链延伸到贫困户，实现贫困人口本地充分就业和增收致富。该模式将地方政府组织优势与企业专业优势，以及农发行融资融智服务优势有机融合，耦合当地主导产业潜能和政策性资金低成本特点，解决脱贫攻坚融资与贷款投放难题，推动贫困人口就业帮扶、产品销售帮扶、种植流转土地帮扶等直接或间接途径，发挥辐射带动益贫作用，实现贫困地区经济发展。

（六）金融扶贫实验示范区模式

金融扶贫实验示范区模式是指农发行会同原国务院扶贫开发领导小组办公室（以下简称原国务院扶贫办），在脱贫攻坚战打响之初，先行先试、积累经验，率先推动国家扶贫政策落地，推动地方政府组织优势和农发行金融扶贫优势融合，是政府扶贫政策同扶持资金、社会帮扶资金、金融资金合力探索脱贫攻坚路径、方法的有效尝试。在金融扶贫实验示范区模式实践初期，双方按照脱贫攻坚目标要求，综合考量贫困地区资源禀赋和政治基础、贫困程度、地域特点、革命红色基因以及历史贡献等多维指标，创建了广西百色、河北保定、陕西安康、贵州毕节4个国家级政策性金融扶贫实验示范区。在积累的经验得到了政府及社会扶贫主体认可后，应部分省级政府对脱贫攻坚金融要求，农发行于2018年将实验示范区复制推广到贵州、重庆、江西、新疆、山西、安徽、云南、内蒙古8个脱贫攻坚任务较重省（自治区、直辖市），省级政策性金融扶贫实验示范区占到与中央签订责任状22个省份的三成以上。金融扶贫实验示范区为决战决胜脱贫攻坚积累先试经验、总结推广示范，扶贫效果斐然，展现了农业政策性金融助力脱贫攻坚的另一番风采。中国政府网、重庆市人民政府网以《政银共建政策性金融扶贫实验示范区助推扶贫成效明显》刊登了示范区做法及效果。

（七）“东西部扶贫协作”金融扶贫模式

“东西部扶贫协作”是国家动员社会力量进行扶贫攻坚的又一重要战略举措，是国家为实现共同富裕目标作出的一项制度性安排。“东西部扶贫协作”金融扶贫模式特指，对符合业务范围、地域，且已开展了东西部合作扶贫项目的扶贫客户提供政策性融资支持的信贷扶贫方式。该模式以巩固拓展其对贫困地区、贫困村、贫困人口脱贫帮扶效果为目标。农发行根据政府安排、扶持政策，确定了东部省级分行与西部省级分行的结对帮扶关系，依托行业、系统优势，促进资金、资源、技术、市场在东部地区和西部地区之间的衔接，通过先富带后富促进区域协调发展。该模式属于政府安排倡导、社会化组织参与的金融扶贫模式。

（八）“万企帮万村”金融扶贫模式

“万企帮万村”金融扶贫模式，与“东西部扶贫协作”同属政府安排倡导、社会化组织参与的金融扶贫模式。全国工商联、原国务院扶贫办、中国光彩会组织发起的“万企帮万村”行动，是农发行履行政策性银行职能、服务脱贫攻坚战略、扩大支农支小、服务实体经济的重要平台。该模式着力于龙头企业带动，农发行通过支持贷款客户参与“万企帮万村”精准扶贫行动，进一步拓展和提升扶贫客户对贫困地区产业的帮扶带动能力、对贫困人口的就业帮扶能力，探索出一条村与企、民与市之间实现风险共担、坚持利益共享、最终合作共赢的金融扶贫模式。

以上这些模式和将要介绍的经典案例，是扶贫政策、扶贫产品、扶贫优惠政策先行先试下的成功经验，是农发行打赢脱贫攻坚战的旗舰产品，是具有代表性、导向性、可复制性的模式示范，可供相似资源、相近条件地区的地方党政部门及金融机构效仿、推广、应用。

四、农发行金融扶贫模式经验

农发行金融扶贫模式是在“实践—提炼—实践—推广”的过程中逐步形成的，在形成脉络、组织架构、管理原则、运作方式、风险控制方法上取得一定的经验。

在运作机制方面，建立“三套机制”，即贫困瞄准和筛选机制、资金整合和投入机制、风险防控和补偿机制，拓展已有产品应用和新产品研发，制定优惠信贷政策的让利与激励，构建扶贫利益的联结关系，扶贫主体间做到风险分摊、信息共享，逐步形成了遵循扶贫政策、金融政策，符合监管要求，实现产品不断创新，“探索模式推落地、复制模式促整体”的快速渐进式的脉络，即紧紧抓住“政策—产品—模式—案例”主轴，牢牢把握“政策是根本遵循，产品是政策载体，模式创新是产品落地、政策落实的‘桥和船’”，坚持模式导向、案例引领，实现了全面全力服务精准扶贫、精准脱贫的战略安排。

在运作主体方面，按照党中央、国务院脱贫攻坚整体部署，以及对农发行服务脱贫攻坚指示精神，2015年农发行成为第一个设立扶贫金融事业部的金融机构，分设了易地扶贫搬迁、专项扶贫、粮棉油扶贫、基础设施扶贫、产业扶贫专管部门。在省级分行设立扶贫金融事业部分部，在国家级贫困县设立扶贫金融事业部或派驻扶贫工作组，对贫困地区政策性金融服务机构全覆盖，实现了扶贫政策、信贷政策垂直管理、网格化跟踪，业务横向研究、工作纵向推动，确保了脱贫攻坚令到即行。

在运作原则方面，在金融扶贫模式创新管理中，农发行坚持“政府主导、群众主体、市场带动、金融支持”原则，着力推广已有产品应用，推动新产品研发，全方位探索将金融扶贫模式内嵌于整个金融扶贫生态的运作机制，与扶贫责任主体、其他参与主体进行深层次合作互动，充分带动和发挥金融组织资源、整合资金、配置服务等职能优势，引导和促进扶贫政策、资金、措施向贫困地区、贫困人口聚集，形成扶贫资金、资产、资源等在空间上精细化布局，在时间上精准化安排。

在运作方式方面，农发行注重与作为责任主体的各级政府、金融监管部门汇报沟通，与作为参与主体或利益主体的产业化龙头企业、农民专业合作社紧密合作，与作为受益客体的贫困地区党政及建档立卡贫困户通力配合，引导促进责任主体、利益相关主体聚合各类扶贫资源，进一步加大瞄准贫困人口的定向准度、精准密度、可持续积聚力度，在政府扶持、市场主体诚信等条件下，运用金融手段工具发现、培育、对接贫困农户及其利益联结主体，努力“发现、设计、创造”寓于各类资源中的即期、预期现金流，嬗变为扶贫资源保值增值的产业或工程项目，带动贫困人口致富脱贫。责任主体的政府以财政、行政等手段激励、引导金融创新扶贫产品和金融服务；农发行针对帮扶贫困群体优化客户准入条件，综合考虑政府增信等实际情况，对参与帮扶的市场主体提供足额授信和金融支持；市场主体充分发挥“先富帮后富”的渗透效应，帮扶带动贫困户就业（用工投劳等）、置业（资金、资产、资源入股，资产收益分红等）和创业（典型示范、订单引路等）；贫困农户在政策性金融扶贫机制下树立信用观念，提高信用意识，摆脱“输血”依赖，增强“造血”功能。

在运作管理方面，突出精准管理，严格按照人民银行、银保监会等监管部门有关制度、规定与要求，建立健全扶贫贷款认定管理制度，明确认定标准、规范认定材料、优化管理流程，从源头上把好精准关。研究制定《扶贫贷款质效全流程管理指引》等文件，把质效管理各项要求嵌入贷款业务管理流程。建立健全扶贫贷款贷后管理体系，研究制定《扶贫信贷政策指引》《扶贫贷款贷后管理实施细则》等系列文件，进一步强化扶贫贷款贷后精准性管理、贷后检查和监测管理。创建信贷风险跟踪清单、贷款逾期欠息清单、信贷风险提示清单“三清单”，不断加强扶贫风险综合管控，确保扶贫贷款放得出、管得住、收得回。截至2020年末，农发行扶贫贷款不良率为0.12%，处于同业较低水平。

第三节　农发行金融扶贫模式取得成效

2015年以来，农发行累计发放精准扶贫贷款3.67万亿元，截至2020年底，贷款余额1.5万亿元，投放额和余额均居金融同业首位；连续5年获得全国脱贫攻坚奖，是唯一连续获奖的金融机构，连续4年位列中央单位定点扶贫考核第一梯队；在全国脱贫攻坚总结表彰大会上，全系统共5个集体和3名个人获得表彰，是获得表彰最多的金融机构；在各省脱贫攻坚总结表彰中，目前已有17家省级分行的38个集体、33名个人获得表彰，在全国得到广泛认可，农发行“扶贫银行”的品牌形象深入人心。

易地扶贫搬迁是中央明确精准扶贫“五个一批”的重要组成部分，是脱贫攻坚的“头号工程”和标志性工程。农发行针对易地扶贫搬迁项目资金需求实际，在与原国务院扶贫办赴陕西联合调研的基础上，迅速出台易地扶贫搬迁专项信贷产品，创新易地扶贫搬迁中央财政贴息专项贷款、专项建设基金用于省级承贷主体对接，创新易地扶贫搬迁项目贷款用于市、县级承贷主体对接，在省、市、县同步推动，多层面多角度弥补贫困人口搬迁资金缺口，形成了解决同步搬迁人口资金需求的“全覆盖”支持模式，有效支持了易地扶贫搬迁工程落地实施。2018年，国家易地扶贫搬迁融资政策调整后，农发行扎实做好易地搬迁后续扶持金融服务工作，截至2020年末，农发行累计审批易地扶贫搬迁后续扶持贷款项目508个，累计投放贷款639.03亿元，覆盖有易地扶贫搬迁任务的22个省（自治区、直辖市）的466个集中安置区。“十三五”期间，农发行实现了易地扶贫搬迁贷款审批、投放、余额、同业占比“四个第一”，成为易地扶贫搬迁主力银行，彰显了政策性金融在支持易地扶贫搬迁中的先锋作用。

以产业金融扶贫为切入点，支持贫困地区结合自身禀赋，发展适宜的本地产业。大力支持贫困地区粮棉油收储和农业产业化经营。积极支持中储粮、中粮、中纺等央企及地方性国企在贫困地区设点开展粮棉油政策性收购，巩固粮棉油收购对农民脱贫的带动作用，加大对贫困地区农村新型经营主体的支持力度，促进贫困地区粮经饲统筹、种养加一体、一二三产业融合发展。支持光伏扶贫工程，出台光伏扶贫信贷产品。制定差异化信贷政策，稳步推进特色产业扶贫，确立了生产基地扶贫、科技扶贫、电商扶贫、种养加扶贫、旅游扶贫、生态扶贫六大特色产业扶贫重点领域。通过林业资源开发与保护贷款，采取“政策性金融+公司+基地+农户”模式，积极促成农村“资源变资产、资金变股金、农民变股东”。2015年以来，农发行累计发放粮棉油精准扶贫贷款7706.3亿元，截至2020年末，扶贫贷款余额2868.27亿元，支持贷款客户2171家；非粮棉油产业扶贫累计发放4084.19亿元，截至2020年末，扶贫贷款余额2773.01亿元，支持贷款客户2572家，带动建档立卡贫困人口285.96万人。

充分发挥农业农村基础设施建设贷款对贫困地区的支撑保障作用，加大对重点区域、重点领域的支持力度。围绕贫困地区水电路气网等基础设施建设短板，按时间、地区、品种分解基础设施扶贫贷款投放任务，积极支持839个国家级贫困县和495个省级贫困县基础设施的资金需求。截至2020年末，农发行累计投放基础设施扶贫贷款8461.98亿元，基础设施扶贫贷款余额占全行扶贫贷款总量的40%，累计支持3682个扶贫项目，服务建档立卡贫困人口8695万人次，改善贫困户住房10.05万户，改善住房套数5.21万套，危房改造22.87万套，解决贫困人口供电397.47万人，支持安全饮水工程1725个，支持新改建医疗机构1763个、新改建学校4098所，支持农村道路建设22.99万公里，改建农村公路6.1万公里，改造危桥、渡口605座，疏浚航道、河道5067公里，新改建污废处理设施23932个，生态修复面积3.26万平方公里，新增或改善农田灌溉面积769万亩。农村基础设施的薄弱环节得到有效改善。

推动扶贫过桥信贷政策落地，对有稳定还款来源的扶贫项目提供政策性信贷资金支持，实现项目及早启动建设。开展支农转贷款业务试点，选取江西分行和浙江分行作为支农转贷款业务试点行，探索与贫困地区商业银行的合作联动，破解贫困地区融资难、融资贵和“最后一公里”问题。支持东西部扶贫协作和支持“万企帮万村”精准扶贫行动，东西部地区各级行主动对接地方政府，建立、完善合作机制，切实发挥政策性银行在东西部扶贫协作中的支持和引导作用。建立“万企帮万村”精准扶贫行动项目库，实行名单制管理和差异化信贷政策，引导民营企业在贫困地区投资经营。农发行创新专项扶贫产品6个，应用已有产品34个，创新的金融扶贫模式合计32种，典型案例65个，诸如“吕梁模式”信用保证金金融扶贫模式、“产业化联合体”“三保障”扶贫的“双主体”模式等金融扶贫模式，均具有代表性、影响力。“十三五”期间，农发行支持的金鸡扶贫案例，被选为党中央领导同志及党政主要部门关注的项目，入选“全球减贫案例有奖征集活动”并荣获最佳减贫案例称号，被评为“2019年度中国脱贫攻坚与精准扶贫十佳案例”。农发行支持的阜平硒鸽产业扶贫项目在第十四届中国全面小康论坛会议上荣获“2019年度中国脱贫攻坚与精准扶贫十佳案例”。

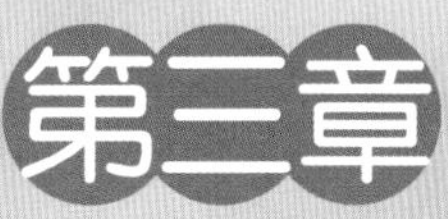

易地扶贫搬迁金融扶贫模式

第一节　易地扶贫搬迁金融扶贫模式概述

易地扶贫搬迁是针对生活在“一方水土养不好一方人”地区贫困人口实施的一项重大扶贫工程，目的是通过“挪穷窝”“换穷业”，实现“拔穷根”，从根本上解决搬迁群众的脱贫发展问题。“十三五”易地扶贫搬迁工程是中央明确的精准扶贫“五个一批”的重要组成部分，是脱贫攻坚的“头号工程”和标志性工程，计划用5年时间对全国22个省（自治区、直辖市）约1400个县近1000万建档立卡贫困人口实施易地扶贫搬迁。

自2015年以来，面对这一新时期脱贫攻坚的重要任务——易地扶贫搬迁，农发行坚决贯彻落实党中央、国务院打赢精准脱贫攻坚战的决策部署，严格执行国家政策要求，把支持易地扶贫搬迁摆在重中之重的位置，自觉提升站位，率先主动作为，紧紧围绕建档立卡贫困人口“搬得出、稳得住、能脱贫”的目标，创新信贷产品、优化金融服务、强化贷款管理，全力服务中央和地方易地扶贫搬迁规划实施，打响了金融服务易地扶贫搬迁的“当头炮”，成为易地扶贫搬迁主力银行。

本文的易地扶贫搬迁金融扶贫模式，是农发行坚决贯彻落实党中央、国务院决策部署，按照“中央统筹、省负总责、市县抓落实”总体要求，定位于全国1000万建档立卡人口搬迁和同步整村搬迁的资金需求，定向为省市县投融资主体提供条件优惠的长期信贷支持，专项用于国家和地方易地扶贫搬迁规划范围内建档立卡搬迁人口住房建设，以及包括同步搬迁人口在内的安置区配套基础设施、公共服务设施建设，推动易地扶贫搬迁规划顺利实施的金融扶贫模式。该模式在运作方式上坚持“整体推进、统分结合、精准落地、封闭运行”原则[①]。

——整体推进。根据“十三五”时期易地扶贫搬迁方案和各省易地扶贫搬迁实际，农发行易地扶贫搬迁信贷支持统筹考虑了全国1000万建档立卡人口搬迁和同步整村搬迁的资金需要，同时按照两类人口执行的国家搬迁政策和标准区别，有针对性地推出易地扶贫搬迁项目贷款、专项贷款等贷款品种，积极创新“易地扶贫搬迁+项目建设”“易地扶贫搬迁+专项统贷”等融资模式，加快推进贷款投放、项目落地，一揽子解决各地易地扶贫搬迁各类资金需求，帮助建档立卡人口搬迁和同步整村搬迁整体推进。

——统分结合。在贷款模式上，根据两类搬迁责任主体的不同，采取统分结合的贷款方式。对1000万建档立卡人口搬迁的信贷支持，按照“省负总责、市县抓落实”

① 农发行总行乡村振兴部. 支持易地扶贫搬迁　打响“当头炮”　勇当“主力军”[J]. 农业发展与金融，2021(3):2.

的工作要求，通过统贷的方式，向省级投融资主体发放易地扶贫搬迁专项贷款；对同步整村搬迁，按照地方负责筹资、实施的特点，通过分贷的方式，向地方政府授权的市、县级承贷主体发放易地扶贫搬迁项目贷款。两类贷款资金在地方实施易地扶贫搬迁工程中充分发挥协同作用。

——精准落地。在信贷支持上，突出“精准”，搬迁项目必须纳入各省“十三五”易地扶贫搬迁规划，必须符合地方年度实施方案；搬迁对象必须纳入全国1000万搬迁人口，同步整村搬迁对象必须是各地划定的搬迁区域内的人口。贷款额度必须严格执行国家规定的搬迁标准，不超范围、超标准提供贷款支持。确保农发行投放的每一笔易地扶贫搬迁贷款都能精准对接地方搬迁实际需要，实现精准落地。

——封闭运行。在各类易地扶贫搬迁资金管理上，实现分户管理，封闭运行，严格资金支付程序，加强延伸管理，确保易地扶贫搬迁信贷资金精准用于易地搬迁人口的安置房建设、配套生活设施改善、后续产业发展等，确保资金专款专用，坚决防止挤占挪用，充分发挥扶贫资金质效。

截至2020年末，农发行累计投放易地扶贫搬迁贷款3123.36亿元，贷款余额1709.55亿元，支持了全国22个省（自治区、直辖市）的607个易地扶贫搬迁项目，惠及建档立卡搬迁人口492万人，实现了易地扶贫搬迁贷款审批、投放、余额、同业占比以及省级投融资主体在农发行开立基本账户数量“五个第一”，成为易地扶贫搬迁主力银行。

2018年，国家易地扶贫搬迁融资政策调整后，农发行一方面积极配合政府有关职能部门积极做好政策衔接，停止审批投放易地扶贫搬迁贷款，加强资金跟踪监管，确保搬迁项目建设不停滞；另一方面按照国家有关易地扶贫搬迁后续扶持工作部署，继续发挥易地扶贫搬迁主力行作用，聚焦大中型集中安置点，围绕“稳得住、能致富”融资需求，创新“三专一多”运作方式，做好易地扶贫搬迁后续扶持金融服务工作，为巩固易地扶贫搬迁脱贫成果添柴续力。农发行发放的易地扶贫搬迁后续扶持项目覆盖有易地扶贫搬迁任务的22个省（自治区、直辖市），农发行已经拉开“十四五”继续做好易地扶贫搬迁后续扶持金融服务工作的序幕。

第二节　易地扶贫搬迁政策和金融支持政策

一、国家易地扶贫搬迁政策

《中共中央　国务院关于打赢脱贫攻坚战的决定》明确提出“由国家开发银行和中国农业发展银行发行政策性金融债，按照微利或保本的原则发放长期贷款，中央财政给予90%的贷款贴息，专项用于易地扶贫搬迁”。国家发展改革委《关于印发

“十三五”时期易地扶贫搬迁工作方案的通知》（发改地区〔2015〕2769号，以下简称《方案》）在资金筹措渠道上明确“通过开发银行、农业发展银行发行专项建设债券设立的专项建设基金，为市场化运作的省级投融资主体注入500亿元项目资本金。剩余约3500亿元缺口部分，由开发银行和农业发展银行为省级投融资主体提供易地扶贫搬迁长期贷款”。国家发展改革委《关于印发全国“十三五”易地扶贫搬迁规划的通知》（发改地区〔2016〕2022号，以下简称《规划》）进一步明确“通过国家开发银行、中国农业发展银行发行专项建设债券设立的专项建设基金，为市场化运作的省级投融资主体注入500亿元项目资本金”“国家开发银行和中国农业发展银行提供总规模3413亿元、贷款期限一般不超过20年的长期贷款，中央财政对贷款给予适当贴息”。

二、易地扶贫搬迁金融支持政策

为确保易地扶贫搬迁信贷资金的有效筹措，确保信贷投放的及时到位和安全使用，确保易地扶贫搬迁工程建设按时竣工、搬迁人口按时入住，人民银行相继出台《易地扶贫搬迁信贷资金筹措方案》（银发〔2015〕90号）、《关于做好2016年易地扶贫搬迁信贷资金筹措及信贷管理服务工作的通知》（银发〔2016〕115号）、《关于加快2016年易地扶贫搬迁信贷资金衔接投放有关事宜的通知》（银发〔2016〕258号），对两家银行通过银行间市场发行专项金融债，筹措易地扶贫搬迁信贷资金相关工作进行安排，对易地扶贫搬迁贷款申报审批、贷款利率和期限、贷款管理和贷款资金的拨付等内容进行规定，明确易地扶贫搬迁贷款利率在易地扶贫搬迁专项金融债券发行成本基础上可加点幅度为1.3个百分点，期限一般不超过20年，省级人民政府可通过政府购买市场服务方式对省级投融资主体还贷予以支持。

第三节 易地扶贫搬迁信贷产品的研发实践

支持易地扶贫搬迁项目建设，是党中央、国务院2015年赋予政策性银行扶贫开发职能后的第一项重要任务。农发行高度重视，率先主动作为，把支持易地扶贫搬迁作为服务脱贫攻坚“头号工程”，全力服务中央和地方易地扶贫搬迁规划实施。

一是立即开展调研，为国家决策提供支持。2015年，根据国务院领导明确指示要求，农发行与原国务院扶贫办组成联合工作组前往陕西，对易地扶贫搬迁情况开展调研，完成了《关于易地扶贫搬迁金融服务问题调研报告》和《易地扶贫搬迁金融服务方案》，提出了农发行支持易地扶贫搬迁的基本原则、主要思路、信贷操作模式和配套措施，为国家制订新时期易地扶贫搬迁方案提供了决策参考。

二是迅速出台产品，启动贷款支持。2015年8月初，农发行出台易地扶贫搬迁项目贷款产品。8月中旬，投放第一笔易地扶贫搬迁贷款，标志着农发行易地扶贫搬迁贷款业务正式启动。9月下旬，出台易地扶贫搬迁专项贷款产品，初步构建起比较完整的易地扶贫搬迁信贷产品体系。

三是按照精准要求，完善信贷政策。国家《"十三五"时期易地扶贫搬迁工作方案》出台后，相关配套政策逐步落地，精准扶贫政策要求不断细化明确。根据国家相关政策要求，农发行及时研究制定《关于加强易地扶贫搬迁项目贷款管理有关问题的通知》《关于贯彻落实全国易地扶贫搬迁现场会精神的通知》等文件，修订易地扶贫搬迁专项贷款管理办法，促进国家易地扶贫搬迁政策有效落实。

四是把握融资调整政策，抓好贯彻落实。根据财政部等部委针对易地扶贫搬迁融资方式政策调整，及时研究制定全行易地扶贫搬迁政策调整落实措施，印发《关于坚决贯彻落实财政部等五部委〈关于调整规范易地扶贫搬迁融资方式的通知〉的意见》《关于贯彻落实财政部等四部委有关进一步做好调整规范易地扶贫搬迁融资方式工作的通知》，要求各级行坚决贯彻落实各项政策要求，积极配合各级地方政府做好政策衔接工作。

五是强化贷款管理，提高风控水平。印发《关于进一步加强扶贫贷款贷后管理工作的通知》，指导业务条线加强贷后管理，确保扶贫贷款精准、合规、稳健、可持续发展。印发《关于报送易地扶贫搬迁贷款收贷收息情况月报表的通知》，按月调度掌握贷款本息收回情况及资金使用情况，及时防范、化解信贷风险隐患。印发《关于逐项目建立易地扶贫搬迁贷款档案的通知》，部署各省行逐项目完善易地扶贫搬迁贷款档案资料，做到有据可查。

第四节　易地扶贫搬迁+项目建设融资模式

易地扶贫搬迁+项目建设融资模式，是指农发行为支持易地扶贫搬迁向符合要求的借款人发放贷款，用于纳入地方政府易地扶贫搬迁规划的扶贫搬迁安置房以及配套基础设施和公共服务设施建设的信贷扶贫方式。借款人通过与地方政府授权的主体签订委托代建购买服务协议，以纳入地方财政预算的购买服务资金作为还款来源与保证的融资模式。

一、政策背景

2015年5月，习近平总书记指出，"要采取超常举措，拿出过硬办法，按照精准扶贫、精准脱贫要求，用一套政策组合拳，确保在既定时间节点打赢扶贫开发攻坚战”[①]。同年6月，习近平总书记在贵州召开的扶贫攻坚座谈会上，就加大力度推进扶贫开发工作提出了“四个切实”的具体要求，即“切实落实领导责任、切实做到精准扶贫、切实强化社会合力、切实加强基层组织”[②]，明确提出要因地制宜，研究实施扶贫攻坚行动计划，强调通过移民搬迁安置一批。

2015年6月，时任国务院副总理的汪洋同志作出明确指示，要求农发行支持易地扶贫搬迁。农发行党委高度重视，强化政治担当，秉承家国情怀，率先部署行动。在与原国务院扶贫办联合开展易地扶贫搬迁情况调研的基础上，立足地方政府推进易地扶贫搬迁资金短缺、迫切需要信贷资金支持的实际情况，在国家易地扶贫搬迁政策尚未明确前，定向对接贫困人口搬迁集中安置房及配套设施建设对融资的需求，于同年8月推出易地扶贫搬迁项目贷款产品，出台相应易地扶贫搬迁贷款管理办法，通过易地扶贫搬迁项目建设融资、政府购买服务资金来源的还款方式，推动金融扶贫模式创新，并于当月实现首笔项目贷款的投放落地，为全面做好易地扶贫搬迁金融服务工作奠定了基础。

二、运作方式

易地扶贫搬迁项目贷款是农发行向借款人发放的用于易地扶贫搬迁项目建设的政策性贷款，其运作方式遵循“政府主导、精准扶贫、专款专用、条件特惠、保本经营”的原则，对照地方政府易地扶贫搬迁规划或搬迁工作方案，在支持对象、贷款用途上，精准对接搬迁人口及项目建设对金融的需求，根据农发行资金来源成本，按照保本经营原则提供信贷资金。在贷款方式上，借款人与地方政府授权主体签订政府购买服务协议，地方政府通过预算决议等方式承诺未来支出责任，借款人获得应收账款权利，并以此向农发行质押贷款。在金融服务上，借款人、地方政府授权主体、贷款行三方签订项目监管协议或方案，明确项目融资、资金监管、还本付息等方面权利义务关系，确保资金用于搬迁项目建设。

① 2015年5月27日，习近平总书记在浙江召开的华东7省党委主要负责同志座谈会上的讲话。
② 2015年6月18日，习近平总书记在贵州召开部分省区市党委主要负责同志座谈会上的讲话。

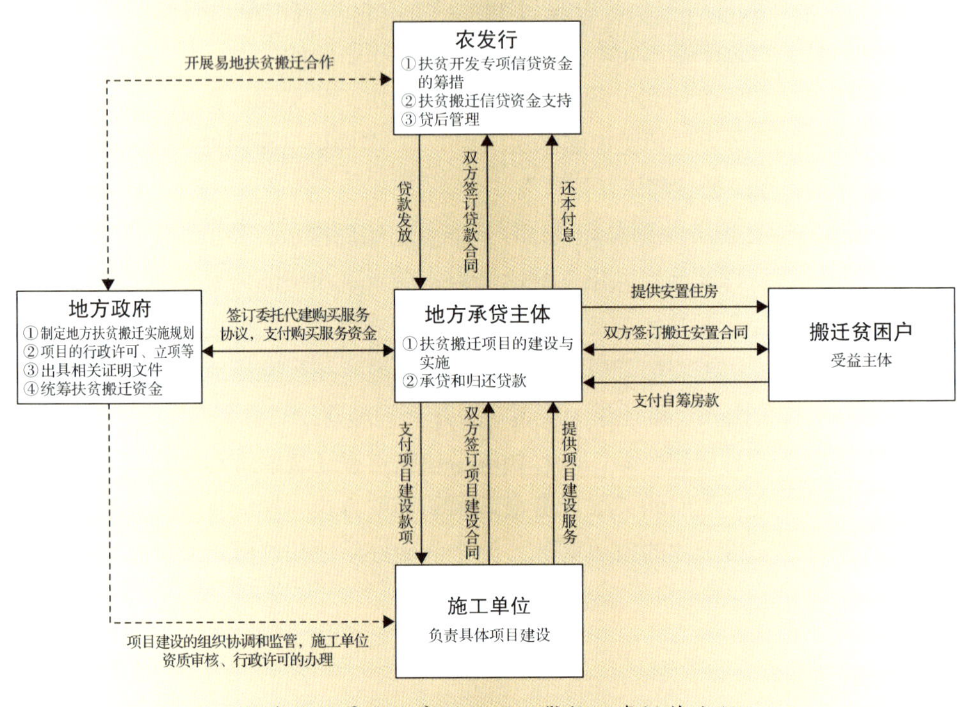

■ 农发行易地扶贫搬迁项目贷款融资操作流程

三、操作要点

（一）加强融智服务

农发行总行与原国务院扶贫办联合开展易地扶贫搬迁调研，了解掌握基层易地扶贫搬迁实际情况、遇到的困惑难点，进而指导省辖三级行积极参与省级“十三五”易地扶贫搬迁规划的制定、县级实施方案的编制和具体项目数据的测算，协助政府购买服务协议签订、银行账户开立，做到融智服务前置、融资服务同步、融力服务协同，为搬迁工程资金及时到位、及时支付、不被挤占挪用提供保障。

（二）严格贷款用途

易地扶贫搬迁项目贷款主要用于易地扶贫搬迁安置房建设（或购买）以及与易地扶贫搬迁直接相关的水、电、路、气、网等配套基础设施和教育、卫生、文化等公共服务设施建设，原居住地的土地复垦及整理，搬迁工程中发生的搬迁补偿、临时过渡费用等。

（三）体现优先优惠

各级行优化审贷手续，优先审查，优先办贷。易地扶贫搬迁贷款执行特惠利率。对

14个集中连片特困地区和国家扶贫开发工作重点县等832个贫困县，以及其他地区单个项目中建档立卡贫困人口占易地扶贫搬迁人口50%以上的，最多可下浮20%；其他区域单个项目中建档立卡贫困人口占易地扶贫搬迁人口50%以下的，最多可下浮10%。

（四）强化贷款管理

开户行与地方财政或主管部门、借款人等签订多方资金监管协议，确保资金专款专用、封闭管理。借款人原则上在农发行开立基本存款账户、项目资本金账户、信贷资金账户、购买服务资金归集账户，也可在借款人同一账户内分设资金管理台账，实现资金分类管理。项目建设主要施工方原则上理应在农发行开立结算账户。贷款严格按照农发行有关规定加强贷后管理。对地方政府明确将购买服务资金纳入年度财政预算的，地方政府及时将本年度购买服务支出资金纳入财政预算。

四、启示借鉴

易地扶贫搬迁是人类迁徙史和世界减贫史上的一项伟大壮举，是新时代脱贫攻坚“中国方案”的重要组成部分。易地扶贫搬迁项目贷款，是农发行主动担当、勇于作为，在国家相关政策尚未明确的前提下，第一时间创新研发推出的信贷产品，它统筹考虑支持建档立卡贫困人口与同步搬迁人口，切实让利于贫困地区和搬迁群众，有力地支持了国家“十三五”时期对“一方水土养不起一方人”的地方易地扶贫搬迁工程顺利实施，打响了金融服务易地扶贫搬迁的“当头炮”，树立了农发行“扶贫银行”的品牌形象。

案例一：安徽金寨县中心村安置点+配套设施建设融资案例

一、项目概况

（一）项目背景

金寨县地处大别山腹地，鄂豫皖三省结合部，被誉为“红军的摇篮、将军的故乡”，是中国革命的重要策源地，也是集革命老区、贫困山区于一体的国家扶贫工作重点县。山区环境异常复杂，居民居住条件差、分布较为分散、饮水安全堪忧、交通条件滞后、医疗教育资源匮乏、耕地资源量少。

（二）建设内容

本项目在金寨县11个乡镇新建102个易地扶贫搬迁安置点，建设内容包括搬迁住房建设、附属设施建设、公共服务设施建设等。

（三）融资方案

项目采取“委托代建、政府购买”方式。金业公司受托项目建设和管理，金寨县政府向金寨县金业公司分期支付委托代建协议款。农发行向金寨县金业公司发放易地扶贫搬迁项目贷款8亿元，贷款期限20年（宽限期2年），执行农发行扶贫贷款优惠利率，以购买服务资金作为偿还贷款本息资金来源，采取购买服务协议项下应收账款质押担保贷款方式。

二、主要做法

（一）靠前服务，融智参与

为把贫困人口精准地找出来，农发行陪同原安徽省扶贫办全程考察，摸清易地扶贫搬迁规模和覆盖人数，积极主动对接扶贫移民局等政府部门获取最精准资料，参与地方党政搬迁操作方案商讨，提供一揽子服务的优惠政策，取得了大湾村易地扶贫项目初步的合作意向。陪同可研单位、承贷主体下乡镇，摸底调研，在项目选址时介入、在开始施工时跟进资金，助力搬迁群众“迁”来幸福。

（二）实地考察，融资跟进

农发行带着省发改委牵头制订的搬迁规划、实施方案、补偿办法等多个政策文件挨家挨户讲政策，同步配合测算资金需求；带着原省扶贫办、财政厅、自然资源厅等部门在配套产业发展、资金筹措、拆旧复垦、土地流转等方面出台的相关政策措施，挨家挨户答疑解惑；带着农发行营销中安置区、产业园区、返乡创业园区等一系列扶贫项目，挨家挨户解忧愁、作动员，为搬迁群众从“要我搬”到“我要搬”的思想转换提供金融助力。

（三）全程跟踪，融力管控

为加强易地扶贫搬迁项目资金管理，切实保障项目资金安全，提高资金使用绩效，省市县三级行联合政、企三方多次就资金支付、监管等方面召开座谈会，落实《安徽省“十三五”时期易地扶贫搬迁文件汇编》等相关文件精神，出台《易地扶贫搬迁资金监管协议》《易地扶贫搬迁资金管理办法》等文件，采取多方共管账户的创新方式对资金支付流程进行监管，针对性地克服了资金使用方式与实际搬迁工作脱节的问题，做到全程跟踪服务。

三、取得成效

在农发行高效的贷款支持和政策扶持下，金寨县11个乡镇3605户14255人（其中建档立卡的贫困户1245户4273人，纳入易地扶贫搬迁数据库的贫困户1049户3633人）进行易地扶贫搬迁。通过建设102个中心村安置点，包括配套的基础设施建设（区内道路、路灯、污水管网、电网、垃圾收集点等），公共服务设施建设（幼儿园、卫生室、文化广场等），大大缓解了贫困地区居住条件差、交通条件滞后、医疗教育资源匮乏等一系列问题，确保实现金寨县贫困地区“搬得出、稳得住、能发展、可致富”的目标，提升贫困人口生活质量，丰富精神文化生活，促进社会稳定，推动农村经济发展，为建设美好乡村、建成小康社会奠定基础。

金寨县花石乡大湾村中心村易地扶贫搬迁安置区，占地7350平方米，搬迁贫困人口28户，人口77人，占搬迁人口的31.43%，建设有文化舞台1个、供水净化工程1个等公益性附属配套设施。

■ 农发行支持安徽金寨县花石乡大湾村中心村航拍场景

案例二：广西隆林县搬迁集中安置+配套设施建设融资案例

一、项目概况

（一）项目背景

隆林各族自治县是广西20个深度贫困县之一，共有16个乡（镇）179个村（社区），有贫困村74个、贫困户16358户、贫困人口68040人，贫困发生率20.09%。据统计，隆林各族自治县贫困群众多分布在少数民族地区、水库移民区、自然环境恶劣的山区，加之自然灾害频发、抗灾能力弱，基础设施落后，发展生产、生活条件恶劣。贫困村群众居住分散，“插花式”贫困现象普遍，自然条件差，交通不便，水利设施陈旧老化，行路难、饮水难、用电难、上学难、就医难、居住条件差等问题仍然普遍存在，部分贫困村的基础设施建设较为落后，广大贫困群众要求移民搬迁的愿望强烈。在此背景下，隆林县人民政府出台了《广西隆林各族自治县扶贫生态移民工程总体规划（2014—2020）》，明确隆林各族自治县2014年至2020年扶贫生态移民有关工作。

（二）建设内容

本项目建设内容包括三个部分：一是计划建设安置点4处，安置群众6925户，新建住宅6925套，建筑面积55.75万平方米；二是配套基础设施工程建设，包括道路硬化54.84万平方米、绿化32万平方米、供电工程、给排水等；三是配套公共设施工程建设，包括农贸市场、教育设施、文体活动中心和医疗设施等，建筑面积0.79万平方米。

（三）融资方案

隆林各族自治县政府与华隆开发投资集团有限公司签订《购买服务协议》，委托华隆开发投资集团有限公司进行搬迁扶贫项目的建设与管理，县政府向华隆开发投资集团有限公司分期支付委托代建协议款。农发行向华隆开发投资集团有限公司发放易地扶贫搬迁项目贷款8亿元，用于隆林县扶贫生态移民工程项目建设，贷款期限18年（宽限期4年），执行农发行扶贫贷款优惠利率，以购买服务资金作为偿还贷款本息资金来源，采取购买服务协议项下应收账款质押担保贷款方式。

二、主要做法

（一）吃透国家政策，下好营销先手棋

国家易地扶贫搬迁及总行相关政策印发后，广西分行第一时间组织研学，随即展开高端融情营销，行领导向自治区政府汇报，拜访省发改委、财政、扶贫等政府职能部门，率先达成合作意向，内部采取自上而下、三级联动方式，确保第一时间为各地市、县区政府提供金融服务。

（二）精准把握需求，力促项目早落地

根据《广西隆林各族自治县扶贫生态移民工程总体规划（2014—2020年）》，本项目必须于2020年前全部完工并安排入住，但各类补贴资金到位时间存在不确定性。广西分行认真研究分析《广西扶贫开发整村推进“十二五”规划》等文件，摸清当地易

地扶贫搬迁人口底数和搬迁有关工作要求，主动为隆林县量身打造设计融资方案，力促项目早落地早建设。

（三）示范项目指引，推动样板式营销

示范项目做好牵头引领，农发行成立工作小组，在半个月内完成首笔易地扶贫搬迁项目的评估、审议审批、投放工作，根据搬迁项目特殊性制成操作模板，各支行参照模板开展调查评估工作，办贷效率极大提高，政银协作走出农发行速度，助力隆林县如期实现脱贫攻坚目标。

■ 农发行支持广西隆林县建设的城西区生态移民工程（一期）

三、取得成效

项目竣工建成安置楼51栋，安置房3382间，完成建档立卡搬迁人口安置3382户14606人，全面完成易地扶贫搬迁安置任务。农发行不断做好“易地扶贫搬迁+”文章，补齐补强安置点生产生活新业态。一是“+教育”保障，通过投放教育扶贫过桥贷款，在安置点配套建设一所小学和一所幼儿园，保证搬迁户子女上学问题。二是“+园区”平台，通过支持隆林县扶贫产业园基础设施（一期）建设项目、隆林县扶贫产业园配套设施工程项目建设，优先从已搬迁的人口中安排500人就业，有利于实现移民安置区经济社会可持续发展。三是“+产业”扶持，通过支持隆林县年出栏50

万头生猪生态农业产业链项目一期工程，通过后续扶持项目吸收入迁户就业。四是“+培训”帮扶，将已搬迁人口纳入城镇就业保障体系，通过加强就业和劳动技能培训，培育一批整体规模大、有技术、有劳动力的工人队伍。

第五节　易地扶贫搬迁+专项统贷融资模式

易地扶贫搬迁+专项统贷融资模式是指农发行根据国家以及各省（自治区、直辖市）“十三五”易地扶贫搬迁规划或工作方案和相关政策规定，依据规划搬迁人口的规模向省级政府确定的投融资主体统一发放易地扶贫搬迁贷款，由县级政府授权易地扶贫搬迁主体承接搬迁资金，分县域、分项目支持易地扶贫搬迁人口住房建设、安置区配套基础设施和公共服务设施建设的信贷扶贫方式。

一、政策背景

2015年12月1日，国务院召开全国易地扶贫搬迁工作电视电话会议，对易地扶贫搬迁作出相关部署。按照“中央统筹、省负总责、市县抓落实”的工作机制，国家发展改革委联合有关部门先后印发易地扶贫搬迁工作方案、规划，明确创新筹资方式，引入政策性、开发性金融资金和地方政府资金、专项建设基金，增加中央预算内投资规模，提高住房建设补助标准，让贫困群众搬得起、搬得出。进一步明确了中国农业发展银行支持易地扶贫搬迁的工作职责，要求其为省级投融资主体提供易地扶贫搬迁长期贷款和专项建设基金，用于规划范围内建档立卡搬迁人口住房建设，以及安置区配套基础设施、公共服务设施建设。

为全面落实党中央、国务院关于扶贫开发重大决策部署，确保国家“十三五”时期易地扶贫搬迁政策的顺利实施，农发行在积极配合22个省（自治区、直辖市）完成省级投融资主体组建工作的同时，研发易地扶贫搬迁专项贷款产品，创新省级投融资主体统贷模式，印发《中国农业发展银行易地扶贫搬迁地方政府补助资金专项贷款管理办法（试行）》，契合易地扶贫搬迁工程进度及时提供信贷资金。2017年2月，农发行修订印发《中国农业发展银行易地扶贫搬迁专项贷款办法》，进一步规范易地扶贫搬迁贷款专项贷款操作管理，为易地扶贫搬迁项目工程建设提供更加高效的金融服务。

二、运作方式

由市场化运作的省级投融资主体按照“统贷统还”模式承接贷款。省级政府出台相关政策统筹地方可支配财力，支持投融资主体还贷。构建省级投融资主体与市（县）项目实施主体之间顺畅的信贷资金衔接机制。省级政府授权有关部门作为购买主体与政府选定的省级投融资主体签署政府购买服务协议。省级投融资主体根据有关部门汇总的市县贷款需求，统一向银行申请贷款，与银行签署借款合同，从银行获得资金。市（县）项目实施主体从省级投融资主体承接银行贷款，并按照本地实施规划或年度实施计划将信贷资金用于易地扶贫搬迁工程项目建设，确保工程进度和信贷资金合规使用。

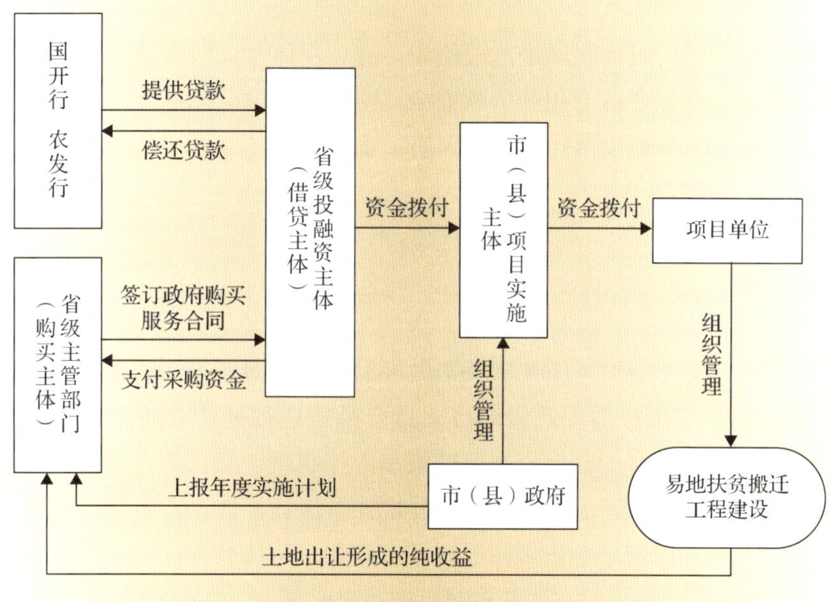

■ 易地扶贫搬迁专项贷款融资操作流程

三、操作要点

（一）强化精准要求

按照精准扶贫、精准脱贫的要求，强化精准意识、合规意识，确保中央财政贴息专项贷款按国家政策要求精准支持建档立卡搬迁人口的搬迁，建立明晰的贷款资金支持项目清单、信贷资金使用台账，准确记录贴息专项贷款的对象、金额、期限、利率和用途等贷款要素。

（二）强化协同监管

各分支机构充分发挥农发行机构健全的优势，对贷款发放、下拨、支付和使用等实施全程跟踪监管。项目所在地农发行积极履行属地监管职责，对本地承接的易地扶贫搬迁贷款视同本行业务管理，认真审核相关证明材料，严格资金支付，跟踪项目建设进展情况，防范资金挪用风险。贷款行加强工作协调，全面掌握贷款使用管理情况，及时解决出现的问题。

（三）建立绿色通道

加强与地方政府及相关部门的沟通协调，主动协助指导省级投融资主体完善贷款申请资料，建立绿色办贷通道，及时审批发放专项贷款并拨付资金，确保易地扶贫搬迁工程建设资金需求，努力为易地扶贫搬迁提供有效、务实、便捷的贷款服务。

（四）确保专款专用

为保障贷款严格按照合同规定范围使用，有关主体签订监管协议，明确资金监管和督促还款责任，确保专款专用和贷款安全。对于中央财政贴息专项贷款额度一次性审批的，当年贷款发放额度应控制在国家有关部门下达的年度中央财政贴息专项贷款规模以内。

四、启示借鉴

农发行深入落实党中央、国务院关于做好易地扶贫搬迁工作的各项政策部署，立足职能定位，加强与国家部委政策对接，结合易地扶贫搬迁业务实际，研发专项产品、创新融资模式，出台配套信贷支持政策和内控制度，强化与省级政府沟通对接，支持各省按照“省负总责”原则统筹推进易地扶贫搬迁工作，专项贷款与项目贷款协同发力，有力支持了国家易地扶贫搬迁政策实施和易地扶贫搬迁工程项目建设，发挥了农发行金融主力军作用，树立了扶贫银行的品牌形象。

案例一：云南省易地扶贫搬迁专项贷款融资案例

一、项目概况

（一）项目背景

云南省全省129个县（市、区）中，共有93个扶贫开发重点县和片区县，其中88个国定贫困县，片区县和重点贫困县数量居全国第一位。截至2015年，全省仍有471万建档立卡贫困户，贫困人口数量居全国第二位，是全国扶贫开发主战场之一，也是易地扶贫搬迁任务较重的省份。

为如期打赢脱贫攻坚战，加快云南省易地扶贫搬迁工作进程，云南省政府制订了

《云南省易地扶贫搬迁三年行动计划》（云办发〔2015〕27号），提出统一规划、有序实施、整体推进等基本原则及指导思想，确保易地扶贫搬迁农户如期实现精准扶贫的目标。

（二）建设内容

本项目针对云南省“十三五”易地扶贫搬迁规划中建档立卡18.32万户65万人进行安置，具体建设内容主要包括安置住房、基础设施、公共服务设施等方面。

（三）融资方案

农发行向云南省扶贫投资开发有限公司发放中央财政贴息易地扶贫搬迁专项贷款147.875亿元，贷款用于云南省“十三五”易地扶贫搬迁项目，贷款期限20年（含宽限期5年），贷款执行农发行扶贫贷款优惠利率，贷款方式采用信用方式，并追加政府购买扶贫服务协议项下应收账款质押担保。

二、主要做法

（一）积极对接，主动营销

积极对接易地扶贫搬迁项目，结合项目可研内容及实际建设情况设计贷款方案，按照“对于专项贷款还贷来源政策安排为‘由市场化运作的省级投融资主体还贷’”的要求，以云南省扶贫投资开发有限公司为承贷主体，且设定本笔贷款担保方式为信用贷款，对政府购买扶贫服务协议项下的购买资金进行质押属于追加担保方式。

（二）发挥优势，积极作为

作为支持“三农”的专业银行，农发行县级支行机构分布广泛，对于开展易地扶贫搬迁项目和推进脱贫攻坚工作较为有利。云南省分行发挥农业政策性银行的优势，省域易地扶贫搬迁项目专项贷款占比65%，展现了支持易地扶贫搬迁工作的决心。

（三）严格管理，合规使用

在积极对接之下，云南省分行于2016年8月29日与云南省扶贫投资开发有限公司签订了《易地扶贫搬迁地方政府补助资金专项借款合同》，贷款用于云南省“十三五”易地扶贫搬迁项目。由于易地扶贫搬迁项目政策性较强，资金支付使用管理严格，贷款发放后，严格按照云南省发展和改革委员会、省财政厅、省人民政府扶贫开发办公室《关于印发易地扶贫搬迁中长期政策性贷款资金管理办法的通知》（云发改扶贫〔2016〕1265号）及相关规定进行拨付使用，确保贷款资金切实用于易地扶贫搬迁项目。

三、取得成效

（一）服务区域广泛，带动效应明显

农发行支持云南省易地扶贫搬迁项目受益总人口100万人，其中服务贫困人口占比65%，搬迁工程分布在云南省88个国定贫困县，涉及大理州巍山彝族回族自治县、红河州泸西县、金平苗族瑶族傣族自治县、绿春县、元阳县、昆明市禄劝彝族苗族自治县、寻甸回族彝族自治县、东川区等。项目建设内容涉及建档立卡人口65万人，帮助贫困户16.35万户，改善住房24.5万套，面积134.88万平方米，土地复垦面积1.76万亩。项目建设不但改善了搬迁群众的生活环境，帮助他们加快脱贫致富的步伐，而且带动了迁出区域生态环境的治理，加快了城镇化建设，带动了地区投资、区域开发和经济发展。

（二）安置方法灵活，搬迁对象精准

以专项贷款支持的东川区易地扶贫项目为例：昆明市东川区作为云南省88个国定贫困县、27个深度贫困县之一，集革命老区、生态脆弱区、地质灾害隐患区、老工业基地等特殊性为一体，贫困面积广，贫困程度深。区内十万多名建档立卡贫困人口中近三分之一居住在“一方水土养不活一方人”的贫困山区，要实现这些贫困群众的脱贫，“进城安置”成为必然选择。其中，农发行重点支持的东川区万人集中安置点一个，安置搬迁人口19727人，贫困人口占比60.91%。

■ 云南省东川县因民镇红山村迁出前的居住地场景

■农发行支持东川县因民镇红山村贫困户搬迁后隆康园小区

东川区易地扶贫搬迁任务重、起步晚。在农发行4.09亿元资金的有力保障下，东川区13个集中易地扶贫搬迁安置点迅速完工，安置人口3万余人，城镇化安置率约96%，东川区1.7万余人建档立卡贫困人口如期搬进宽敞明亮的安置房，极大改善了该部分贫困人口的居住条件和生活环境，为东川区打赢脱贫攻坚战奠定了坚实基础、为东川区啃下"硬骨头"拿下关键一战，为东川区脱贫攻坚交出了满意的答卷。

案例二：江西省易地扶贫搬迁专项贷款融资案例

一、项目概况

（一）项目背景

为全面贯彻落实中央扶贫开发工作会议决策部署，坚持群众自愿、积极稳妥方针，坚持与新型城镇化相结合，对居住在"一方水土养不起一方人"地方的建档立卡贫困人口实施易地扶贫搬迁，2016年8月22日，江西省人民政府办公厅下发了《江西省人民政府办公厅关于印发江西省"十三五"易地扶贫搬迁工程建设项目融资信贷方案的通知》（赣府厅发〔2016〕119号），就实施江西省"十三五"易地扶贫搬迁工程建设项目融资信贷方案给予了明确。政府加大投入力度，创新投融资模式和组织方式，完善相关后续扶持政策，强化搬迁成效监督考核，努力做到“搬得出、稳得住、有事做、能致富”，确保搬迁对象尽快脱贫，从根本上解决生计问题。

江西省易地扶贫搬迁对象主要是居住在深山、石山、高寒、荒漠化、地方病多等生存环境差、不具备基本生存发展条件的地区。特别是处于生态环境脆弱、限制或禁止开发地区的建档立卡贫困人口，位于地震活跃带及受泥石流、滑坡等地质灾害威胁的建档立卡贫困人口，易地扶贫搬迁必要而迫切。并且，统筹考虑水土资源条件、城镇化进程及搬迁对象意愿，采取集中与分散相结合的安置方式进行搬迁。

（二）建设内容

该项目主要建设内容为江西省“十三五”建档立卡搬迁人口建设安置住房和必要的附属设施，以及水、电、路、气、网等基本生产生活设施，配套建设教育、卫生、文化等公共服务设施。搬迁安置全省8个地市、36个县（市、区）“十三五”建档立卡搬迁人口10.45万人。

（三）融资方案

江西省财政厅将全省“十三五”期间易地扶贫搬迁项目建设纳入政府购买服务的指导性目录，江西省人民政府授权省扶贫和移民办作为购买主体，实施全省“十三五”期间易地扶贫搬迁项目采购，江西省行政事业资产集团有限公司（以下简称省资产集团）作为承贷主体，与省扶贫和移民办和江西省行政事业资产集团有限公司签订政府购买服务协议，明确采购标的、数量、服务期限、资金支付方式及时间安排等内容。该项目贷款采用政府购买服务应收账款质押加信用方式进行担保，以取得的省级购买服务资金归还贷款本息。省资产集团申请专项建设基金10亿元，承接省财政安排的地方政府债券资金19.5亿元作为项目资本金，向农发行江西分行、国开行江西分行申请中央贴息90%的易地扶贫搬迁专项贷款70亿元，其中向农发行江西省分行申请贷款42亿元。

二、主要做法

（一）强化组织协同

江西分行将易地扶贫搬迁贷款业务的开展作为政治任务和重点业务，明确易地扶贫搬迁信贷业务的发展目标，将“十三五”易地扶贫搬迁业务作为重点业务开展。一是加强组织。通过组织相关部门和人员召开专题工作会议，提前谋划布局，研究布置全省易地扶贫搬迁项目营销工作，确保营销对接工作有落实、有反馈、有实效。二是加强沟通。通过多种渠道多种方式向政府汇报农发行关于易地扶贫搬迁贷款政策制度，并与财政、发改委、原扶贫办等部门协调沟通，积极介绍农发行的政策优势、机构优势及办好易地扶贫搬迁贷款的信心与决心，得到了相关部门的肯定与支持。

（二）优化办贷策略

江西省作为中部省份，辖内24个原国定贫困县和1个对口支援帮扶县，贫困发生率较高，搬迁贫困人口基数较大。为一次性解决贫困人口有效搬迁、“一方水土不能养活一方人”的问题，江西分行采用统贷统还的办贷方式。一是由江西省行政事业集团作为承贷主体，统筹贷款资金和基金的归集。二是将信贷资金根据原国定贫困县搬迁项目的建设需求划拨至当地相关城投企业在我行开立的资金专户，并由当地农发行进行管理。除此之外，在原省扶贫办的大力指导和协调下，确定农发行和国开行为70亿元易地扶贫搬迁贷款和10亿元基金业务的承办行，农发行江西分行和国开行的联动办贷措施为加快安置全省“十三五”易地扶贫搬迁统计数据范围的建档立卡人口提供了有效助力。

（三）提高办贷效率

为加快易地扶贫搬迁项目审批落地，实现项目早落实、早投入、早见效，农发行集中力量，提高效率，优化服务，确保了办贷“快、细、优、强”。一是快速反应。及时成立了以江西省分行分管领导为组长的江西省“十三五”易地扶贫搬迁项目金融服务团队，多次上门现场办公，及时解决项目审批过程中遇到的相关问题。二是细心沟通。及时与省资产集团、国开行建立联席会议制度，共同协商解决项目评审过程中可能遇到的问题，确定合同条款等细节，大大提高了项目申报的时效。三是优化流程。在项目的申报过程中，开辟了一条信贷审批“绿色通道”，前台业务部门及时开展调查评估，科学合理设计贷款方案，准确评估还款来源，审查部门大大优化了审贷手续，优先审查，优先办贷。四是强化配合。各部门一体化办贷，强化前中后台密切配合协作，确保了易地扶贫搬迁贷款及时发放到位。

三、取得成效

江西省分行作为省扶贫开发领导小组确定的全省易地扶贫搬迁主办行和结算经办行，履职尽责主动作为，根据江西省“十三五”易地扶贫搬迁实施规划，全力支持易地扶贫搬迁“头号工程”。支持的易地扶贫搬迁项目涉及省内8个地市、36个县（市、区），支持搬迁安置“十三五”易地扶贫建档立卡户1.93万户，安置“十三五”易地扶贫建档立卡人口6.57万人次，2019年底已全部搬迁安置入住，奠定了奔小康的基础。

“十三五”期间，农发行支持江西省易地扶贫搬迁专项贷款22.99亿元，其中支持安远县易地扶贫搬迁专项贷款1.05亿元，下图为安远县集中安置点较大的“产城新区易地扶贫移民社区”，占地面积66亩，共800套，可容纳4080人。

■ 农发行支持安远县“产城新区易地扶贫移民社区”

第六节　易地扶贫搬迁后续扶持“三专一多”融资模式

一、易地扶贫搬迁后续扶持金融服务顶层设计

搬得出只是第一步，要实现稳得住、逐步能致富，还需持续做好搬迁后续扶持工作。习近平总书记多次指示要做好易地扶贫搬迁后续扶持工作，多次赴地方调研考察搬迁安置点，在中央农村工作会议、全国脱贫攻坚总结表彰大会上，反复强调要强化易地扶贫搬迁后续扶持，多渠道促进就业，加强配套基础设施和公共服务，搞好社会管理，确保搬迁群众稳得住、有就业、逐步能致富。易地扶贫搬迁工作转入以后续扶持为中心的新阶段后，农发行将支持易地搬迁后续扶持作为一项重大政治任务，总行行领导亲自督战、多次部署，全行上下继续发挥好易地扶贫搬迁主力银行作用，把做好易地扶贫搬迁后续扶持工作作为巩固拓展脱贫攻坚成果同乡村振兴有效衔接的重要内容，扎实推动易地扶贫搬迁后续扶持工作，持续巩固易地搬迁脱

贫成果。

一是加强调查研究，做好政策顶层设计。农发行深入开展调研，积极研究支持政策。在脱贫攻坚期内，组织有易地扶贫搬迁任务的22个省分行深入开展易地扶贫搬迁后续扶持调研，积极探索新时期政策性金融支持易地扶贫搬迁后续扶持的路径和模式。在此基础上，研究起草了《关于做好金融服务易地扶贫搬迁后续扶持的报告》及《农发行易地扶贫搬迁后续扶持金融服务方案》报国务院领导同志。制定印发《关于开展信贷支持易地扶贫搬迁后续扶持专项行动的通知》，明确从2020年开始，在全行开展后续扶持专项行动，并提出了后续扶持贷款任务目标、支持重点和差异化政策，真正帮助搬迁群众稳得住、能致富。

二是开展银政对接，切实加大支持力度。农发行加强与国家发改委、乡村振兴局等主管部门的工作对接，共同建立易地扶贫搬迁后续扶持沟通协调机制，合力推动易地扶贫搬迁后续扶持金融服务工作稳步开展。2020年，农发行率先与国家发改委联合印发《关于信贷支持易地扶贫搬迁后续扶持的通知》，联合开展专项信贷支持易地扶贫搬迁后续扶持工作，提出以专项行动、专项政策、专项额度、多种产品“三专一多”为工作抓手，从2020年起，5年内共安排1200亿元专项贷款额度，切实加大对易地扶贫搬迁安置区和搬迁群众的后续帮扶力度。

三是强化监测考核，推动工作取得实效。其一是制定年度任务目标。统筹各省大中型集中安置点分布情况、搬迁人口数量、信贷支持情况，分年度下达全行年度易地扶贫搬迁后续扶持贷款任务目标，各业务部门结合自身职能定位和业务优势，推动指导条线切实加大信贷支持力度。其二是建立业务监测机制。农发行建立起“到省、到安置点、到条线、到产品”的“四到”业务监测分析机制，按月监测督导各省级分行贷款投放情况，定期通报各省级分行任务完成进度。其三是加大绩效考核力度。在总行对省级分行支持巩固拓展脱贫攻坚成果同乡村振兴有效衔接工作考核中，单独设置易地扶贫搬迁后续扶持贷款投放、大中型安置点覆盖率、后续扶持产业类贷款占比等考核指标，确保易地扶贫搬迁后续扶持各项举措落地见效。

二、易地扶贫搬迁后续扶持“三专一多”融资模式

易地扶贫搬迁后续扶持“三专一多”融资模式是指农发行为全面做好易地扶贫搬迁后续扶持金融服务工作，以专项行动、专项政策、专项额度和多种产品“三专一多”为工作抓手，聚焦原集中连片特困地区、原深度贫困地区、乡村振兴重点帮扶县的大中型安置点，加大对安置点后续产业和安置点基础设施与公共服务设施建设信贷支持力度，助推搬迁群众“稳得住、有就业、逐步能致富”的金融服务模式。

（一）政策背景

在易地扶贫搬迁的过程中，“搬得出”只是第一步，后续扶持是更重要、更艰巨的长期任务，需要政策的接续发力。2019年以来，易地扶贫搬迁工作重心由工程建设逐步向后续扶持转移。《中共中央 国务院关于全面推进乡村振兴加快农业农村现代化的意见》要求以大中型集中安置点为重点，扎实做好易地扶贫搬迁后续帮扶工作，持续加大就业和产业扶持力度，继续完善安置区配套基础设施、产业园区配套设施、公共服务设施，切实提升社区治理能力。2021年，国家发展改革委等20部委联合下发了《关于切实做好易地扶贫搬迁后续扶持工作巩固拓展脱贫攻坚成果的指导意见》（以下简称《指导意见》），围绕完善安置区配套设施和公共服务设施、加强安置区产业培育和就业帮扶等方面制定出台系列政策措施，明确支持各类金融机构结合自身职能定位和业务优势，创新金融产品，加大对安置点后续产业的信贷投入，为易地扶贫搬迁后续扶持提供金融服务。

（二）运作方式

1. 专项行动。农发行每年对22个有搬迁任务的省级分行下达具体目标任务，对搬迁贫困人口超过1万人的特大型集中安置区贷款投放覆盖比例不低于80%，力争实现全覆盖；对搬迁贫困人口超过800人的大中型集中安置区贷款投放覆盖比例不低于50%；有易地扶贫搬迁任务的22个省级分行全部实现贷款投放。农发行按月对易地扶贫搬迁后续扶持贷款统计，按季对全行支持情况进行通报，按半年形成专题报告报送国家发展改革委等部门。单独设置易地扶贫搬迁后续扶持考核指标，纳入全年绩效考核体系，加大考核力度。

2. 专项政策。农发行强化政策支撑，优化办贷流程，开通“绿色通道”，实行办贷优先、规模倾斜、利率优惠、期限延长。依据资金来源成本，按照“保本经营”原则，执行优惠利率。流动资金贷款期限1~3年，固定资产贷款期限可达15年，围绕支持安置区教育、卫生健康等“三保障”类固定资产贷款期限可达20年。对于优质企业及采取“吕梁模式”的易地扶贫搬迁后续扶持贷款可以发放信用贷款。不良贷款风险容忍度提高至3.5%，对风险补偿基金“吕梁模式”下的产业类扶贫贷款风险容忍度提高至5%。

3. 专项额度。农发行从2020年起，5年内共安排1200亿元专项贷款额度，其中1000亿元贷款用于支持易地扶贫搬迁后续产业发展，200亿元贷款用于支持易地扶贫搬迁安置区配套设施提升完善。

4. 多种产品。利用好农发行产业扶贫、教育扶贫、健康扶贫、贫困村提升工程、城乡一体化、水利建设等专项信贷产品，打好产品组合拳，全方位支持对易地扶贫搬迁人口具有带动作用的设施农业建设、以特色种养业为主的高效农业发展、特色产业园区建设、扶贫车间、农产品产地初加工及冷链物流设施，安置点学校、医院、公共文化等配套公共设施以及水、电、气、暖、污水管网等配套基础设施提升完善。

（三）操作要点

1. 严格把握贷款认定标准。专项行动贷款的认定标准是在满足扶贫贷款认定条件的前提下，支持的项目扶贫贷款必须由地方政府或主管部门出具易地扶贫搬迁后续扶持项目的认定材料，支持的产业扶贫贷款必须带动国家“十三五”易地扶贫搬迁贫困人口，带动人数按照微型、小型、中型、大型企业类型最低带动1人、3人、5人、10人；要聚焦重点区域，紧紧围绕国家“十三五”易地扶贫搬迁贫困人口，重点支持搬迁贫困人口超过1万人的集中安置区。

2. 全力做好项目对接储备。充分发挥政策性金融专业优势，着眼长远、因地制宜，积极参与易地扶贫搬迁后续扶持规划制订，提前介入优质项目，对农发行前期已经支持的符合易地扶贫搬迁后续扶持范围的项目，要积极推动纳入规划。要及时将规划中符合农发行支持范围的项目纳入农发行项目储备库管理（流动资金贷款参照项目储备库管理方式建立相应贷款台账），全面摸清资金需求，研究差异化服务方式，加快推动项目落地。

3. 完善考核激励机制。总行按年制定下发全行易地扶贫搬迁后续扶持贷款目标任务，按月监测督导各省级分行贷款投放情况，定期通报各省级分行任务完成进度。加大绩效考核力度，在总行对省级分行脱贫攻坚考核中，单独设置易地扶贫搬迁后续扶持贷款投放、贷款覆盖800人以上大中型集中安置点、易地扶贫搬迁后续扶持产业类贷款投放占比等考核指标，确保易地扶贫搬迁后续扶持各项举措落地见效。

4. 强化合规管理理念。各行全面落实精准管理要求，严格把握和防范合规、信用等各类风险，严守业务发展边界，推动完善后续扶持带贫益贫机制建设，建立健全并推动完善产业扶贫主体与贫困户联动发展的利益联结机制。要加强资金使用监管，确保信贷资金用到搬迁群众的后续帮扶上，防止挤占挪用，提高资金质效，严禁新增地方政府隐性债务。要认真执行扶贫贷款贷后管理规定，加强非现场监测和现场检查，及时监测预警，推动业务高质量发展。

三、启示借鉴

农发行加强与地方政府及发改委、乡村振兴局等政府职能部门的高层对接，建立合作关系或制订联合工作方案，做好项目对接储备，聚焦原集中连片特困地区、原深度贫困地区、乡村振兴重点帮扶县的大中型安置点，以“三专一多”为工作抓手，持续加大金融信贷支持力度。实践表明，以“三专一多”模式统筹行内政策和资源，以搬迁群众稳定增收为着眼点和着力点，大力支持安置点配套基础设施、公共服务设施建设，针对搬迁群众产业、就业、教育、医疗等需求，提供综合信贷支持，形成叠加效应，有效发挥了政策性金融助推搬迁群众实现稳定脱贫和持久发展的重要作用。

案例一：贵州思南县搬迁“集中安置点+教育后扶”融资案例

一、项目概况

（一）项目背景

铜仁市思南县是国家扶贫开发重点县，贫困面大、贫困程度深，2019年12月实现脱贫摘帽。截至2020年6月，全县剩余贫困人口3585户8034人，贫困发生率1.3%。根据《思南县“十三五”脱贫攻坚规划》及相应扶贫专项规划，当地按照“五个一批”要求，通过易地扶贫搬迁、特色产业扶贫、教育扶贫等措施，到2020年全部脱贫。

本建设项目所在的双塘片区共有易地扶贫搬迁安置点4个，安置总人数13282人，其中双塘安置点（丽景社区）8732人，桃园安置点4000人，清塘溪云山安置点550人。双塘片区共有贫困初中学生617人，其中双塘安置点（丽景社区）544人、桃园安置点45人、清塘溪云山安置点28人。此外，双塘片区安置点周边还有贫困初中学生188人。本项目建设前，双塘片区无一所中学，区域内易地扶贫搬迁户和城镇学生距离学校路程远，上学难，无法在合理服务半径内保障易地扶贫搬迁户子女就学。

（二）建设内容

该项目规划占地面积345亩，主要建设内容为教学楼、配套教育基础设施，道路、绿化、景观等附属设施建设。项目总建筑面积104557平方米，包含两个部分，即初中部42个班、总建筑面积31609平方米（教学楼、实验室、体育活动室等）；高中部60个班、总建筑面积72948平方米（科教楼、行政楼、图书楼、宿舍、体育活动室等）。

（三）融资方案

农发行向贵州博宇城镇建设发展有限公司发放教育扶贫中长期贷款2.85亿元，贷款期限12年（含宽限期2年），执行农发行扶贫贷款优惠利率，还款来源为借款人综合收益，采取保证+质押+抵押组合担保贷款方式，追加借款人名下一宗国有土地使用权抵押。

二、主要做法

（一）积极提升站位，主动谋划项目

该项目是思南县“十三五”时期脱贫攻坚重点项目，也是县易地扶贫搬迁后续扶持规划项目。思南县支行立足“扶贫银行”职能定位，自觉提升站位，秉承精细服务、周到服务理念，主动上门对接思南县教育局、发改委等部门，依托农发行教育扶贫贷款政策，积极帮助谋划项目方案，着力解决项目融资难题。

（二）深挖还款来源，加快项目推进

针对该项目公益性较强、自身收益不多的实际，农发行贵州省分行、铜仁市分行与思南县支行联合组成评估小组，多次对接当地党政机关，全面梳理县教育局近年来获中央、省、市、县四级教育专项资金情况，深入挖掘项目自身收益和公司综合收益，探索“公司经营收入+教育专项资金”还款方式，推动项目快速落地。

（三）丰富担保措施，加快项目实施

该项目建设规模较大，投资较高。思南县支行坚持“党政主导、市场机制”原则，精心设计项目担保方式，采取“保证+质押”，追加抵押的担保方式，由第三方公司提供连带责任保证担保，并补充借款人名下一宗国有土地使用权抵押，扎实风险担保措施。

（四）突出职能定位，执行优惠利率

全力支持脱贫地区教育事业加快实现高质量发展。坚持“以客户为中心”，执行最优惠政策。本项目执行农发行扶贫贷款优惠利率，在贷款期限内首年给予100个基点优惠，最大限度地降低企业融资成本。“以客户为中心”的服务理念为抓手，下沉服务中心，深入落实“为民办事”。

三、取得成效

本项目直接服务学生5000人，其中，贫困学生1231人（已脱贫享受政策学生1140人，未脱贫学生91人），占比24.62%。项目建成后，将提供2000个初中学位和3000个高中学位，有效满足双塘片区周边易地扶贫搬迁安置点的适龄学生就学需求，解决搬迁群众学生就学难题，破除搬迁群众后顾之忧。同时，本项目建成后，将有助于完善思南县薄弱基础办学条件，提高思南县易地扶贫搬迁安置贫困户的义务教育及高中教育质量，可以更好地让所有适龄儿童少年“上好学”，全力保障思南县贫困学生接受公平有质量的教育，全面提升贫困人口受教育水平，完成发展教育脱贫一批的重要任务。

■农发行支持建设思南县易地扶贫搬迁双塘片区安置点中学

案例二：四川美姑县搬迁“集中安置点+饮水后扶”融资案例

一、项目概况

（一）项目背景

美姑县是典型的彝族聚居的深度贫困地区，是凉山州扶贫任务最重、基础条件最差、攻坚难度最大的县。全县共识别贫困村272个，建档立卡贫困户20735户，贫困人口101385人，贫困发生率34.82%。2020年我国全面建成小康社会，实现第一个百年奋斗目标。美姑县在“十三五”脱贫攻坚期间取得了傲人的成绩，但随着脱贫攻坚工作的深入开展，以及众多集中安置点、集镇的建成，县城供水不足、集镇缺乏安全有效的供水设施等突出的问题急需得到解决。同时，作为易地扶贫搬迁的超大型安置点（全州唯一超万人的集中安置点就坐落于牛牛坝乡），支持项目的建设也是农发行落实政策性银行支持易地扶贫搬迁后续扶持的有效路径。

（二）建设内容

本项目建设包含两个部分：一是美姑县第二水厂位于美姑县巴普镇基伟村，输配水管线涉及龙门乡、觉洛乡、井叶特西乡、巴普镇，主要是为了解决城市供水不足，建成城市备用水源；二是乐约乡集中安置点饮水工程位于美姑县乐约乡麻吉硕峨村、拉木阿觉乡集中安置点饮水工程位于美姑县拉木阿觉乡核马村、牛牛坝乡集中安置点饮水工程位于美姑县牛牛坝乡腾地村，上述三个乡集中安置点饮水工程均服务所在乡集镇，同时服务了大量的易地扶贫搬迁人口，解决饮水安全的问题。

（三）融资方案

农发行向美姑县国有投资发展有限责任公司发放生态环境建设与保护贷款2.35亿元，贷款期限19年（含宽限期1年），贷款利率执行农发行扶贫贷款优惠利率，还款来源为承贷主体的综合收益（含本项目的运营收入），采取第三方保证担保贷款方式。

二、主要做法

（一）认真分析研判政策形势，找准切入点

2020年2月，中共中央、国务院《关于抓好“三农”领域重点工作　确保如期实现全面小康的意见》指出：提高农村供水保障水平。全面完成农村饮水安全巩固提升工程任务。统筹布局农村饮水基础设施建设，在人口相对集中的地区推进规模化供水工程建设。有条件的地区将城市管网向农村延伸，推进城乡供水一体化。在上述政策的框架内，农发行在营销过程中，把握贫困地区人口聚集程度较之前有大幅提升的实际情况，侧重在供水、饮水方面挖掘客户需求，支持项目建设。

（二）坚持“以客户为中心”的理念，融资、融智、融情

一是深度贫困地区过去主要依赖中央、省财政资金，缺乏融资经验，更没有具体项目融资方案。二是由于缺乏经验，也不清楚具体的融资路径和项目融资运作的办法。农发行主动靠前，在克服当地没有网点且山高路远的情况下，长期采取下沉办公，提供贴身服务，针对项目具体情况，为项目融资设计了具体的方案，指导融资细节的落实，并最终在客户的信任和支持下，完成了项目的融资工作。

（三）合理利用项目合规收入，设计融资模式

本项目采用“公司运作、项目收益覆盖、公司综合收益还贷”的运作模式，由美姑县国有投资发展有限责任公司为本项目的承贷主体，负责本项目融资、建设、运营等，由项目自身收益覆盖项目还款本息，由业主综合收益同步作为归还贷款本息的还款来源，确保项目贷款本息能够如期收回。

三、取得成效

美姑县第二水厂暨三个集中安置点饮水工程建成后，直接解决69933人的安全饮水问题，其中包括建档立卡贫困户4009人，已脱贫享受政策人口16767人。该项目的建

设，搬走了美姑县脱贫攻坚路上水资源紧缺和饮水安全“两座大山”，是助力打赢美姑乃至整个凉山脱贫攻坚战的重要项目。

该项目是美姑县易地扶贫搬迁“十三五”规划内项目，是助力美姑县脱贫摘帽、支持易地扶贫搬迁后续扶持项目，直接服务贫困人口20776人，占项目区域总人口的29.71%，为实现“搬得出、稳得住、能致富”的目标提供了饮水安全保障。

四川省美姑县牛牛坝乡集中安置点饮水工程

【本章小结】

脱贫攻坚取得重大胜利后，农发行深入贯彻习近平总书记关于易地扶贫搬迁后续帮扶工作的重要指示精神，落实党中央、国务院关于实现巩固拓展脱贫攻坚成果同乡村振兴有效衔接的决策部署，坚持“四个不减”、拓展成效“四个坚持”和平稳过渡推进“五个衔接”的总体思想，扎实做好易地扶贫搬迁后续扶持金融服务工作，持续巩固易地扶贫搬迁脱贫成果。截至2021年6月末，农发行累计投放易地扶贫搬迁后续扶持贷款995.73亿元，共支持大中型搬迁安置点461个，继续彰显了政策性金融在支持易地扶贫搬迁后续扶持中的先锋主力模范作用。

第四章

"三保障"金融扶贫模式

第一节 “三保障”金融扶贫模式概述

习近平总书记指出：“到2020年稳定实现扶贫对象不愁吃、不愁穿，义务教育、基本医疗、住房安全有保障，是贫困人口脱贫的基本要求和核心指标，直接关系到能否以高质量打赢脱贫攻坚战”[①]。农发行坚决贯彻落实习近平总书记关于“两不愁三保障”重要讲话精神和党中央、国务院关于脱贫攻坚的重大战略部署，切实将支持解决“两不愁三保障”摆在突出重要位置。在组织架构上，总行扶贫金融事业部内设专项扶贫处，负责对接和参与国家教育、健康、危房改造和贫困村提升工程等专项扶贫行动，专司专项扶贫工作。在创新驱动上，聚焦贫困地区“三保障”痛点难点问题，拜访教育部、卫健委、住建部等相关部委，深研精学政策，创新信贷产品，探索推进产品落地融资模式，出台教育扶贫、健康扶贫、贫困村提升工程及危房管理办法等配套措施，组织开展信贷支持“三保障”扶贫专项行动，通过专项调度、会议推动，切实加大了农业政策性金融对义务教育、基本医疗、住房安全和贫困村提升工程的信贷投入力度。

保障农村贫困人口义务教育、基本医疗和住房安全，实施贫困村提升工程建设改善提升贫困村生产生活环境，是贫困人口脱贫、贫困村出列、贫困县摘帽的重要考核指标。农发行服务“三保障”的金融扶贫模式，就是围绕脱贫攻坚靶心施策，通过支持扶贫客户加大对贫困地区“三保障”领域的资金投入，助力解决贫困地区长期面临的义务教育条件落后、医疗服务水平不高、住房安全情况不佳、社会保障覆盖不足等民生难题，乡镇、社区、贫困村惠农益贫的基本能力明显提高，贫困家庭生产生活条件和获得的公共服务得到持续性改善。为确保“三保障”专项扶贫工作的有效开展，农发行跟踪专项扶贫产品研发使用情况，积极收集带贫成效显著、示范效果好的典型案例，尊重基层首创，深研操作质效，总结提炼出可借鉴、可复制、可推广的“专项扶贫+租赁合作”“专项扶贫+扶贫过桥”“专项扶贫+公司类自营”“专项扶贫+PPP项目”等较为成熟的“三保障”金融扶贫模式。以此为基础，再通过模式复制、案例引路，在较短的时间内推广到全国范围，切实加大了对义务教育、基本医疗、住房安全和贫困村提升工程的信贷投入。

“十三五”期间，农发行累计投放“三保障”专项扶贫贷款1355.84亿元，贷款余额965.03亿元，支持全国22个省（自治区、直辖市）的贫困地区新改建医疗卫生机构635个、学校3941所，支持新改建农村公路30.27万公里，助力1.14万个贫困村实施整村提升工程，改善了办学就医条件，促进了贫困地区基础设施和公共服务能力提升。

---

① 2019年4月15日至17日，习近平总书记在重庆考察，主持召开“两不愁三保障”突出问题座谈会上的讲话。

第二节 "三保障"扶贫政策和金融支持政策

一、国家"三保障"扶贫政策

《中共中央 国务院关于打赢脱贫攻坚战的决定》明确指出，加快实施教育扶贫工程、健康扶贫工程，加强农村公路安全防护和危桥改造，实施农村饮水安全巩固提升工程，加快推进贫困地区农村危房改造，加大贫困村生活垃圾处理、污水治理、改厕和村庄绿化美化力度等，为确保到2020年农村贫困人口实现脱贫迈上小康提供了政策制度保障。

"治贫先治愚，扶贫先扶智"，教育扶贫受到党中央、国务院领导的高度重视。习近平总书记在河北张家口考察时强调，要把发展教育扶贫作为治本之计，确保贫困人口子女都能接受良好的基础教育，具备就业创业能力，切断贫困代际传递。《"十三五"脱贫攻坚规划》首次提出教育扶贫概念。教育部等7部委印发的《国务院办公厅转发教育部等部门关于实施教育扶贫工程意见的通知》提出"把教育扶贫作为扶贫攻坚的优先任务，切实巩固提高义务教育水平，加快发展学前教育，推动普通高中多样化发展等。"教育扶贫政策体系在《教育脱贫攻坚"十三五"规划》中得到了完整体现，覆盖范围从片区县扩大到全部贫困县（重点县和片区县）以及全部贫困人口①。以上政策均强调，要改善贫困地区义务教育薄弱学校基本教育办学条件，通过增加基础教育设施供给，提升教育质量。

健康扶贫是通过提升医疗保障水平，提高医疗服务能力，加强公共卫生服务等措施，让农村贫困人口享有基本医疗服务。2016年，习近平总书记在全国卫生与健康大会上要求深入实施健康扶贫工程，并强调"没有全民健康，就没有全面小康"②。国家卫计委等15部门出台《关于实施健康扶贫工程的指导意见》（国卫财务发〔2016〕26号），其中明确提出"到2020年，贫困地区人人享有基本医疗卫生服务……连片特困地区县和国家扶贫开发工作重点县至少有一所医院（含中医院）达到二级医疗机构服务水平，服务条件明显改善，服务能力和可及性显著提升；区域间医疗卫生资源配置和人民健康水平差距进一步缩小，因病致贫、因病返贫问题得到有效解决"。同时要求"加强贫困地区医疗卫生服务体系建设。按照'填平补齐'原则，实施贫困地区县级公立医院、乡镇卫生院、村卫生室标准化建设，使每个连片特困地区县和国家扶贫开发工作重点县达到'三个一'目标，即每个县至少有1所县级公立医院，每个

① 李培林，魏后凯，吴国宝，等. 中国扶贫开发报告（2017）[M]. 北京：社会科学文献出版社，2017:228.
② 2016年8月，习近平总书记在全国卫生与健康大会上发表重要讲话。

乡镇建设1所标准化的乡镇卫生院，每个行政村有1个卫生室”。健康扶贫工程被纳入《“十三五”卫生与健康规划》、《“十三五”深化医药卫生体制改革规划》和《“健康中国2030”规划纲要》后，贫困地区政府及职能部门进一步加强了统筹协调和资源整合，采取更有效措施提升农村贫困人口医疗保障水平和贫困地区医疗卫生服务能力，全面提高农村贫困人口健康水平，为农村贫困人口与全国人民一道迈入全面小康社会提供了健康保障，也为金融健康扶贫指明了方向。

贫困村基础设施建设滞后、公共服务能力不足、产业基础薄弱和人居环境条件差，一直是脱贫致富的短板和瓶颈。习近平总书记明确要求，“要实施贫困村提升工程，培育壮大集体经济，完善基础设施，打通脱贫攻坚政策落实‘最后一公里’”①。2017年政府工作报告中提出：“实施贫困村整体提升工程，增强贫困地区和贫困群众自我发展能力”。中共中央办公厅、国务院办公厅印发的《关于支持深度贫困地区脱贫攻坚的实施意见》（厅字〔2017〕41号）要求，积极支持符合条件的贫困村提升工程项目建设。推进贫困村内水、电、路、网等基础设施和教育、卫生、文化等公共服务体系建设，因地制宜推进农村社区综合服务设施建设，改善人居环境和生产生活条件。发展特色优势产业，提高产业扶贫组织化程度，培育壮大村集体经济。”2018年，原国务院扶贫办等10部委联合印发《关于加快推进贫困村提升工程的指导意见》（国开办发〔2018〕29号），明确指出：加快推进通村组路建设，持续实施农村饮水安全巩固提升工程，支持贫困村小型农田水利建设，全面改善贫困村义务教育薄弱学校基本办学条件，加快推进贫困村卫生室标准化建设，改善贫困村卫生健康服务条件，推进农村生活垃圾治理，加快推进户用卫生厕所建设和改造、生活污水处理等。

脱贫攻坚期间，国家出台诸多“三保障”扶贫政策，为实现贫困地区基本公共服务主要领域指标接近全国平均水平，加强和改进公共服务设施建设和布局，逐步克服贫困地区教育、医疗、社会保障等领域的“短板”，明确了基本政策和路径要求，也为金融支持“三保障”专项扶贫提供了政策依据和根本遵循。

二、“三保障”金融支持政策

2016年，中国人民银行等7部门联合印发《关于金融助推脱贫攻坚的实施意见》（银发〔2016〕84号）明确，充分利用信贷等多种融资工具，支持贫困地区交通、水利、电力、能源、生态环境建设等基础设施和文化、医疗、卫生等基本公共服务项目建

① 2017年6月23日，习近平总书记在深度贫困地区脱贫攻坚座谈会上的讲话。

设。随后，中国人民银行印发《中国人民银行关于建立金融精准扶贫贷款专项统计制度的通知》（银发〔2016〕185号），明确提出了金融精准扶贫、项目扶贫、教育扶贫等贷款产品基本标准，为及时、准确、完整地反映金融精准扶贫贷款情况提供了金融扶贫政策依据。

2016年2月，银监会办公厅印发《关于2016年推进普惠金融发展工作的指导意见》（银监办发〔2016〕24号），要求金融机构聚焦重点难点，确保精准投放。2016年4月，银监会印发《关于银行业金融机构积极投入脱贫攻坚战的指导意见》（银监发〔2016〕9号），要求国家开发银行和农业发展银行要发挥主渠道作用和开发性、倡导性、保本微利等特点，先期加大贫困地区基础设施、公共服务设施、移民搬迁、生态保护、教育扶贫等领域的资金投放，加快改善贫困地区、贫困人口生产生活条件。要求创新金融服务产品，开展融资模式创新。对有确定、稳定资金来源保障的扶贫项目，可以采用过桥贷款方式，发放特定期限、特定额度的贷款，先期支持项目及时启动，根据资金到位和后续现金流情况作出还款安排，撬动信贷资金的投入。

第三节 “三保障”扶贫专项产品研发与推动

一、“三保障”专项扶贫产品定位

为落实国家和金融支持“三保障”扶贫政策，农发行在基层调研的基础上，把支持教育扶贫放在“两个着力”上：一是着力支持贫困地区基础教育；二是着力改善基本办学条件。把支持健康扶贫放在“一个锚定、两个重点”上：锚定贫困地区县乡村三级医疗服务体系建设，重点支持贫困地区建设完善医疗卫生设施和提供大病集中诊疗服务等，重点支持列入国家健康扶贫工程的重大项目。把支持贫困村提升工程放在“三大领域”上，重点支持深度贫困地区和深度贫困县的贫困村基础设施、公共服务设施、产业发展。

为落实《中共中央　国务院关于打赢脱贫攻坚战的决定》要求，农发行出台扶贫过桥信贷产品和模式，用于特殊时期、特殊区域、特定领域，有效解决有确定、稳定还款来源保障的扶贫项目，在项目资金尚未到位前先期投入贷款，保障扶贫项目及时启动和不间断实施。

“三保障”扶贫专项贷款产品的运作坚持“政府主导、精准扶贫、市场运作、专款专用、风险可控”原则，由总行扶贫金融事业部单独管理，负责业务营销、贷款投放、流程管理、实施推动，单独设立会计科目核算，单独设立信贷管理系统标识，单独监测、分析与管理。

二、“三保障”专项扶贫产品重点内容

教育扶贫、健康扶贫、贫困村提升工程贷款产品，体现了政府主导、社会主体参与、农业政策性金融助力，是农发行向借款人发放的用于支持纳入国家部委、地方政府脱贫攻坚规划（或方案）或地方政府授权部门制订的脱贫攻坚规划的教育扶贫、健康扶贫、贫困村提升工程的政策性贷款。

（一）锚定对象用途，细化管理方式

教育扶贫贷款主要用于支持贫困地区幼儿园、小学、初中、高中等学校改善基本办学条件，实施标准化建设以及优化布局等基础教育扶贫项目建设，以“就业为导向、社会有需求、办学有质量、就业有保证”为宗旨，优先满足职业教育和职业培训扶贫项目建设的资金需求，帮助建档立卡贫困人口享受到现代化的职教培训服务。

健康扶贫贷款主要用于《关于实施健康扶贫工程的指导意见》（国卫财务发〔2016〕26号）所明确的贫困地区医疗服务体系建设项目，涉及贫困地区慢性病、传染病、地方病防控，妇幼健康工作等重点任务的项目，以及一切有助于改善贫困地区医疗条件和医疗卫生服务能力，提升农村贫困人口医疗保障水平，全面提高农村贫困人口健康水平的建设项目的合理融资需求。

贫困村提升工程贷款以支持贫困村达标退出为靶向，着力解决贫困村群众居住、出行、用水、用电、环境、文化、产业、信息、养老、便民服务等方面存在的突出问题，围绕涉及贫困村公共服务水平提升、农村人居环境改善、产业发展动能激活等项目融资需求，重点支持贫困村基础设施提升、基本公共服务提升、主导产业设施提升和农业社会化服务体系建设。

（二）区分产品种类，明确支持领域

教育扶贫贷款分为流动资金贷款和固定资产贷款两大类。流动资金贷款用于支持借款人为满足精准扶贫目的开展的职业教育、职业培训所需要的流动性资金需求；固定资产贷款可以用于基础教育扶贫，也可以用于职业教育、职业培训扶贫。

健康扶贫贷款分为流动资金贷款和固定资产贷款两大类。流动资金贷款主要用于医疗救治所需的药品、耗材以及针对建档立卡贫困人口的集中诊疗、医疗技术与管理服务等所需流动资金需求。固定资产贷款主要用于建设业务用房、贫困地区医疗服务体系建设等所需资产投资项目资金需求。

贫困村提升工程贷款分为流动资金贷款和固定资产贷款两大类。流动资金贷款主要用于借款人为实施贫困村提升工程，在贫困村基础设施运营和主导产业设施的运营、提升公共服务水平和提升产业发展动力等方面产生的流动资金需求；固定资产贷款主要用于贫困村基础设施、公共服务设施、主导产业设施、农业社会化服务体系的

新建、扩建、改造等固定资产投资项目的资金需求。

（三）落实精准要求，确保扶贫成效

教育扶贫、健康扶贫、贫困村提升工程贷款的扶贫成效认定，严格执行《中国人民银行关于建立金融精准扶贫贷款专项统计制度的通知》（银发〔2016〕185号）有关规定，项目符合当地政府的脱贫攻坚规划，确保项目安排精准；扶贫对象与人民银行数据库内的区域、贫困村、建档立卡贫困人口相吻合，确保信贷投向精准；符合人民银行精准扶贫贷款认定标准，对建档立卡贫困人口具有扶贫带动和服务作用，确保真扶贫。

三、"三保障"专项行动强化扶贫动能

为切实加大对"三保障"领域专项扶贫支持力度，农发行党委纲举目张，在纵向推动上，陆续出台《关于进一步加大教育扶贫贷款业务支持力度的通知》和《关于开展信贷支持"三保障"和饮水安全专项行动的通知》，把全力支持贫困地区完成"三保障"和饮水安全清点扫尾作为首要工作，把持续推动贫困地区"三保障"和饮水安全巩固提升作为重要任务。在外部协作上，与交通运输部联合发布《关于合力推进贫困村交通扶贫工作的通知》（交财审发〔2018〕186号），与住建部等部门联合发布《关于改善贫困村人居卫生条件的指导意见》（建村〔2016〕159号），重点瞄向"三区三州"等深度贫困地区，持续加大投入力度。在行动战术上，要求省辖建立省市县三级联动对外营销新机制，充分发挥金融专业融智融资的优势，协助地方政府及职能部门、项目承接主体，科学合理制订融资方案，加快项目营销推进。同时，做好经验归纳与模式总结，形成可借鉴、可复制、可推广"三保障"融资扶贫模式，从整体上实现办贷速度加快、质效提升。

第四节 "专项扶贫+扶贫过桥"融资模式

"专项扶贫+扶贫过桥"融资模式是指，在国家、省或地市级政府投资、捐赠等项目资金到位前，农发行为有稳定还款来源的扶贫项目提供过渡性资金安排，以保证"三保障"领域的扶贫项目及时启动并不间断实施的融资模式。

一、政策背景

《中共中央 国务院关于打赢脱贫攻坚战的决定》中明确"对有稳定还款来源的扶贫项目，允许采用过桥贷款方式，撬动信贷资金投入"。中国人民银行等七部门《关于金融助推脱贫攻坚的实施意见》（银发〔2016〕84号）提出"在有效防控风险的前提

下，国家开发银行、农业发展银行可依法依规发放过桥贷款，有效撬动商业性信贷资金投入”。中国银监会《关于银行业金融机构积极投入脱贫攻坚战的指导意见》（银监发〔2016〕9号）规定“对有确定、稳定资金来源保障的扶贫项目，可以采用过桥贷款方式，发放特定期限、特定额度的贷款，先期支持项目及时启动”。

二、运作方式

政府主导、专款专用、风险可控、封闭运行、到账即收，操作流程见下图。

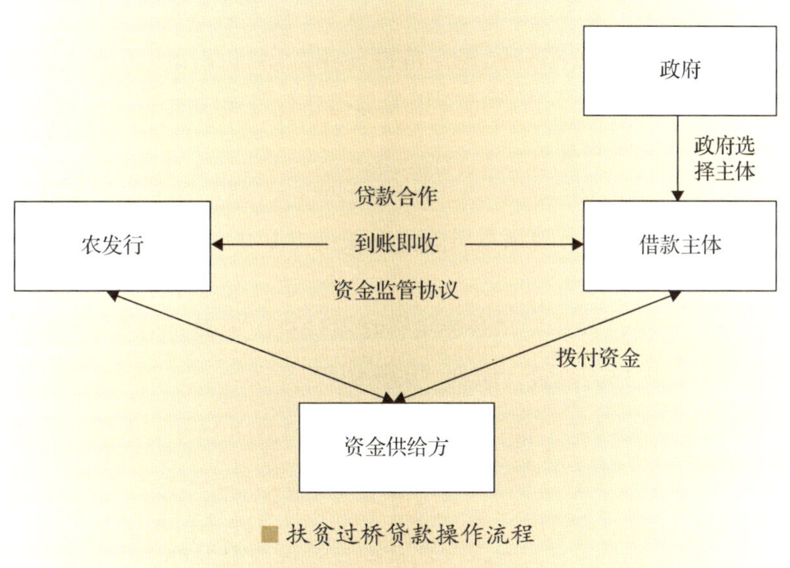

■ 扶贫过桥贷款操作流程

三、操作要点

（一）项目准入

坚持地方政府主导，项目应纳入国家、省或地市级政府的“十三五”扶贫规划或年度实施计划的扶贫建设项目；项目具有显著扶贫攻坚效果，能够为国家级贫困县摘帽和解决区域性整体贫困、建档立卡贫困村退出以及建档立卡贫困人口“两不愁、三保障”提供支持和保障作用；项目投资中各项建设资金来源明确，包括国家、省或地市级政府扶持资金、社会定向捐助等有可靠、稳定的资金来源。

（二）借款主体

地方政府通过市场化方式选定承担脱贫攻坚重点、重大项目的建设主体，建设主体应为独立经营的市场化主体。建设主体为国有独资及控股企业的，要严格落实国家关于规范地方负债的相关规定。

（三）贷款期限

脱贫攻坚期内，贷款期限应控制在3年以内，设定“封闭运行、到账即收”动态还款机制。

（四）贷款额度

扶贫过桥贷款额度依据项目投资建设实际需要、贷款风险情况等因素综合确定，贷款规模上限为国家、省或地市级政府确定投资额度，国家扶持等项目资金已支付到位的部分，相应调减贷款额度。

（五）资金监管

扶贫过桥贷款须严格按照合同规定范围使用，不得挪用。原则上由政府主管部门、项目主管部门、借款人、贷款行等相关部门签订资金监管协议，明确监管责任，确保资金专款专用、封闭管理。

（六）担保方式

一般采用信用方式，也可视项目风险情况采用担保方式。

（七）风险防范措施

扶贫过桥贷款严格执行动态还款要求，按季结息。加强对借款人应收国家、地方政府等投资资金存款账户的监管，做到“到账即收”。

四、启示借鉴

该模式在依法依规前提下，解决了扶贫项目建设资金进度需求与项目资金到位之间的时间错配问题，保障了扶贫项目按时开工建设，确保项目的不间断实施。扶贫过桥贷款主要采取信用贷款方式，解决了贫困地区企业融资难的问题。

案例一：山西保德县移民搬迁小学建设扶贫过桥融资案例

一、项目概况

（一）项目背景

忻州市保德县是太行、吕梁两大集中连片特困地区的国定贫困县，贫困面大、贫困人口多、攻坚难度大。为加快保德县义务教育阶段学校网点优化布局，缓解保德县新城区由于学位不足造成的小学生入学压力，逐步解决城市快速发展和教育资源短缺的矛盾，根据《保德县国民经济和社会发展第十三个五年规划纲要》，统筹城乡教育协调发展，优化提升教育机构，改善教育发展条件，公平配置教育资源，提高教育质量等有关教育扶贫政策举措，拟在新城区新建小学。

（二）建设内容

本项目包括两栋教学楼、一栋综合楼及室外配套附属用房建设，建筑总面积19727.91平方米，其中：教学楼建筑面积11520.78平方米，报告厅面积725.83平方米，综合楼建筑面积7608.96平方米，室外配套工程包括教学楼和综合楼连廊建筑面积为186平方米，室外卫生间93.8平方米，换热站173平方米，消防水池及泵房面积为80.37平方米，门卫室65平方米及大门、围墙、室外运动场地、停车场、道路、硬化、绿化、升旗台、室外管网工程。

（三）融资方案

农发行向保德县易地扶贫搬迁开发投资有限公司发放新城区小学校建设项目一期工程6757万元扶贫过桥贷款，贷款期限3年，执行农发行扶贫贷款优惠利率，以项目已经确定扶贫建设资金作为还款来源，采用信用贷款方式。

二、主要做法

（一）对接需求

对接县“十三五”脱贫规划，走访保德县教育局掌握了新城区小学建设项目资金需求情况，随即组成项目小组进行深度对接。

（二）对接主体

走访项目建设主体了解掌握资金来源情况，按照项目资金供应渠道和支付时间，结合项目建设进展情况，征得教育规划主管部门的同意，确定使用过桥承贷模式融资。

（三）贷款额度

以项目已经明确的资金来源为基础，按照项目建设总需求、建设进度及工程监理部门质检数据，依据测算未到位的资金额度等因素，最终确定贷款额度。

（四）聚力攻坚

在确定贷款主体和贷款模式后，省市县三级行开辟绿色通道，聚合各方面资源力量一体化办贷，项目在一个月内完成审批并实现首笔投放。

三、取得成效

扶贫过桥贷款模式有效解决了企业建设资金不足、项目确定支持资金到位时间与实际需求错配等问题，防止形成半拉子工程，确保了教育扶贫项目的顺利实施。

本项目是解决易地扶贫搬迁安置小区教育基础设施建设薄弱问题的跟进项目，也是易地扶贫搬迁工作的延续和支撑。项目直接服务保德县新城区易地扶贫搬迁移民小区，据统计，在校学生1620人，其中已脱贫享受政策学生575人，占比35%。该项目既解决了易地扶贫搬迁安置区子女就学问题，又显著改善了保德县新城区办学条件，提升了教育基础设施水平。

■ 农发行支持山西省保德县易地扶贫搬迁集中安置小区的“新城区小学校建设项目（一期）工程”施工现场及建成后的操场

案例二：云南澜沧县贫困村提升工程扶贫过桥融资案例

一、项目概况

（一）项目背景

普洱市澜沧拉祜族自治县地处云南省西南部，位于普洱、临沧、西双版纳三州（市）交汇处，辖20个乡（镇）、161个村委会（社区），总人口49.8万人，属于“老少边贫”地区，2个边境乡、8个边境村与缅甸接壤，边境线长80.563公里，山区、半山区面积占98.8%，生产条件恶劣。此外，由原始社会末期、封建领主制向地主制转化期直接过渡到社会主义社会的拉祜、佤、布朗3个“直过民族”人口达22.88万人，贫困程度深，贫困面大。澜沧拉祜族自治县是国家扶贫开发工作重点县，是全市、全省脱贫攻坚的主战场，由于历史问题、资金缺乏等多种原因，澜沧县内乡镇道路设施落后、道路里程和质量无法满足村民需求。为此，澜沧县委、县政府提出了澜沧拉祜族自治县贫困村整体提升重点保障建设项目的构想，本项目以贫困村人居环境提升工程为基础，涉及澜沧县20个乡镇137个村组整体提升工程，助力贫困人口脱贫、贫困村退出、贫困县摘帽，统筹推进村组（主路，串户路）道路硬化、卫生设施、垃圾处理设施建设。

（二）建设内容

本项目主要建设内容为村组内主道路硬化：改造为水泥路面1153943.93平方米、村组内串户路硬化：改造为水泥路面555882.71平方米；组内公厕建设：分布新建公厕3364个；组内垃圾池建设：分布新建垃圾池443个；农村环境综合治理：土建工程18项，主要为污水处理设施、公厕、垃圾集中暂存场建设；购买3立方米勾臂式垃圾车30辆、3立方米垃圾斗801个、5立方米压缩式垃圾车清运车30辆、240升铁制垃圾桶（挂桶式）132个、20升入户垃圾桶540个、三轮摩托垃圾清运车3辆。

（三）融资方案

农发行向澜沧名澜乡村开发投资有限责任公司发放澜沧拉祜族自治县2019年贫困村整体提升重点保障建设项目扶贫过桥贷款2.2亿元，贷款期限3年，执行农发行扶贫贷款优惠利率，以项目已经确定的扶贫建设资金作为还款来源，采取信用贷款方式。

二、主要做法

（一）为发展解难题，为脱贫添动力

澜沧县农发行聚焦扶贫“补短板”，立足实际，从提升贫困村基础设施服务水平入手，着力支持提升全县农村公路、通村道路通达度，改善农村卫生设施、垃圾处

理设施等，整体提升村民居住环境，改善老百姓生产生活条件，为全县脱贫摘帽奠定基础。在强化与地方政府、企业精准对接的基础上，成功投放贫困村提升工程扶贫过桥贷款。

（二）市场化运作，落实扶贫责任

一是确定项目实施部门。研究《关于澜沧拉祜族自治县2019年贫困村整体提升重点保障建设项目有关事宜的通知》有关内容，厘清项目建设内容、资金来源，原澜沧县扶贫办作为项目实施主管单位。二是公开选择建设主体。通过公开招投标方式选择承建主体，签订《澜沧拉祜族自治县2019年贫困村整体提升重点保障建设项目承接协议》，政府分年度将建设资金支付给澜沧名澜乡村开发投资有限责任公司。三是竣工验收保质效。加强项目过程监管，确保扶贫成效。

（三）遵守办贷要求，聚力攻坚

项目建设内容符合农发行贫困村提升工程贷款条件和扶贫过桥融资模式，三级行成立专班，明确办贷路线图、时间表、责任人，提高办贷质效。

三、取得成效

（一）完善贫困村路网、卫生与垃圾处理系统建设

本项目对全县20个乡镇137个行政村的乡镇建制村组内和串户道路进行硬化，对垃圾进行处理，对卫生公厕等环境进行综合治理，打通了各乡镇、村组之间的断头路，构建“外联内畅、通村达组”的道路网络，形成了以县道为支线，乡镇、村组道路为分支的公路网，根除了村组内普遍存在的道路等级低、路况差、路面破损严重、交通水平低下、垃圾导致卫生环境差等问题。

（二）提升贫困村公共服务水平，奠定乡村振兴基础

该项目通过集中力量、盘活资源、整合资金，以贫困乡镇和贫困村为重点，把完善农村贫困地区基础设施配套建设与基本公共服务提升有机结合起来，改善贫困村居民出行条件、卫生条件，解决垃圾处理设施短缺问题。项目惠及澜沧县20个乡镇137个贫困村，其中深度贫困村109个；直接服务人口267432人，其中建档立卡贫困户142816人。

（三）为脱贫齐步迈入小康社会奠定了基础

该项目通过改变老少边穷地区农村贫困面貌，增强贫困村自我发展能力，提升区域综合发展能力，支持贫困人口脱贫奔小康，强化少数民族地区经济可持续发展，助力澜沧县打赢脱贫攻坚战，对实现澜沧县与全国一道进入全面小康社会具有重要意义。

■ 农发行支持的澜沧县勐朗镇富本村组内串户硬化水泥路面和公用厕所

第五节 “专项扶贫+公司类自营”融资模式

“专项扶贫+公司类自营”融资模式，是指具有“三保障”扶贫效能，符合农发行条件的借款人，按照市场化运作，以借款人综合经营收益、项目运营财务收益等企业自有现金流作为还本付息来源，支持贫困地区教育、医疗、住房、人居环境等重点专项扶贫工程建设，有效提升贫困地区公共服务和基础设施服务能力的创新型融资模式。

一、政策背景

脱贫攻坚战打响以来，贫困地区教育、健康、交通等基础设施和公共服务设施建设步伐不断加快，生产生活条件得到明显改善，但由于历史欠账较多、资金投入不足、融资渠道不畅，贫困地区基础设施建设仍较薄弱，建设任务重、资金需求大等突出问题普遍存在。随着规范地方政府举债和清理地方政府隐性债务的力度不断加大，传统依靠政府补助或财政补贴的公益性或准公益性建设项目融资渠道受阻，重大专项扶贫工程资金链紧张，与政府发挥主体主导作用加大资金投入的矛盾日益突出。因此，探索专项扶贫贷款自营模式，创新推动扶贫项目市场化运营方式，为加大贫困地区重点领域和薄弱环节的信贷支持力度，提供了重要路径和新的模式。

二、运作方式

围绕“三保障”扶贫项目的建设内容和扶贫成效，重点关注借款人是否具备合规充足的第一还款来源，以此按照自营信贷业务的运作方式来实现“三保障”扶贫贷款的投放。项目合规的第一还款来源包括项目运营财务收益以及借款人综合经营收益。一是项目运营财务收益是指销售产品或提供服务所获得项目运营收入，依据国家规定享受的定额补贴以及其他形式项目补贴收入等。二是借款人综合经营收入是指在项目运营财务收益以外，借款人经营收益、经营性资产转让收益等可用于贷款偿还的借款人自有经营性现金流。

三、操作要点

（一）坚持市场化运作

坚持市场化规则，政府主导扶贫项目须通过招标、竞争性谈判等市场化程序合规合法选择项目建设主体，项目行政许可要件齐全，依法合规。

（二）科学合理授信

以项目自身收益、借款人综合收益和风险补偿机制为依托，深入企业、深入项目、深入实地调查评估，全面掌握企业经营状况和资金需求，科学合理确定授信额度。

（三）夯实还款来源

综合分析借款人还款来源的合规性和可靠性，作为衡量贷款能否发放的重要标准，不踩政策红线，参照《建设项目经济评价方法与参数（第三版）》，开展借款人资金平衡及偿债能力分析，确保还款来源真实、可靠。

（四）做好风险管控

强化项目风险及防范措施评估，重点核实地方政府项目程序合规性和完备性，评估建设主体与运营主体之间合法合规法律关系等，确定合理融资方案。

四、启示借鉴

随着防范化解重大风险攻坚战深入推进，以及地方政府加强债务管理力度升级，面对新的严峻挑战，破除惯性思维，积极探索专项扶贫贷款自营模式，有效推进政策性业务市场化，推动业务发展向更加注重项目现金流和企业综合收益的模式转变，加快面向市场、面向客户的转型发展，严格遵守外部监管政策，推进业务高质量发展。

案例一：广西凭祥市幼儿园、小学设施建设项目融资案例

一、项目概况

（一）项目背景

崇左市凭祥市地处西南边境，建档立卡人口约1万人。由于历史原因，该市义务教育均衡发展仍存在短板，学前三年入学率达到95%、九年义务教育巩固率达到95%的目标任务难以完成，一所幼儿园和一所小学亟待开工建设，20余项学校的宿舍、体育场等配套设施和教学设备亟待维修、翻新和更换。按照凭祥市人民政府对实施凭祥市教育扶贫重点项目实施方案的批复，该项目作为凭祥市教育扶贫重点项目，对于提升凭祥市学前和义务教育办学条件、阻断贫困代际传递具有重要意义。

（二）建设内容

本项目主要建设凭祥市第四小学、凭祥市第二幼儿园和凭祥市礼茶小学等29所学校的配套设施建设以及设备采购等。

（三）融资方案

农发行向凭祥市祥盛资产经营有限责任公司发放凭祥市第四小学、第二幼儿园和礼茶小学等29所学校的配套设施建设以及设备采购1.3亿元教育扶贫贷款，贷款期限10

年（含宽限期2年），执行农发行扶贫贷款优惠利率，贷款以弄怀口岸边民互市贸易基础设施有偿使用费收费收入等借款人综合收入作为第一还款来源，采取“土地使用权抵押+国有公司全额保证担保”贷款方式。

二、主要做法

（一）主动对接需求，做好金融服务

针对地方教育建设资金缺口问题，广西分行积极行动，强化营销服务。一是搭建政银关系。在了解凭祥市教育扶贫资金需求后，及时主动向地方党政主要领导及教育部门对接汇报，与市、县政府部门搭建起良好的政银关系。二是加强政策宣讲。组织业务骨干到凭祥市开展教育扶贫贷款业务推介活动，面对面宣传和解读教育扶贫信贷政策及具体融资条件，为项目提供“量身定制、合理最优”的政策性金融服务。三是安排专人服务。为加快教育扶贫工作进展，安排专人对项目进行“一对一”服务，建立高效运转的“三级行联动”机制，有效解决了项目推进过程中的实际困难。四是建立绿色通道。开通教育扶贫项目审批“绿色通道”，在合规办贷的前提下最大限度地提高项目审批效率，确保项目顺利落地。

（二）“五定”设计打造模式

一是对接主体定来源。深化与国有企业沟通，分析公司主营业务收入，认定借款人具备足够偿债能力。二是根据运营情况定期限。祥盛公司拥有弄怀口岸边民互市贸易基础设施15年有偿使用收费权，收费收入构成主要经营收入，据此确定贷款期限为10年。三是聚合资产情况定担保。经与借款人协商一致，贷款采用“保证担保+子公司资产抵押担保”的组合方式。四是根据需求定额度。综合考量项目建设，充足的第一、第二还款来源，合理确定贷款额度。五是根据特点定监管。依据政府主导项目特殊性，划定多方监管责任。

三、取得成效

该项目是凭祥市实施教育扶智助贫的重点项目，项目促使凭祥市完成了学前三年入学率达到95%、九年义务教育巩固率达到95%的目标任务，项目周边贫困村子弟及易地扶贫搬迁安置点贫困户子弟均能受益，服务建档立卡贫困人口占比12.37%，对巩固和提升凭祥市教育扶贫成果具有重要意义。项目实施后贫困地区学校设施和幼儿园设施的服务功能得到大幅度提升，贫困人口幸福感、获得感增强，对美好生活向往变成了看得见、摸得着、有体验的现实。

■ 农发行支持的广西凭祥市第一小学白云校区操场、凭祥市第二幼儿园学生上课手工活动场景

案例二：安徽灵璧县医院迁建健康扶贫项目融资案例

一、项目概况

（一）项目背景

宿州市灵璧县经济发展相对滞后，是皖北地区因病致贫比例较高的国定贫困县，贫困人口61854人，贫困发生率5.44%。灵璧县人民医院现用院区始建于1949年10月，担负着全县120余万人口的医疗任务。该院区病房陈旧、门诊楼狭小，医疗床位不足、诊疗设备落后，火灾等安全隐患多，远远不能满足当地百姓对现代医疗卫生服务的迫切需求。

（二）建设内容

项目规划占地面积15万平方米，建设病床1350张，总建筑面积13.20万平方米，包括门诊医技楼6.06万平方米、住院楼4.99万平方米、地下停车场2.14万平方米。配套建设空调通风、医用气体、智能化工程、信息化工程、气动物流工程、标识系统工程、电梯工程、净化工程、配电系统等基础设施。

（三）融资方案

向灵璧县中灵建设投资有限责任公司发放灵璧县人民医院整体搬迁健康扶贫贷款3.6亿元，贷款期限16年（含宽限期1年），执行人民银行同期同档次优惠利率，将借款主体约定收入以及其他综合性收入等作为还款来源，采取“收费权质押+全额保证担保”贷款方式。

二、主要做法

（一）主动作为，服务前置

2018年4月，安徽宿州市分行研究脱贫规划、积极开展县域扶贫项目摸排，进而掌握了灵璧县人民医院整体搬迁项目建设资金缺口大、工程建设推进缓慢等情况，随即组织业务骨干到施工企业、政府部门进一步了解情况，以项目推进的关键问题为着力点，与承建企业、县人民医院及县主管部门开展“一事一议”对接座谈，谋定融资方案解难题。

（二）联动推进，突破堵点

省分行抽调三级行业务骨干组成工作专班，奔赴现场对项目建设等进行全流程精细梳理，从项目融资总体框架、运作管理模式、项目评估审查、风险管理要点等方面提出具体措施，解决了项目投资与成本回收衔接等问题。

（三）探索创新，合理授信

在对内外部政策进行深入研究分析的基础上，以项目停车场收入、院内饮食和门店服务业收入及灵璧县中灵建设投资有限责任公司其他经营收益作为第一还款来源，以现金流为基础测算授信额度，以收益率确定还款期限，以工程进度定提款计划，解决了项目推动中遇到的实际问题。

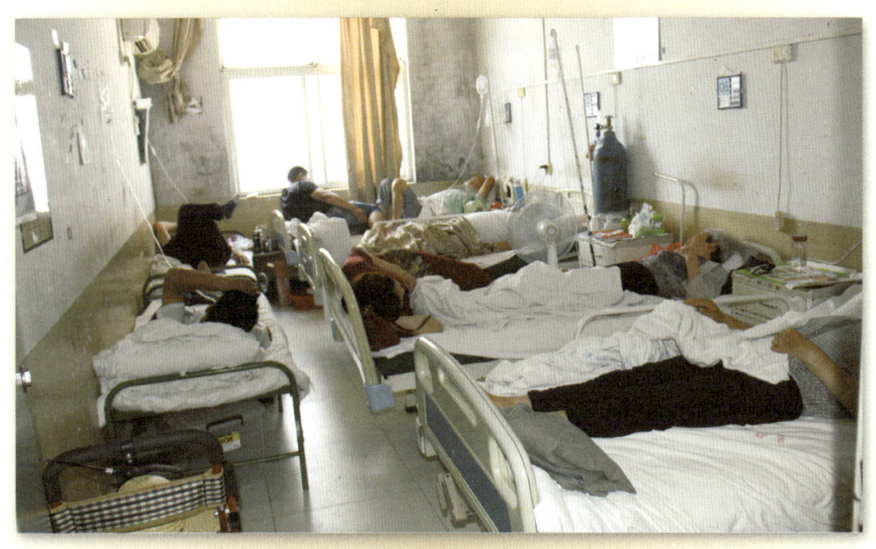

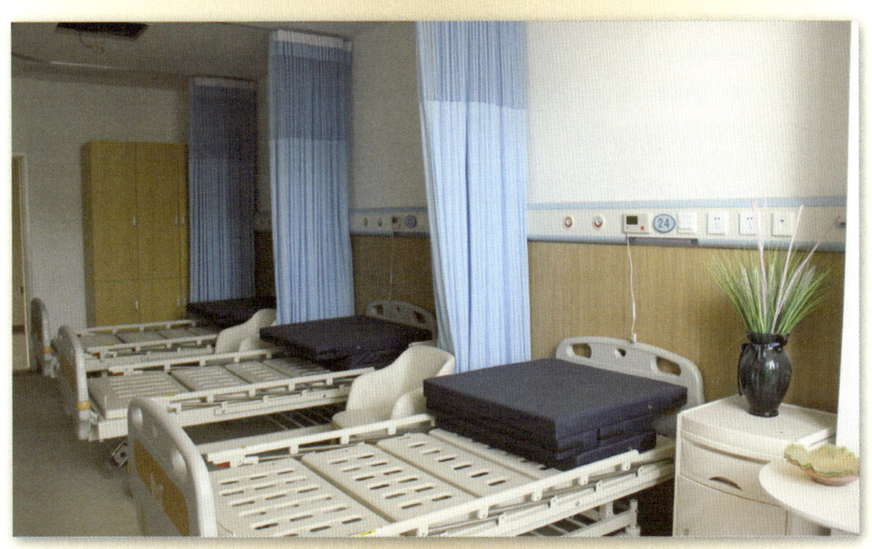

■ 灵璧县人民医院迁建前后的病房对比图

三、主要成效

灵璧县人民医院建设运营，极大地改善了灵璧县内就医环境和医疗服务水平，有效缓解了看病难和看病贵的难题。项目于2019年6月全面投入运营，就医接诊能力由建设前的55.63万人次提高到100万人次，年住院人次由此前的5.51万人次增加到8万人次以上。项目共惠及人口近95万人，其中，建档立卡贫困户3.2万户9.7万人，服务比率10.21%。助力灵璧县脱贫摘帽，提高了贫困人口幸福感、获得感。

案例三：江西会昌县“水源治理+水厂建设”饮水安全融资案例

一、项目概况

（一）项目背景

赣州市会昌县为国定贫困县、罗霄山区集中连片特困片区县，虽然已经实现脱贫摘帽，但会昌县各乡镇农村供水设施简陋，许多农村集中供水工程水质净化设施简陋，出水水质不达标。全县供水工程大部分水源为山溪水，供水保证率[①]较低，每年都会出现不同程度的季节性缺水。另外，该项目是江西省委10号文件中农村饮用水水源地保护项目，是推动地方经济和社会发展的一项民心工程、惠民工程，不但能提高农村供水能力、保障饮水安全，对巩固脱贫成果接续乡村振兴也具有重要意义。

（二）建设内容

主要建设内容一是新建或改造水厂80个，其中新建小微型水厂71个、改造小型水厂9个，总供水量为13540吨/日；二是在128个水源地保护区设置水源地保护区宣传标识牌6400个、警示牌6400个；三是维修加固整治水库53座。

（三）融资方案

农发行向会昌县金澳农业发展投资有限公司发放贫困村提升工程贷款2.15亿元，用于会昌县农村供水及农村饮用水水源地保护工程项目建设，贷款期限15年（宽限期2年），执行农发行扶贫贷款优惠利率，以项目水费、水库水力发电等四项收入作为第一还款来源，采取“应收账款质押+国有企业全额保证担保”贷款方式。

① 供水保障率是指预期供水量在多年供水中能够得到充分的年数出现的概率。

二、主要做法

（一）主动营销，找准切入点

江西分行在项目摸排中了解到，会昌县农村供水及饮用水水源地保护工程项目资金缺口大、工程建设推进缓慢的情况，随即部署支行与县政府、县水利局等相关部门对接，参与政府重点项目推进会，宣介脱贫攻坚“双基”[①]达标与助力乡村振兴高度契合的贫困村提升工程贷款特点，剖析项目建设的关键点，共同研究信贷支持初步方案。

（二）深度参与，抓好关键点

以推动贫困村提升工程中长期信贷业务发展为重点，农发行会昌县支行对照自营贷款业务的准入条件，对项目甄别后迅速向省市分行汇报，江西省分行立即抽调精干力量组成评估组，对该项目展开现场评估，实行省市县三级联动，对拟建设项目的内容、工程量、技术经济指标、用地等情况进行研究，制订项目的申贷方案。

（三）用活政策让利，把握着力点

牢固树立“以客户为中心”意识，认真研究项目情况和行内外各项政策，用好总行扶贫贷款优惠利率政策，贷款首年利率优惠100个基点，当年实现了1亿元贷款投放，减少企业融资成本，真正做到让利于“民”，助力于“贫”。

三、取得成效

（一）扶贫效果好，助力饮水安全

项目服务县域农村207个，其中贫困村165个，贫困人口76695人，占服务人口的20.04%，其中“十三五”易地扶贫搬迁后续扶持贫困人口3824人。项目有效改变了当地农村供水设施简陋、出水水质不达标等现状，帮助382753人解决“吃水难”和饮水不安全问题，保障贫困人口喝上放心水。

（二）如实测算“现金流”，支持国企市场化

会昌县政府已将辖内53座小（二）型以上小型水库及11座小型农村安全饮水工程的资产及资产收益权划转给借款人。项目新建及改造水厂投产后形成的自来水销售收入、水库给会昌县润泉公司供应源水收入、水库水力发电源水收入、水库灌溉收费收入以及对外承包经营租赁收入等不但能够覆盖贷款本息，还能够实现持续发展。

---

① 此处“双基”是指农村基础设施建设和基本公共服务建设。

支持除险加固后的冬瓜坑水库

小围村小微型安全饮水厂

（三）坚持合规底线，确保项目顺利实施

落实银保监会信贷资金支付要求，会昌县政府印发《实施方案》，明确了资金支付相关责任，确保资金专款专用。对项目建设实行所在地乡（镇）政府“第二业主”制，要求其对本乡（镇）区域内项目建设进度及建设质量负责，发挥当地乡镇政府统筹协调推进作用。

第六节 “专项扶贫+PPP项目”融资模式

“专项扶贫+PPP项目”融资模式是指具有“三保障”扶贫效能，符合农发行条件的借款人，按照政府与社会资本合作模式，以借款人获得的使用者付费、政府付费和可行性缺口补助等作为还本付息来源，支持贫困地区教育、医疗、住房、饮水安全等专项扶贫工程建设的融资模式。

一、政策背景

为进一步贯彻落实《国务院关于创新重点领域投融资机制鼓励社会投资的指导意见》《国务院办公厅转发财政部 发展改革委 人民银行关于在公共服务领域推广政府和社会资本合作模式指导意见的通知》《国务院办公厅关于创新农村基础设施投融资体制机制的指导意见》、财政部等六部委《关于进一步规范地方政府举债融资行为的通知》（财预〔2017〕50号）、《关于推进政府和社会资本合作规范发展的实施意见》（财预〔2019〕10号）等系列文件的有关要求，更好地服务基础设施和公共服务项目的投资、建设、运营，创新贷款运作模式，鼓励各级行针对贫困地区开展融资融智服务，通过PPP模式加快贫困地区项目建设，改善教育、医疗条件，提升基础设施和公共服务能力。

二、运作方式

政府和社会资本合作模式（PPP）运作方式主要包括委托运营（O&M）、建设—运营—移交（BOT）、建设—拥有—运营（BOO）、转让—运营—移交（TOT）和改建—运营—移交（ROT）、设计—建设—融资—运营（DBFO）等。

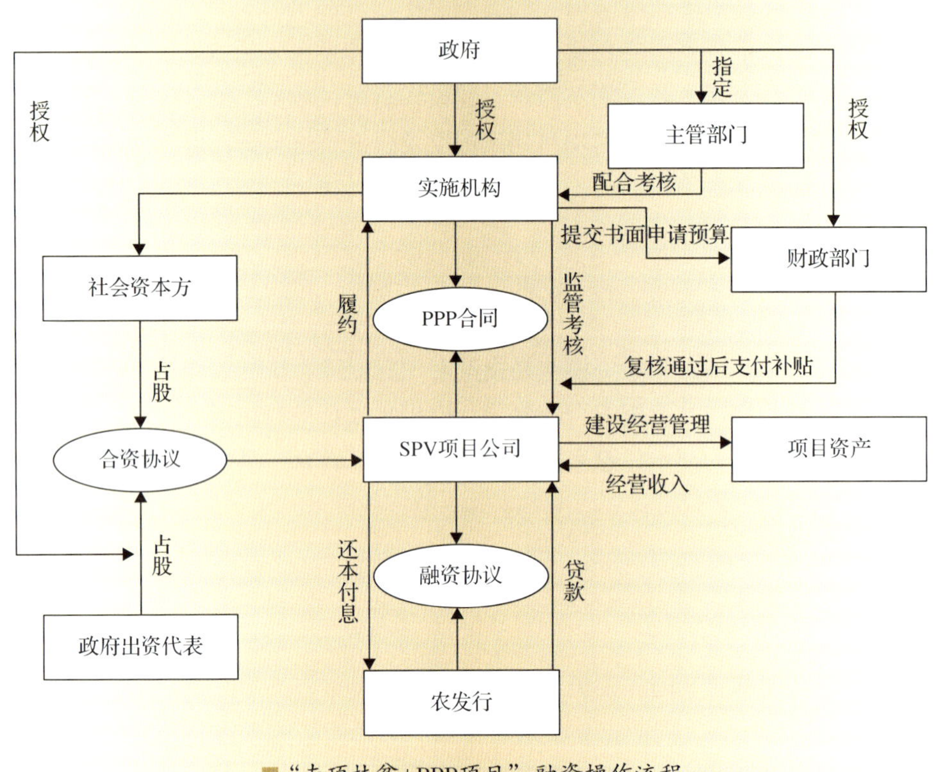

■“专项扶贫+PPP项目”融资操作流程

三、操作要点

（一）借款人准入

借款人可以是本级政府（含政府方出资代表）与PPP项目社会资本方共同成立或者由社会资本方单独成立的项目公司，也可以是社会资本方。

（二）项目准入

项目须列入当地脱贫攻坚规划，项目建设内容符合国家政策和基础设施建设贷款用途，履行了固定资产投资项目的合法管理程序，项目实施方案已经政府或有权部门审核通过，通过了物有所值评价（VFM）及财政承受能力审核，项目应纳入财政部“全国PPP综合信息平台项目库”管理，对贫困人口具有较大的扶贫带动作用。

（三）还款来源

还款来源主要包括使用者付费、可行性缺口补助、政府付费，PPP项目专项债券募集资金也可以作为还款来源。

（四）担保要求

一般采用担保贷款方式，可通过抵押、质押、保证组合担保方式，优化担保方案。

（五）风险分析及防范措施

立足PPP项目特点，对于政府方，重点考察地方政府是否具备稳定的财力和可靠的信用，特别是PPP总量限额红线必须守住。对于社会资本方，综合考察社会资本是否具有足够的出资、施工履约的技术资质和能力，以及是否具备项目长期运营管理经验和与项目规模匹配的风险承受能力。对于项目本身，重点考察项目运作方式，是否具有稳定可靠的收入来源。

四、启示借鉴

（一）降低政府公共建设支出，相对增加脱贫攻坚投入

PPP模式引入私营部门承担公共产品与服务项目融资、建设、运营等大部分工作，公共建设投入大幅减少，有利于当地政府腾出更多资金投入脱贫攻坚领域。

（二）降低了总体项目费用，减少建设资金投入

政府和私营企业共同参与项目的识别、可行性研究、设施和融资等项目建设过程，保证了项目在技术和经济上的可行性，降低项目总体费用，减少了当地政府人力资源的投入。

（三）合理地分散风险，提高项目融资成功率

PPP模式在项目初期就可以实现风险分担，同时，由于政府分担一部分风险，减少了承建商与投资商的风险，从而降低了融资难度，提高了项目融资成功的可能性。

案例一：湖北竹山县职业技术学校迁建PPP项目融资案例

一、项目概况

（一）项目背景

十堰市竹山县位于秦巴山区集中连片特困地区，是国定贫困县，全县户籍人口43.52万人，其中建档立卡贫困人口5.58万人，贫困发生率23.21%。当地职业教育资源不足，通过引入社会资本参与到地方教育扶贫项目中来，为地方教育扶贫事业聚集了新的力量。竹山县职业技术集团学校迁建PPP项目通过BOT模式运作，项目总投资25025万元，自筹资金5025万元，占比20.08%；申请银行贷款20000万元，占比79.92%。项目于2017年2月17日纳入财政部“全国PPP综合信息平台项目库”。

（二）建设内容

项目规划用地面积约243亩，办学规模50个教学班，新建房屋建筑面积67000平方米，其中，大礼堂及图书馆8617平方米、实训楼13027平方米、教学楼7192平方米、学生宿舍13400平方米、食堂4041平方米、培训中心6568平方米、教师周转宿舍8865平方米、水泵房180平方米、门卫100平方米；风雨操场3900平方米（预留）和两栋专家楼，共1110平方米（预留）。

（三）融资方案

农发行向竹山县职教建设运维有限公司发放PPP教育扶贫贷款2亿元，用于竹山县职业技术集团学校迁建项目，贷款期限11.5年（宽限期2年），执行农发行扶贫贷款优惠利率，将PPP项目合同项下的政府可行性缺口补助和本项目特许经营期内的经营收入作为第一还款来源，采取“成员企业保证担保+房地产抵押+可行性缺口补助资金质押担保”贷款方式。

二、主要做法

（一）探索示范，联动高效

本项目是湖北省分行首笔教育扶贫PPP项目，为探索切实可行方案，农发行加强PPP政策研究，组建专门营销推动团队，省市县三级联动沟通，前中后台三台紧密协作，在项目营销初期主动介入，制定时间表、路线图、责任人，量身打造金融服务方案，确保了高效办贷。

（二）深入开展项目论证调研

深入调查论证项目真实性和PPP回报补偿情况，评估小组多次深入竹山县政府、县教育局、县职业技术学校了解项目实际情况和扶贫带贫成效情况，对中标企业和项目公司经营状况进行了全面论证调查，确认项目扶贫成效显著、经营回报较稳定、中标企业实力较强，加快项目推进。

（三）稳健高效推动项目落地

在流程合规、项目要件合法的前提下，开辟绿色办贷通道，在PPP项目进入执行阶段后1个半月时间内完成贷款审批，实现投放。贷款投放后加强检查，对信贷资金实现穿透式管理，确保资金专款专用。

三、取得成效

（一）有利于适龄人群学历教育扶贫

项目建成后可直接服务在校学生2000人，其中建档立卡贫困人口学生420人，占比21%。确保每年不少于100名建档立卡贫困户学生入学，对提高竹山县初、高中阶段人群的入学率，提高竹山县就业人口素质，提升就业人口从业技能具有积极作用。

■ 湖北竹山县职业技术学校迁建扶贫PPP项目航拍图

■ 现树立在竹山县职业技术学校校园内的农发行纪念牌

（二）有利于职业培训扶贫

项目建成后，将与原县扶贫办、人社局、农业局等部门开展的“阳光工程”“雨露计划”对接，每年对建档立卡贫困户进行岗前技能培训、就业创业指导，让贫困户掌握一技之长，通过务工实现增收。

（三）有利于贫困户就业扶贫

项目对外公开招聘清洁、食堂等后勤人员15名左右，安排建档立卡贫困户10人以上，年平均工资不低于2万元，可有效带动建档立卡贫困户实现脱贫。

（四）有利于风险控制

以项目可行性缺口补助资金提供质押担保，由中标企业及控股母公司提供连带责任保证担保，切实保障还贷来源的有效性、稳定性。

案例二：河北围场县健康功能园区建设PPP项目融资案例

一、项目概况

（一）项目背景

承德市围场满族蒙古族自治县是全国扶贫开发重点县，河北省委、省政府确定的10个深度贫困县之一。2017年围场县建档立卡贫困人口7.7万人，占全县人口的14%，贫困状况较为严重，医疗资源供给问题尤为突出，县医院、中医院以及其他医疗机构常常人满为患，“一床难求”“看病难”等现象长期存在。为此，《围场满族蒙古族自治县“十三五”脱贫攻坚规划》将医疗功能园区建设项目列为重点建设项目，将县医院、中医院和妇幼保健站等列入建设内容，于2017年7月2日纳入财政部“全国PPP综合信息平台项目库”。

（二）建设内容

规划占地面积141亩，建设围场县医院外科病房楼、内科病房楼28000平方米，建设围场县医院康复中心54740平方米，围场县中医院成建制迁址新建18000平方米，妇幼保健院迁址新建4560平方米，建设妇幼保健院住院楼17600平方米，建设计划生育技术服务中心2100平方米，建设残疾人康复和托养设施5000平方米。

（三）融资方案

农发行向承德康围达工程项目管理有限公司发放健康扶贫贷款4.7亿元，用于围场县医疗功能园区建设项目，贷款期限13年（宽限期3年），执行农发行扶贫贷款优惠利率，将PPP项目合同项下的“政府付费+项目经营性收入”作为第一还款来源，采取PPP项目合同“应收账款质押+最大股东全额保证担保”贷款方式。

二、主要做法

（一）转变发展思路，加大营销力度

农发行河北省分行审时度势，将支持PPP扶贫项目作为业务创新转型的重要方向，积极向各级地方党政领导、潜在客户宣介农发行PPP项目融资、扶贫信贷优惠政策，在加大对PPP项目营销支持力度上聚焦发力。

（二）高层营销施策，开展总对总对接

省分行领导发挥“首席营销官”和“首席客户经理”特殊作用，首先选择党政高层关注的深度贫困县——承德市围场满族蒙古族自治县对接地方政府及有关部门开展高层营销，谋定PPP项目后选取精兵强将组成重点项目推进小组，助推围场县医疗功能园区建设项目进展。

（三）加强流程跟踪，提高办贷质效

农发行立足PPP项目从谋划阶段入手，对优质扶贫项目，加强与社会资本方沟通，提前掌握融资需求，磋商融资方案及贷款条件；对于尚未确定社会资本方的，积极与地方政府、财政、主管部门、拟投标企业等做好对接，及时融资融智，牢牢把项目掌握在自己手中。

（四）划分五个阶段，提高措施针对性

一是在项目规划阶段，提前介入。二是在项目识别阶段，关注财政支付能力论证和物有所值论证，关注PPP设计及流程合规性。三是项目准备阶段，配合地方政府相关部门做好项目实施方案的编制和库内信息变更。四是项目采购阶段，关注项目公司股权构成是否能满足贷款准入要求，在此阶段完成项目立项正式进入办贷流程。五是项目执行阶段，立即启动调查评级。

（五）联动营销办贷，高质效赢得客户

省市县三级行联动，开通办贷绿色通道，第一时间派遣调查组进驻评估调查，主动对接财政局、卫计局、原县扶贫办、县医院、县中医院等相关部门，分为3个小组分别收集、掌握政策文件、宣传资料、扶贫数据，帮助完善项目手续，围场县医疗功能园区项目在入库并进入实施阶段后不到两个月时间完成贷款审批发放。

三、取得成效

农发行通过支持PPP模式的围场满族蒙古族自治县医疗功能园区建设项目，解决当地“一床难求”“看病难”健康就医问题，着力提高了贫困人口幸福感、获得感。

本项目将县医院、中医院、康复中心等集合一起，建成为一所集医疗、教学、预

防、保健、康复于一体的绿色医疗功能园区，增加医院容纳能力，有效满足就医需求，改善县域整体医疗环境和条件，提高贫困人口的就医保障。项目服务区域人口54.24万人，包含农村人口44.30万人，其中建档立卡贫困人口约7.7万人，占全县人口的14%。此外，内蒙古多伦县距离围场县约120公里，多伦县距锡林浩特市约280公里，且锡林浩特医院与围场县医院医疗水平相当，多伦县居民大多来围场县就医，项目建设对提升内蒙古多伦县贫困人口的医疗条件也具有显著成效。

■ 农发行支持河北围场满族蒙古族自治县医疗功能园区临街航拍场景

案例三：甘肃麦积区扶贫搬迁区垃圾分类处理PPP项目融资案例

一、项目概况

（一）项目背景

天水市委、市政府《关于印发天水市创新农村基础设施投融资体制机制实施方案的通知》（天政办发〔2018〕132号）明确指出：完善农村垃圾“户分类，村组收集，乡镇转运，县区处理”集中处置与“户分类，村组收集，乡镇或村就地处理”分散处置相结合的模式。天水市麦积区制订的《天水市麦积区易地扶贫搬迁后续扶持工作实施方案》，将垃圾分类与处置作为巩固脱贫攻坚成果同乡村振兴有效衔接的重点内容，纳入“十四五”规划一并组织实施。将安置区垃圾处置作为易地扶贫搬迁后续扶持重点，与乡村振兴结合推进。

（二）建设内容

该项目是“全国PPP综合信息平台项目库”入库项目，项目建设54座垃圾中转站、5座垃圾填埋场、8座垃圾焚烧站、配套道路硬化143.63万平方米，涉及麦积镇等16个乡镇、“十三五”易地扶贫搬迁安置点38个。

（三）融资方案

农发行向天水市麦积区绿城环境发展有限责任公司发放贫困村提升工程贷款3.5亿元，用于农村生活垃圾处理及环卫一体化PPP项目，贷款期限16年，执行农发行扶贫贷款优惠利率，采取PPP项目协议项下“应收账款质押+参与方全额保证担保”贷款方式。

二、主要做法

（一）调研发现需求，服务赢取客户

农发行甘肃省分行通过易地扶贫搬迁后续扶持工作调研，掌握了巩固脱贫攻坚成果同乡村振兴接续的综合性项目信息，随即展开高层对接，宣介农发行信贷政策和资金优势，按照精细化服务要求，第一时间设计金融服务方案，明确各办贷环节责任人，并坚持动态跟踪、定期汇报，通过周到的金融服务促成了项目最终合作。

（二）融智服务前置，提升服务质效

在项目申报阶段，主动将项目融资总体框架与国内PPP项目专业咨询公司进行了深入交流，破解关键性要件资料复杂、投资与成本回收衔接等难题。在项目评估阶段，主动对接区主管部门，在全区范围内寻找、分析、测算可为本项目提供担保的公司，最终以“质押担保+保证担保”促成项目落地。

（三）三级联动协同，高效回赠客户

省市县三级联动，开通办贷绿色通道，第一时间派遣调查组与麦积区金融办、住建局、环保局等相关部门对接座谈，按照省分行“立足实际创新路，深入调研谋思路”的工作要求，把握信贷政策，协同协办，从项目评估到贷款获批不到1个月的时间。客户称其为“农发行速度”。

（四）一体化营销，获得银企双赢

树立和坚持存贷款一体化营销、一揽子服务理念，通过梳理客户整个经营链条，设计路径和服务方案，成功将项目公司及上、下游相关企业账户开立到农发行，由一个项目带来了为多个客户服务的综合效益。

三、取得成效

（一）益贫成效突出

一是帮扶成效突出。项目服务天水市麦积区17个乡镇及道北办事处379个行政村，有贫困村209个，占比55.15%；贫困人口134672人，占服务人口总数量的29.20%。二是搬迁扶贫后续扶持效果好。项目服务“十三五”易地扶贫搬迁安置点38个，共10051人，其中800人以上安置点一个，是麦积区推进乡村振兴的关键之举。

（二）有价值、可借鉴

本项目是麦积区首个将乡村建设行动、易地扶贫搬迁后续扶持、垃圾处理等多领域、多目标“一体规划、一体推进”的综合性示范项目，具有借鉴推广的价值。

（三）优化生活环境

该项目实现麦积区农村生活垃圾处理及环卫一体化处置，使麦积区379个行政村的生活垃圾实现“减量化、资源化、无害化”处理，解决了麦积区农村环境的污染问题，改善了农村与周边城镇的生态环境，助力实现乡村生态宜居。

■ 农发行支持的甘肃麦积区扶贫搬迁区垃圾分类处理PPP项目位于甘泉镇的垃圾集中处理点

第七节 “专项扶贫+租赁经营”融资模式

“专项扶贫+租赁经营”融资模式，是指农发行支持符合贷款准入标准和条件的借款人，建设教育或医疗基础设施以及购置设备等，在行政主管部门监督下与使用者签订租赁经营协议或租赁协议明确双方权责，以其租赁收入为主要还款来源的一种创新型融资模式。

一、政策背景

根据国家《关于实施教育扶贫工程的意见》《关于实施健康扶贫工程的指导意见》（国卫财务发〔2016〕26号）等相关政策要求，契合脱贫攻坚期内义务教育、基本医疗建设的资金需求，满足贫困地区公共教育和医疗卫生领域补短板、强弱项金融需求，农发行在政策、产品、模式等方面进行了积极探索。在租赁经营模式实践中，支持优质国有企业或社会资本方建设医疗、教育设施，利用租赁收入、管理费用及其他综合收益作为还款来源，合力履行社会主体扶贫责任，助力贫困地区教育、医疗公共服务条件改善和服务功能提升。

二、运作方式

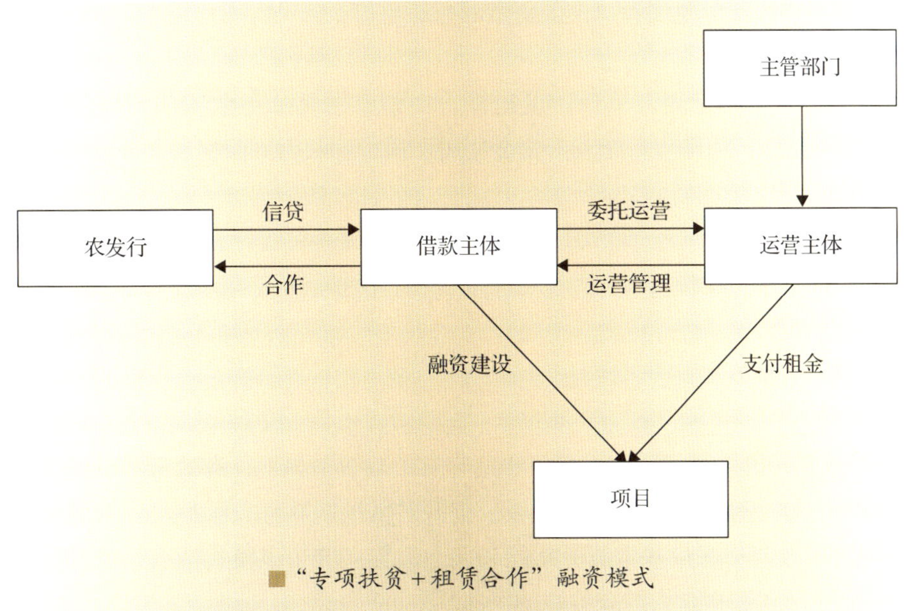

■“专项扶贫+租赁合作”融资模式

该模式中，选择有实力、信誉好客户（借款人）开展教育或医疗业务用房建设、购置教育或医疗设备等，建成后以租赁或通过协议约定方式提供给学校或医院租赁经营，农发行对建设主体实施信贷支持，借款人以租赁收入、运营管理等其他综合收益偿还贷款本息。

三、操作要点

（一）借款主体

借款主体应为依法设立、实行独立核算的国有或国有控股企业，以及资信良好的民营企业或混合所有制企业，借款主体也是建设主体，要具备项目建设、改造及运营的资质或能力。

租赁合作的关键点：借款主体由地方政府或主管部门通过招标、竞争性谈判等市场化程序确定。

（二）运营主体

运营主体一般为具有经营资质、管理能力，具有扶贫效能并纳入地方脱贫攻坚规划。

（三）联结机制

借款人和运营方合法签订《租赁协议》等，明确双方在项目建设、运营管理等方面的责任，借款人作为项目业主方，主要承担项目建设质量、标准和运营管理等相关职责；运营方作为实际使用者，主要负责项目验收等。

（四）过程监管

为确保资金封闭管理、项目质量达标，由借款主体、运营主体与贷款行等签订《资金监管协议》，明确项目融资、资金使用、质量验收等方面权利义务。

（五）风险控制

还款来源为借款人综合性收入，包括贷款项目资产租赁收入以及借款人其他综合收益等。一般采用担保贷款方式，也可采取抵押、质押、保证组合担保方式。

四、启示借鉴

“专项扶贫+租赁经营”模式在依法遵守有关政策前提下，有效激活市场活力，引导更多市场主体主动参与公共服务领域，提升贫困地区教育、医疗服务的供给能力，助推贫困地区教育、医疗基本服务功能和能力改善。鉴于该模式特点，项目评估更加注重项目的现金流和借款人综合收益的可靠性。

案例一：贵州紫云县“建设+租赁”健康扶贫融资案例

一、项目概况

（一）项目背景

安顺市紫云县位于贵州省西南部，是贵州省内唯一的苗族布依族自治县，县域贫困人口11.76万人，贫困发生率28.68%，是国家中西部169个深度贫困县之一，也是52个未摘帽贫困县之一。紫云县境内乡镇卫生院业务用房多建设于20世纪80年代，房屋年久失修，病房狭小，医疗设施条件较差，医疗服务能力与日益增长的医疗需求之间矛盾日益突出。

■ 紫云县板当镇卫生院修缮前场景

为贯彻落实国家健康扶贫工程，助推紫云县全面打赢脱贫攻坚战，着力支持深度贫困县补齐医疗服务短板，缓解县域内贫困人口看病难实际状况，2019年，农发行贵州省分行支持优质优良国有企业增加医疗设施建设投入，助力了紫云县医疗配套设施提升和服务功能完善。

（二）建设内容

紫云县为4个乡镇卫生院、2个街道卫生院、1个妇幼保健院，提供建安配套工程、室外工程等配套设施建设，新增床位300张。

（三）融资方案

农发行向紫云县交通发展有限责任公司发放健康扶贫贷款1.68亿元，贷款期限15年，执行农发行扶贫贷款优惠利率，以借款人综合性收入作为还款来源，采取“租赁收入质押+保证担保”的贷款方式。

二、主要做法

（一）全力做好服务方案

2019年初，农发行贵州分行在了解到紫云县6家乡镇卫生院和1家妇幼保健院业务用房建设存在资金困难，及时向当地政府汇报，对接卫生健康局及政府有关职能部门，走访项目建设主体宣介金融扶贫政策，为项目建设制订金融服务方案。

（二）以现金流为切入点，控制项目风险

贵州省分行坚持“党政主导、公司自营”原则，以现金流作为切入点，统筹设计融资方案。对接建设主体（借款人），严格测算借款人租赁收益及综合性收入，采用“保证+质押”双重担保方式，以综合实力较强的国有控股公司提供保证担保，防范信贷风险。

（三）坚持以客户为中心，做好金融服务

考虑到紫云县为深度贫困县和未摘帽贫困县实际情况，农发行贵州分行充分用好支持“三区三州”深度贫困地区和未摘帽贫困59条差异化优惠信贷政策，明确“整体优惠+首年再优惠”政策，主动减费让利。

三、取得成效

该项目是农发行贯彻落实国家健康扶贫政策，加大深度贫困地区支持力度的典型案例。项目服务于整个紫云县，涉及区域内总人口408868人，其中贫困人口114486人（包括未脱贫39029人、返贫2960人、已脱贫享受政策72497人），约占地区户籍人口数量的28%。

本项目实施后，一是提高了贫困人口享有基本医疗卫生服务水平，缓解了看病贵、看病难等问题，提高了疾病预防控制和防疫保健水平，具有较好的社会效益；二是助力于改善紫云县域内公共卫生基础设施面貌，对推动实现“三个一”的目标具有重要意义（即每个县至少有1所县级公立医院、每个乡镇建设1所标准化的乡镇卫生院、每个行政村有1个卫生室），有效助力贫困县脱贫出列。

■ 农发行支持紫云县板当镇卫生院新建完成后正面场景

案例二：四川营山县“公司建设+租赁经营”教育扶贫融资案例

一、项目概况

（一）项目背景

南充市营山县属省定贫困县，截至2015年底，全县剩余建档立卡贫困人数5.1117万人，占全县人口的5.46%，贫困发生率6.66%。《营山县“十三五”脱贫攻坚规划》中提出，“通过对薄弱学校进行改扩建，建设教育信息化平台，改造升级远程教育平台，夯实教育基础”，以改善学校教学及生活条件，完善中小学校教学设施。营山县教育基地项目提供了良好的硬件条件，在满足国家教育发展基本均衡评估验收标准的同时，进一步实施贫困学生资助计划，解决贫困学生就学难题。

（二）建设内容

该项目规划占地面积345亩，总建筑面积12万平方米；主要建设内容为教育基础设施、教育配套设施、道路、绿化、景观等附属设施建设。

（三）融资方案

向营山县发润水利工程建设有限责任公司发放用于营山县教育基地建设的教育扶贫贷款4亿元，期限15年（含宽限期2年），执行农发行扶贫贷款优惠利率，以固定资产租金为主要还款来源，采取“质押+全额保证担保”贷款方式。

二、主要做法

（一）积极作为，服务脱贫攻坚

一是提升政治站位，坚持创新引领，满足政府脱贫规划所需，体现农发行担当，得到政府高度认可。二是统一思想，打通命脉。关注县域发展规划，掌握县情，采取“主动宣传汇报、主动对接项目、主动上门服务、主动推进落实”的方法，打开业务全局。三是立足县城县情，开拓创新，率先探索“公司建设+租赁经营”扶贫融资模式。

（二）研究规划，了解客户需求

根据营山县人民政府编制的《“十三五”脱贫攻坚规划》，了解了县域新改扩建校舍及功能用房349600平方米计划，随后积极开展高层对接，提出创新探索“公司+教育基地+租赁”的新模式。

（三）深入分析，科学合理评价

根据调查分析，项目是为缓解营山县教学资源不足而意向建设，由国有公司建设教育场所租赁经营，以场地（资产）租赁收入等综合收益作为偿还贷款本息的资金来源，项目建设评估既要重视造价又要关注建设标准和经营方式关联匹配度，确保项目建设达标顺利实施。

■ 农发行支持建设的四川营山县芙蓉小学教学楼

三、取得成效

该项目作为营山县打赢脱贫攻坚战的重点项目，改善了营山县学前教育、高级中等教育和职业教育基础条件，重点保障了建档立卡贫困学生就学。据统计，营山县第二中学就读人数3786人，已脱贫享受政策人口446人，建档立卡贫困学生占学生总数的11.78%。有效满足营山县未来适龄儿童、青少年，特别是建档立卡学生的教育需求，切断贫困代际传递，增强贫困人口内生发展能力。

【本章小结】

教育扶贫、健康扶贫、危房改造均在“扶贫十大专项行动”之列。农发行靶向瞄准及时研发产品、制定差异化优惠政策、探索模式推动产品落地，持续加大对教育扶贫、健康扶贫、贫困村提升、农村饮水安全以及“厕所革命”等领域支持力度，促进贫困地区基础设施及基本公共服务能力提升，为乡村全面振兴提供了保障。进入2021年以来，农发行积极落实“四个不摘”要求，前六个月累计发放“三保障”专项帮扶贷款200亿元，继续为巩固拓展脱贫攻坚成果、全面推进乡村振兴提供金融支撑。

第五章

粮棉油产业金融扶贫模式

第一节　粮棉油产业金融扶贫模式概述

全力支持粮棉油收储、全面服务国家粮食安全，是贯穿农发行发展全过程的立行之根、发展之基。脱贫攻坚战打响以来，农发行党委立足主业，坚持把粮棉油业务作为全力服务脱贫攻坚的主要抓手和重要发力点，积极探索维护国家粮食安全与脱贫攻坚深度融合的路径、方法，通过实践总结、提炼，形成了具有农发行主业特色的粮棉油产业金融扶贫模式。该模式可概括为：农发行应用已有信贷产品支持粮棉油扶贫客户加大对贫困地区、贫困人口粮棉油收储、加工和全产业链的资金投入，实现对贫困地区、贫困人口直接、间接帮扶，实现增收脱贫致富的信贷扶持方式。

如何有效支持粮棉油购销储、加工和全产业链条，加大对扶贫产业化龙头企业、产业链条扶贫企业的信贷支持力度，切实发挥粮棉油扶贫信贷资金对贫困地区、贫困人口的帮扶作用，始终是农发行立足主责主业、发挥粮棉油信贷支持作用的重点。因此，在粮棉油产业精准扶贫上、在金融扶贫模式推进扶贫效能转化上，农发行总结以往、果断决策，注重“四个聚焦”，全程全面发力：聚焦贫困地区，注重发挥收购资金供应主渠道的作用，积极支持大型央企、地方国企以及优质民企等各类经营主体开展粮棉油购调销存业务，解决了贫困地区卖粮问题；聚焦贫困人口，注重把信贷资源精准投向对建档立卡人口有较好辐射带动作用的粮棉油大型龙头加工企业，着力支持粮食全产业链发展，让贫困人口更多地分享农业全产业链和价值链增值收益，实现稳定脱贫和增收致富；聚焦地区资源禀赋，注重培育能够带动建档立卡人口长期稳定增收的特色优势产业和特色产品品牌，实现“精准滴灌”；聚焦粮棉油产业金融扶贫模式创新，注重在提升已有信贷产品精准扶贫应用价值的基础上，不断加大对农业农村薄弱环节和关键领域的投入，着力培育农业农村发展新动能，推动农业产业体系转型升级，切实发挥粮棉油产业扶贫“先锋主力模范”作用。

“十三五”脱贫攻坚期间，全行充分利用“粮食银行”品牌优势，积极发挥粮棉油信贷专业优势和特长，推动服务国家粮食安全与服务脱贫攻坚工作有机结合，累计投放粮棉油扶贫贷款7706.3亿元，占全行扶贫贷款投放量的29%，粮棉油扶贫贷款余额长期保持在3000亿元左右，累计支持建档立卡贫困人口1192万人次，为助力打赢打好脱贫攻坚战作出了积极且卓有成效的贡献。

第二节　粮棉油产业金融扶贫政策与应用实践

一、粮棉油产业扶贫政策演进

（一）站在产业扶贫前沿的粮棉油业务

党中央、国务院高度重视产业发展服务脱贫攻坚的重要作用。《国民经济和社会发展第十三个五年规划纲要》明确指出，要重点支持贫困村、贫困户发展种养业和传统手工业。《中共中央 国务院关于打赢脱贫攻坚战的决定》明确指出，要“重点支持贫困地区发展特色产业和贫困人口就业创业”，并将特色产业扶贫列为八大扶贫工程之首。农业部等九部门联合印发的《贫困地区发展特色产业促进精准脱贫指导意见》，对产业扶贫工作进行专题部署，贫困地区粮棉油收储、购销与加工就必然成为精准脱贫的有效方式之一，降低贫困人口交粮成本，提高贫困地区农作物附加值，做强做实粮棉油产业链就成为粮棉油产业服务脱贫攻坚的新课题和光荣艰巨的重要任务。

（二）与时俱进的粮棉油金融扶贫政策

脱贫攻坚战冲锋号吹响后，农发行总结历年粮棉油收购特点，强化政策导向，2016年首先印发《关于做好产业扶贫工作的通知》，明确了“重点支持贫困地区粮棉油收储，重点支持贫困地区农业产业化经营，重点支持贫困地区发展特色产业，重点支持贫困地区发展新型产业”的具体要求。2017年，出台《关于创新产业扶贫模式的意见》，要求“充分认识产业发展与扶贫开发的深刻内在联系，紧紧围绕建档立卡贫困人口增收脱贫，以创新发展理念为引领，加快培育一批能带动贫困户长期稳定增收的优势产业，推动贫困地区和贫困人口走上经济内生增长、自主脱贫致富的可持续发展道路”。2018年，出台《关于全面推动产业扶贫信贷业务发展的工作意见》，将产业扶贫推向农业农村各个领域，彰显了政策性金融服务脱贫攻坚先锋模范作用。

二、粮棉油产业扶贫信贷产品及应用

农发行用于粮棉油产业金融扶贫的产品有三大类28个。一是政策性储备调控类扶贫贷款17个产品，主要有国家和地方储备粮棉油轮换扶贫贷款、粮食最低收购价扶贫贷款，以及肉、糖、化肥、羊毛及其他品种储备贷款。贷款主要用于借款人为完成政府粮棉油储备和特定品种购销调存等任务向贫困地区、贫困人口定向支付资金的合理需求。二是粮棉油收购调销类扶贫贷款9个产品，贷款主要用于解决借款人或调入收购贫困地区、贫困人口种植的稻谷、小麦、玉米、大豆、棉、皮棉、棉副产品等合理资金需求。三是粮棉油产业化龙头企业扶贫贷款、银团扶贫贷款2个产品，贷款主要用于解决借款人在农、林、牧、渔等领域生产、精加工、流通全产业链生产经营和农业农村一二三产业融合发展，以及农业社会化服务等流动资金和固定资产投资需求。

粮棉油产业扶贫信贷产品旨在通过支持粮棉油贷款企业，满足其执行国家或地方粮棉油宏观调控政策、参与粮棉油市场化购销储或粮棉油龙头加工企业发展“产购储加销”一体化经营等所需资金需求，充分发挥对建档立卡贫困人口的帮扶带动作用，进而获得贫困地区粮棉油农业产业化发展和贫困人口增收脱贫“双赢”的金融催化效能。

三、粮棉油产业金融扶贫精准实施举措

脱贫攻坚战打响以来，农发行粮棉油信贷业务始终是服务脱贫攻坚、巩固拓展成果与乡村振兴有效衔接的重要抓手，用好“粮食银行”品牌，发挥粮棉油信贷专业优势和特长，推动服务国家粮食安全与服务脱贫攻坚工作有机结合，在巩固收储主责主业、打赢脱贫攻坚战、全面推进乡村振兴中，发挥了政策性金融独特且不可或缺的金融扶贫作用。

（一）立足主责主业，聚力产业扶贫

农发行充分发挥独特金融扶贫优势，守稳履职发展主阵地，推进服务国家粮食安全与服务脱贫攻坚工作有机结合。一是全力做好贫困地区夏粮、秋粮和棉花收购信贷工作，为贫困人口售粮提供便利，确保国家粮棉油等重要农产品宏观调控政策在贫困地区的落实。二是注重发挥龙头企业在产业扶贫中的带动作用，优先支持有较好辐射带动作用的大型龙头加工企业，积极培育带动贫困人口长期稳定增收的特色优势产业和特色产品品牌。三是积极发展产业链供应链金融，以产业链供应链为抓手，进一步加大对粮食产销衔接、物流、加工、供给等领域的支持力度，让贫困户更多分享农业全产业链和价值链增值收益。四是用好用足差异化信贷支持政策，做好“三区三州”等深度贫困地区特色品种贷款投放，5年来累计向南疆四地州发放棉花类扶贫贷款778亿元，累计向西藏及四省藏区发放青稞类扶贫贷款近5亿元。

（二）落实精准方略，提高脱贫质效

坚持“打好脱贫攻坚战，成败在于精准”标准线，在粮棉油扶贫初始端，制定落实人民银行185号文件“精准认定操作要点清单”，明确粮棉油扶贫贷款认定管理操作要点。在粮棉油扶贫业务管理环节，自上而下利用信贷管理系统、扶贫金融数据分析系统等技术手段，做好新发放粮棉油产业扶贫贷款非现场检查。在操作环节把控上，推行一线指导与实践后的辅导相结合，以实地检验形成的模板教材，通过开展师资培训、条线培训，切实起到传帮带作用，持续提升粮棉油扶贫信贷质效。

（三）拓展优质客户，优化客户服务

秉持以客户为中心理念，大力推进重点客户工程建设，为拓展扶贫业务优质客户群固本培元。农发行在对企业开展摸底调查的基础上，分类建立目标客户群，有重点地培育央企、地方大型国企、上市公司、优质民营企业、大型产业化龙头企业等潜在优质客户，坚持精准扶贫导向，注重客户可持久帮扶贫困人口能力，为客户提供分类

实惠的差异化金融服务。在切实提升服务质效和客户满意度同时，进一步提高售粮农民、贫困人口满意度、获得感，全力服务脱贫攻坚、乡村振兴建设，推进政策性业务的高质量发展。

（四）积极探索研究，创新扶贫模式

顺应粮棉油产业发展需要，农发行注重在传统业务发展中推进业务创新，及时提炼总结可复制、可推广的粮棉油产业金融扶贫模式，助力脱贫人口持续增收的长效机制建设。"十三五"期间，农发行探索形成了"粮棉油全产业链""政银企风险补偿基金模式""资产收益扶贫模式"等五个金融扶贫新模式，通过不断实践，实现了支持做强加工业，提升减贫业务抗风险能力；支持流通体系建设，提升减贫产业持久性；支持做活产业链，提升产业附加值；支持新产业新业态，与时俱进增强产业活力的"四个支持"良好格局。

第三节 "粮棉油全产业链"扶贫融资模式

农发行"粮棉油全产业链"扶贫模式，是指通过延伸粮棉油产业链条、提升和完善产业链条上的价值和利益，将贫困人口嵌入整个链条的多个环节，让贫困人口能够进一步分享种植、收购、加工和流通等产业链上下游环节的增值收益，进而带动贫困人口增收脱贫。

一、政策背景

产业扶贫是培养贫困人口自我脱贫能力，促进贫困地区可持续发展的重要扶贫模式。通过产业链延长、价值链提升、利益链完善，贫困户可以进一步分享加工和流通等产业链上下游环节的增值收益。中央明确提出"支持贫困地区发展农产品加工业，加快一、二、三产业融合发展，让贫困户更多分享农业全产业链和价值链增值收益""以完善利益联结机制为核心，以制度、技术和商业模式创新为动力，推进农村一、二、三产业交叉融合，加快发展根植于农业农村"。2020年1月，中央再次明确"支持各地立足资源优势打造各具特色的农业全产业链，建立健全农民分享产业链增值收益机制，形成有竞争力的产业集群，推动农村一、二、三产业融合发展"。自2014年起，我国开始在重点扶贫地区探索"龙头企业+合作社+贫困户""总部经济""供应链金融"等全产业链帮扶新模式，尝试构建贫困户长期稳定增收的渠道，期望通过构建利益联结机制和发挥农业经营主体的带动作用来提升贫困人口收入水平。在这一过程中，以农业政策性金融机构为资金供给主体的金融扶持举措逐渐展开，尝试通过有效的、针对性强的金融扶持，加速粮棉油全产业链发展，强化产业的减贫效应。

二、运作方式

（一）围绕市场需求，精准支持致富产业

认真研究当地产业发展规划，依托资源优势和现有产业基础，坚持因地制宜，大力发展粮棉油特色产业；积极对接各级政府脱贫攻坚项目库，精心选择符合农发行信贷支持范围、政府支持力度大、带贫成效好、地域优势明显、现金流充足的产业项目作为支持对象，着力打造核心粮棉油产业链片区。

（二）拉长产业链条，精准提升产业化水平

按照“市场牵龙头、龙头带基地、基地连农户、产加销一体化”的思路，大力支持培育粮棉油龙头深加工，促成龙头企业经营战略与贫困地区产业规划、龙头企业经营模式与贫困地区产业生产组织方式深度对接；大力支持企业创建品牌闯市场，坚持走“品牌兴农”之路，逐步实现产业培育品牌、品牌提升价值的良性循环；积极组织贫困地区企业参加农产品博览会、交易会，拍摄专题片在电视台播出，不断加强特色农产品宣传推介。

（三）创新体制机制，精准放大全产业发展“红利”

以支持产业园区、龙头企业、农民合作社、产业大户等经营主体为重点，量身定做融资服务方案，让贫困户合理分享资源开发效益。一是按股分红。农户以自有承包土地经营权入股合作社，合作社将农产品卖给子公司后，将销售收入剔除成本费用后，剩余部分按入股比例全部分给贫困户。二是流转土地。贫困户将自己的承包土地经营权以较高价格流转给专业合作社，从而获得租金收入。三是基地务工。贫困户到合作社从事常年性务工和季节性务工，获得劳务收入。四是消费扶贫。企业公司从基地及周边农户手中采购生产生活资料，帮助销售自产农产品，让贫困户获得其他经营性收入。

（四）从严控制风险，精准保障贷后管理质量

加强对借款人和保证人销货款的监管，按照“监测现金流、归集现金流、经营现金流”的风控思路，企业逐步建立现金流监测台账，将企业的第一还款来源作为贷与不贷、贷多贷少的根本依据。

三、操作要点

（一）精准把握扶贫贷款支持边界

本着“真扶贫、扶真贫”的原则，认真分析和精准筛选符合农发行主责主业定位

的粮棉油支持企业，清晰业务边界，确定扶持重点。

（二）积极营销全产业链上的粮棉油企业

积极营销粮棉油龙头及其上下游全产业链企业，促成企业经营战略与贫困地区产业规划、龙头企业经营模式与贫困地区产业生产组织方式深度对接。

（三）协助企业规划和优选项目

会同企业走访贫困地区地方党政，取得地方党政支持，及时获取当地扶贫规划等政策信息，积极支持申报产业扶贫补贴，获取政策扶持。支持企业在全省各贫困地区，建立具有当地资源优势的特色产业基地，帮助企业打造“从研发、种植、收购、仓储、加工、销售到标准制定、品牌塑造，贫困户全链条参与”的粮棉油扶贫全产业链。

（四）帮助企业开展经营管理

在项目所在地县支行帮助设立扶贫贷款专项账户，实现专款专用、精准支持。发挥系统优势，帮助企业统筹管理好全省各地库存，实行快进快销，并积极协助企业催收货款、回笼资金，确保销售货款及时足额归行，有效规避经营风险。

四、启示借鉴

（一）优化金融支持策略

破解金融支持产业扶贫的难题，需要通过产品创新、理念转变、市场结构调整，改善供需结构、提升金融资源配置的效率。从供需视角看扶贫工作，“扶”是供给，“贫”有需求，要从金融供给侧结构性改革的视角，以贫困地区和贫困群众的需求为导向，创新金融扶贫模式，增加有效的金融供给。金融机构要深入推进供给侧结构性改革，提高有效供给，不断创新产品和服务模式，满足不同扶贫市场主体需求。从农业政策性银行的角度来看，要强化政策引导、政策支撑和政策保障，立足金融扶贫主体地位，加大对重点龙头企业参与贫困片区产业扶贫的信贷规模和贷款优惠力度，适度延长贷款期限，合理加大利息优惠，全面优化服务手段，支持把贫困地区产业的产前、产中、产后各个环节统一为产业链体系，通过产业链扩张来推动区域扶贫成效的扩张，打好融资融智的组合拳。

（二）提升产业选择智慧

对贫困地区尤其是深度贫困地区来说，只有发展合适的产业，才能从根本上摆脱贫困。而一旦扶贫产业选择偏离了区域产业基础与要素禀赋，则无法有效实现对贫困户的自然禀赋覆盖与产业循环纳入，对扶持产业的可持续发展与贫困户的受益机制产生负面影响。因此，在扶贫产业的选择与甄别上，既要贴合区域产业基础、禀赋特征以及自然资源条件，保证产业前景，又要能够切实激励贫困户实现再生产，达成协同发展的最终目标。这就要求综合考虑本区域的资源条件、环境特征、产业基础、贫困户需求，支持既能够反映扶贫现实需要，又能够优先保证具有市场发展潜力的优势产业，从而确保粮棉油全产业链发挥积极的助贫益贫作用。

（三）构建“共赢”发展体系

该模式立足贫困地区的特色资源优势，通过龙头企业的扶持带动作用，引导贫困农户根据市场需求生产优质绿色农产品，有效推动贫困地区的农业供给侧结构性改革。该模式通过股份分红、产销对接、土地流转、进厂务工、消费扶贫等多种方式，围绕产业做大做强农村经营主体，巩固优化产业发展与带动脱贫的联动机制，充分照顾产业链上处于弱势地位的贫困农户特殊利益，引导贫困人口紧盯产业发展方向，牢牢“嵌入”产业链，充分分享产业链增值收益。正是由于扶贫产业与企业发展方向一致，形成了互促共进的良性循环，达到了企业做大做强、贫困村产业持续、贫困户有效脱贫、银行贷款受益的共赢效果。

案例一：湖南浏阳河“银行+合作社+贫困户”产业链融资案例

一、项目概况

浏阳河集团成立于2005年，从事粮食收购、非主要农作物种子的批发、零售和农产品加工等业务，2010年开始连续三年承担省级动态杂粮储备收购任务。考虑到武陵山区独特的地理、气候、富硒土壤等条件，农发行湖南省分行与浏阳河集团共同商讨探索产业扶贫新路径，尝试以武陵山区为基地，通过增加信贷投放扩大公司杂粮收购、加工规模，推动贫困村发展绿豆、黄豆、小米等杂粮产业，带动贫困户种植优质旱杂粮，帮助企业打造“从研发、种植、收购、仓储、加工、销售到标准制定、品牌塑造，贫困户全链条参与”的扶贫产业链。根据生产经营需要，农发行为企业量身定做了每年4000万元产业化龙头企业粮油购销流动资金循环扶贫贷款支持方案，执行农发行扶贫贷款优惠利率，采取抵押担保方式。

二、主要做法

本着加快推动贫困地区产业发展和贫困人口脱贫致富的初衷，银企双方达成了加大扶贫资金投入的共识。为加快项目落地，湖南省分行成立专门工作小组，主动融资融智融力，一方面深入企业了解情况，协助制订发展规划和融资方案，商讨设计项目收入增长点，规划统筹公司综合收益；另一方面积极向省分行汇报，创新信贷支持模式，拟订具体支持方案。农发行充分利用分支机构遍布全省各县市的有利优势，支持企业将经营触角延伸到贫困山区脱贫攻坚第一线。

三、取得成效

政策性金融资金为浏阳河集团发展壮大注入了金融“活水”，企业在转型升级中扶贫带动效应优势突出，形成了互促共进的良性循环，达到了企业做大做强、贫困村产业持续、贫困户有效脱贫、银行贷款受益的共赢效果。农发行将浏阳河集团视为共同致力于扶贫事业的合作伙伴，形成了牢固的利益链接。一是通过企业以资金、技术和管理入股，村委会和村民以土地、产品入股方式，集团与贫困村组建农业开发公司5家，村集体年均回报10万元以上。二是组建专业合作社。实行统一发放种子、生产标准、组织培训、技术服务、收购产品的“五统一”管理，在21个贫困县组建农民专业合作社31家，入社农户10000多户，产业带动20000多户，培育种养大户400户。三是创建产业园。投资建设湖南旱杂粮产品加工与研发产业园，为集约化、规模化经营提供长远支撑。四是就业帮扶。集团招聘到产业链相关岗位工作，增加就业收入。五是设立“帮扶基金”。以党建为抓手，党委牵头、党员参与，设立“爱心基金”，实行“两分钱扶贫工程”，累计筹措投入资金700多万元，为贫困地区产业发展和教育扶贫提供助力。截至2020年末，浏阳河集团直接帮扶建档立卡人口3531人，人均年增收2000元以上，帮扶贫困学生2036人。2021年初，由浏阳河集团发起，联合51家企业组建了湖南省旱杂粮产业联盟，为巩固拓展脱贫攻坚成果同乡村振兴有效衔接贡献力量。

农发行支持浏阳河集团以全产业链生产经营带动贫困人口致富脱贫方式，在浏阳河集团与邵阳县白仓镇塘代村、罗城乡保和村的“合作社+农户”“订单+农户”两种运作形式，属于全产业链构建经济利益共同体、发展“订单”农业的代表性示范点。该集团与白仓镇塘代村农民共同成立“经济合作社”，与1760多户协议收购农户农副产品，年收购物资价值430多万元，仅此一项当地村民人均收入增加3360元。下图中显示的是该集团与罗城乡保和村20名原建档立卡贫困人口，通过“银行+合作社+贫困户”产业链经营签订了旱杂粮种植协议农田示范项目的场景，可使每户每年增收15000元，是该带动方式的典型示范。

■ 农发行支持的浏阳河集团产业链延伸种植示范田项目

案例二：河南情满丹江“银行+土地流转+订单”产业链融资案例

一、项目概况

情满丹江有限公司是想念股份的全资子公司，主要经营范围包括农机农资服务、粮食购销等，是当地粮食产业的核心企业。该公司通过与南阳市卧龙区家和兴农作物种植专业合作社以及南阳市弘泰农作物种植专业合作社联手合作，签订《土地转租协议》和《农资购销协议》，锁定合作社种植的农产品销售，分别由两家合作社向农发行申请小微企业流动资金贷款500万元，贷款采用保证担保方式，执行农发行扶贫贷款优惠利率，贷款期限一年，还款来源主要为合作社粮食销售收入。

二、主要做法

该案例利用想念股份在南阳当地影响力，为合作社解决土地流转难的问题，利用其核心企业作用，确保供应链金融全部路径最终呈现。

（一）农村集体经济组织流转土地

乡政府牵头，乡、村两级参与管理，选用乡、村级政府流转土地，核心企业与村集体签订流转协议的过程中，要求乡级、村级政府全程参与管理，及时解决土地流转过程中遇到的问题。

（二）签订土地租赁协议

涉及流转土地乡镇与情满丹江、农村集体经济组织签订《土地转租协议》，协议约束各方合作机制，涉及粮食购销、土地租金支付、关系协调等细节；同时由情满丹江与合作社签订《土地转租协议》，协议约定双方业务合作范围，涉及交易细节等。

（三）合作社向农发行申请借款

依据合作社与情满丹江签订的《土地转租协议》《农资采购协议》等确定借款金额，第一年按小微企业贷款，贷款分夏秋两季分别发放，每季种植前发放贷款，销售后收回贷款。如果第一年运营平稳，后续贷款可按循环贷款发放。贷款用途包含土地流转、农资、农机等相关费用。

三、取得成效

本案例疏通了长期以来农发行贷款业务在粮食全产业链中存在的“源头梗阻”，成功实现了粮食种植供应链信贷业务在发行系统破题开局，为支持巩固拓展脱贫攻坚成果与乡村振兴有效衔接提供了有益的实践。

（一）带动贫困户增收

通过本案例打造出利益共享、合作共赢、相互成就的农业生态经济联合体。通过土地流转的1万亩生产基地，为周边农户（含贫困户）带来直接土地周转租金收入600万元。采取“公司+专业合作社+农户”的方式，与专业合作社及种粮大户签订订单合同；组织专业团队对种植户培训，实现优质品种种植的规范化、标准化、规模化。通过产业带动，实现以优质产品加工引导优质粮食品种种植，以优质粮食品种种植保障优质粮源供应的良性互动。按照优质优价的原则，在小麦收割后公司根据严格的筛选标准对种粮户的小麦进行收购，以高于市场价0.05~0.10元每500克收购，保证农户的经济利益，带动周边农民（含贫困户）增收约9280万元。

（二）促进农户就业

本案例为具备劳动能力的贫困户提供就业岗位，参加公司有关的劳务活动，并获得相应的劳务收入。通过长期务工或短期务工，增加贫困户的收入，从而带动贫困户脱贫增收。通过该模式不仅减轻了政府扶贫脱困的担子，还为贫困村提供了就业岗位，为各贫困村实现村门口就业、增加经济效益、提高村民收入、改善民生质量提供了良好的基础条件。

（三）提供技术服务

通过本案例，为贫困户制定了具体的惠农和保障措施，从农业种植技术培训、小麦种植技术管理、小麦收割收购等方面为农户提供服务。根据市场及公司需求指定小麦品种，农户按照小麦种植技术规范种植和管理，农药种类由公司统一指定，由企业技术人员和农业专家组成专业团队，对农户进行技术管理指导。小麦成熟后，由想念公司负责实施收割并以高于市场的价格进行优质优价收购，保障农户在农业生产经营中的经济利益。

第四节 “政银企风险补偿基金”扶贫融资模式

农发行“政银企风险补偿基金”扶贫融资模式，是指由地方政府牵头并出资，引导符合条件的粮食企业出资共同建立风险基金，专项用于防范粮食市场化收购贷款风险；农发行按比例向纳入基金的企业发放贷款，支持企业自主收购粮食。该模式与“吕梁模式”路径、方法具有一致性，旨在有效解决粮食企业抵押物不足问题，增强粮食企业抵御风险的能力。企业在农发行收购资金支持下，解决了收购贫困地区粮食难和贫困人口卖粮难的问题，帮扶贫困人口增收脱贫。

一、政策背景

2016年，国家在农业供给侧结构性改革的背景下，推行以玉米为开端的粮食收储市场化改革，在东北三省和内蒙古自治区取消了执行8年的临储收购政策，实行“市场化收购+补贴”的新机制。为保障粮食收储市场化改革顺利实施，国务院研究决定，在内蒙古、辽宁、吉林、黑龙江率先建立玉米收购贷款信用保证基金，有效解决市场化收购资金供应问题。2016年11月出台的《建立东北地区玉米收购贷款信用保证基金实施方案》，要求东北三省一区建立由政府适当出资，引导符合条件的粮食企业共同出资设立，缴存于农发行账户，专项用于防范东北地区玉米市场化收购贷款风险的基金，对出现的贷款风险由信用保证基金代偿2/3，形成基金共管、风险共担的机制，实现粮食收储市场“有人收、有钱收、有仓收”。

二、运作方式

（一）坚持共建共管

政银企风险补偿基金遵循政府主导、企业自愿、互利共赢、风险共担、齐抓共管的原则，由财政利用财政专项扶贫资金、涉农资金等相关资金对基金进行注资，企业自主申报，由当地联席会议确定名单，企业按照贷款比例缴存基金。基金由当地政府领导下的粮食行政管理部门直接管理，财政部门和农发行负责监督，其他有关部门协同配合，强化政府统领职能，完善共同管理模式。

（二）细化管理规范

制度建设是基金有效运行的基本遵循和根本保障。在基金使用管理方面，结合地区实际情况，协同各政府部门制定基金实施细则和管理规范，确保基金操作有章可循、有章可依。建立黑名单管理制度和责任追究制度，对恶意逃避债务导致贷款损失的企业列入黑名单，对存在违纪违法行为人员严肃问责。根据业务发展情况召开联席会议修订基金管理文件，进一步优化账户管理和基金代偿有关规定。

（三）加强信贷审查

遵照基金实施细则，区分为已建立信贷关系企业和新准入企业，对原有已取得过农发行贷款企业重点审查其经营能力变化情况，对新准入企业重点审查当地市场收购份额、购销能力和经营管理水平，同时兼顾在当地网点布局。

（四）协同贷后管理

联合各部门成立基金领导小组，明确权责，分工负责，相互协作，共同对基金进行监管。各级联席会议办公室配合贷款行开展贷后管理工作，加强与贷款行的沟通协调，掌握贷款企业基本情况、贷款审批情况等，解决贷款运行中出现的问题，多渠道了解和掌握企业的信用风险变化情况。按季度组成联合工作组对参保企业开展监督检查。

三、操作要点

（一）基金管理

一是基金筹集。基金规模由地方政府、农发行、企业等有关方面统筹考虑当地粮食收购量、企业经营水平和地方财力等情况确定。基金由政府和企业共同出资。参与企业要符合贷款行的贷款基本条件，并经当地粮食行政管理部门和贷款行共同审核确定。基金按照贷款额的一定比例缴存，企业缴存部分必须为自有资金。二是基金归集。基金的归集管理单位由当地政府确定，原则上由当地粮食主管部门负责，并在农发行开设账户。省级设立的风险补偿基金，在农发行省级分行营业部账户存放；市、县级设立的基金，分别在农发行市、县分支行账户存放。基金账户存款执行优惠利率。三是基金代偿。贷款行到期未收回的贷款由基金代偿，先使用企业缴存资金，再使用政府配套资金。具体代偿金额由省级分行与当地基金管理单位协商确定。基金代偿是过渡性的，基金归集管理单位会同贷款行要依法采取措施向被代偿单位追缴代偿资金。代偿的资金额度原则上由责任单位在代偿发生后一年内全额补充到位。四是基金退出。基金应保持相对稳定、持续运作。在贷款行收回基金担保的全部贷款本息后，参与企业可以根据份额收回出资，或将出资继续保留在账户中，继续参与基金运作。对将缴存资金持续保留在账户上的企业，下一年度核定的额度可适当提高。

（二）贷款管理

一是贷款额度核定。信用保证基金收购贷款用于支持企业收购粮食，贷款总额按照风险度管理要求测算，或可按企业缴纳信用保证基金额度的一定倍数测算贷款额；风险补偿基金贷款可以根据基金制定方式测算额度。对连续参与缴纳基金企业，在归还贷款后仍然维持基金账户额度不抽资的企业，可在下一年适当调增贷款核算额度倍数，最多不超过缴纳额度的15倍，具体额度由企业申请贷款的有权审批行决定。二是资金支付。信用保证基金和风险补偿基金贷款发放、支付应通过贷款专户进行。开户行应对受托支付或借款人自主支付的信贷资金加强管理，确保专款专用。三是贷后管理。信用保证基金项下收购贷款实行封闭运行管理，各级信用保证基金管理小组与农发行共同进行贷后管理，共同开展库存监管、库贷核查等工作；其他风险补偿基金贷款要严格按照农发行贷后管理文件要求进行监管，明确签署单位职责，做到共同监督、共同管理。

四、启示借鉴

（一）助力脱贫攻坚，服务乡村振兴

一是有效推动贫困地区特色产业发展。通过地方政府建立贷款风险补偿机制，提升了金融机构对贫困地区支持力度，推动当地特色产业发展。二是充分发挥地方政府在扶贫中的主体作用。利用财政专项扶贫资金、涉农资金等建立基金，能够有效支持当地政府主导的特色产业，既能够将信贷资源精准投向符合地方规划导向的产业，又能够发挥政府组织优势，提升脱贫攻坚效果。三是多种方式精准帮扶。扶贫先扶智，贷款企业可以根据贫困户情况制定不同的帮扶方式，包括长期用工、短期用工和捐赠等，确保形成长效帮扶机制。

（二）共担共管共赢，激活粮食市场

2016年国家粮食收储制度改革初期，玉米价格持续走低，农民普遍存在惜售等待的心理，粮食企业多数处在观望状态，银行难以找到符合条件的客户放款，收购市场事实上已显现“市场失灵”和收储体制改革“硬着陆”的风险。粮食收购贷款信用保证基金政策的及时出台，推动了多元市场主体入市收购，实现了有人收粮、有钱收粮、有仓收粮，确保了农民手中的玉米按市场价格如期售出，防止出现大面积农民“卖粮难”问题，搭建起政府、银行、企业共同支持收购的新局面，保障粮食收购的顺利推进。

（三）解决融资难题，助力粮食改革

粮食企业普遍存在抵押物少、抗风险能力有限等问题，而贷款风险高、管理难度大、挤占挪用的历史教训让银行心有余悸。粮食收购贷款信用保证基金遵循“政府主导、企业自愿、互利共赢、风险共担、齐抓共管”的原则，解决了企业的融资难、融资贵问题，有效发挥了农发行粮食资金供应的主渠道作用。在当前民营企业、中小微企业融资困难的市场环境下，信用保证基金和风险补偿基金增信作用，发挥了“四两拨千斤”效应，起到了政策性银行服务国家政策需要逆市场调节的特殊作用。

（四）强化风险管控，构建资金供应和管理的长效机制

信用保证基金和风险补偿基金的建立和实施，有效连接了政府、银行、企业，促进了职能发挥，扩大了企业融资渠道，规范了企业资金使用行为。政银企各司其职、各尽其责，政府部门能够充分发挥行政组织优势和影响力，企业主体根据自身经营实力自愿开展业务，银行利用基金放大授信额度，使政府、银行、企业三方形成合力，共担风险，构建了政银企齐抓共管的长效机制。

案例一：内蒙古正达粮贸“风险补偿金+收购”扶贫融资案例

一、项目概况

扎鲁特旗正达粮油贸易有限公司成立于1996年10月17日，主要经营玉米、高粱、绿豆等粮油购销和绿豆出口业务，现有仓容约23万吨，2005年与农发行建立信贷关系。2016年以来，农发行通过“信用保证基金模式”累计向正达公司发放粮油扶贫收购贷款4.9亿元，执行农发行扶贫贷款优惠利率，支持企业年经营购销量9万吨左右。

二、主要做法

通过信用保证基金，切实解决企业增信问题，支持企业做大做强。一是有效解决企业融资难问题。正达公司可抵押物少、抗风险能力有限，直接通过收购贷款支持的力度有限。2016年，企业加入了信用保证金，通过缴存较少的基金获得10倍左右的融资支持，解决了粮食购销企业入市收购融资增信问题。二是拓宽支持收购品种范围。正达公司除经营玉米购销外，还经营绿豆、高粱等杂粮杂豆业务。为满足企业融资需要，2018年通辽市分行进一步优化了基金运作模式，拓宽了支持的品种，将杂粮、杂豆也纳入了信用保证基金支持范围。

三、取得成效

信用保证基金搭建起共同支持收购的新局面，政银企各司其职、各尽其责。政府部门能够充分发挥行政组织优势和影响力，收购主体根据自身经营实力自愿开展收购；银行利用信用保证基金放大了授信额度，解决了既要保收购又要防风险的问题，构建了政银企齐抓共管的长效机制；企业在农发行信用保证基金模式支持下发展壮大，进而以多种方式发挥对贫困人口的帮扶作用，带动贫困人口增收脱贫。

■客户经理核查库存、核对建档立卡贫困人口售粮凭证

一是支持企业助力脱贫攻坚。正达公司在农发行的支持下积极履行社会责任，帮助贫困人口脱贫。自2016年信用保证基金政策实施以来，企业通过资金帮扶、收购帮扶和就业帮扶等方式共帮扶83人次，累计实现增收22.28万元，为地方脱贫攻坚作出贡献。二是解决企业融资缺口。正达公司2020年秋粮收购期间融资需求为1.5亿元，但企业可供抵押的合法有效的资产不足，远不能满足企业经营所需。通辽市分行通过信用保证基金的方式向其发放了1.5亿元贷款，有效解决了企业抵押不足的问题。三是降低企业的融资成本。农发行加大对企业的减费让利力度，在2020粮食年度秋粮收购期间，农发行对正达公司发放的粮食收购贷款执行扶贫贷款优惠政策，为企业节省利息费用支出100余万元。四是提升了办贷效率。农发行对于扶贫和信用保证基金项下的贷款，开通绿色通道，优先审批、优先办贷，及时满足了企业信贷资金需求。

农发行运用信用保证基金政策支持扎鲁特旗正达粮油贸易有限公司，通过资金、收购和就业等帮扶方式助力脱贫。为确保扶贫质效，农发行客户经理要定期进行粮食收购库存核查、贫困人口售粮凭证核查核对。

案例二：山西宗酒酒业“风险补偿金+银行+企业+农户”融资案例

一、项目概况

山西宗酒酒业股份有限公司成立于1997年，是一家集制曲、酿造蒸馏、成装、销售为一体的综合性酿酒省级龙头企业。企业年生产原酒能力2万吨，年成装成品酒能力2万吨，原酒储存能力2万吨。在农发行产业扶贫贷款风险补偿基金模式支持下，累计向山西宗酒酒业股份有限公司投放贷款4000万元，用于宗酒公司原材料收购，该公司通过向贫困户收购高粱等原材料带动贫困户脱贫，公司用销货款作为第一还款来源，通过信用保证风险补偿基金模式，农发行向该公司发放信用贷款，执行农发行扶贫贷款优惠利率。

二、主要做法

文水县政府出资向风险补偿基金专户注入500万元风险补偿基金，农发行通过农委名单选择山西宗酒酒业股份有限公司为扶贫企业，会同当地扶贫、“万企帮万村”的管理部门，经有关系统核实企业扶贫成效，根据企业对金融资金实际需求，最终制订贷款方案与扶贫联结机制方案。农发行依据企业生产情况、用款周期，与客户确定合理的贷款发放时间，在企业资金较为紧张的原材料旺季到来之前发放贷款，解决企业季节性原材料收购资金短缺问题。

三、取得成效

该模式通过“银行+企业”解决融资，“政府增信+企业资产应抵尽抵”解决担保，“企业+贫困户”解决脱贫，有效将政府、银行、企业、贫困户四方连在一起，形成了脱贫攻坚的合力。该模式有效解决了流动资金不足问题，满足了企业生产经营正常周转需要，降低了企业资金成本，有效提高公司经营效益。该企业同时与岚县47名贫困人口签订收购协议建立了扶贫帮扶关系，有效带动贫困家庭增收，通过企业发挥扶贫带动作用，为当地贫困户找到了一条长期稳定的脱贫之路。

■ 农发行支持山西宗酒酒业股份有限公司收购贫困户高粱

第五节 “资产收益”扶贫融资模式

农发行“资产收益”扶贫模式，是指将财政、扶贫企业等各方资金支持扶贫产业发展等方面的涉农投入所形成的资产，折股量化给贫困村、贫困户，以资产收益权为纽带，建立支农资金项目与贫困群众利益联结机制，在坚持以促进产业发展为根本框架下，选准本地优势特色产业、对贫困群众辐射带动强的产业，引导生产要素向贫困地区聚集，带动贫困群众增收，提高精准脱贫成效的产业扶贫融资模式。

一、政策背景

2017年5月，财政部、农业部和原国务院扶贫办联合印发了《关于做好财政支农资金支持资产收益扶贫工作的通知》（财农〔2017〕52号），要求脱贫攻坚期内，在不改变用途的情况下，各地利用中央财政专项扶贫资金和其他涉农资金投入设施农业、养殖、光伏、乡村旅游等项目形成的资产，具备条件的可用于资产收益扶贫。各地陆续出台具体实施意见，充分运用财政支农资金，支持贫困地区优势特色种养业、农副产品加工业、农业生产社会化服务、乡村旅游等产业项目，紧紧依托产业推进资产收益扶贫，推进资产收益扶贫工作更好发展。

二、运作方式

（一）搭建运行机制

立足地方特色产业，引导推动有实力的优质涉农企业，按照“政府主导、企业主体、银行支持、贫困户增收”的模式，打造扶贫产业联合体，实现优势互补、风险共担、利益共享。坚持政府积极引导、群众自愿参与，充分发挥村集体和贫困群众的主体作用，保障贫困群众的知情权、参与权、选择权、监督权，组织扶贫企业、村集体经济组织和农民合作组织等新型农业经营主体协商合作开展资产收益扶贫工作。坚持以促进产业发展为根本，选准本地优势特色产业、对贫困群众辐射带动强的产业，选好资产收益扶贫实施主体，合理建立收益分配机制，兼顾各方利益，实现集体增实力、农民增收益、产业增效益有机统一。

（二）明晰产权权益

积极发挥村集体和农民合作社的纽带作用，支农资金投入形成资产的所有权一般归村集体经济组织，经营权归实施主体。鼓励将资产以股份或份额形式量化给村集体经济组织，只将资产收益权明确到建档立卡贫困户。建档立卡贫困户的资产收益不能继承和私自转让。根据脱贫情况适时开展收益对象动态调整，调整出的资产收益权，可分配给其他符合条件的建档立卡贫困户，或收回村集体用于发展村级公益事业。

（三）提供融资融智服务

农发行积极配合地方政府及相关部门，对符合农发行信贷制度规定的企业，积极主动营销对接，精准选择扶贫信贷产品，科学制订融资服务方案，及时提供信贷资金支持，培育一批符合区域发展政策、适应当地产业优势、带贫效益突出的农业产业化龙头企业。

三、操作要点

扶贫部门将财政扶贫资金以份额的形式量化给村集体组织并入股农发行贷款粮食企业用于生产经营，所产生的资产收益按比例分红给每个贫困户。企业与贫困户签订《贫困户入股龙头企业分红协议》，年保底红利不低于入股财政扶贫资金金额的规定比例。

农发行充分发挥政策优势，积极向企业供应信贷资金，采取优惠利率、信用贷款等信贷政策，全力服务国家粮食安全，积极拓宽结算渠道，切实帮助解决老百姓“卖粮难”问题，提高资金支付结算效率。农发行积极支持企业参与市场化收购，不断增加企业主营业务收入，入股贫困户不断增收。

四、启示借鉴

（一）坚持党政主导，是脱贫攻坚的根本保障

通过资产收益扶贫合作模式的举措体现了企业的大局意识，彰显了企业的政治担当。企业始终坚持以党政为主导，不折不扣落实国家扶贫政策，把支持扶贫工作放在重要位置，把扶贫工作落到实处。特别是国家确定全面进入小康社会的目标后，企业主动作为，积极承担扶贫任务。

（二）整合资金，“五指并拢”破难题

企业通过与贫困人口所在乡镇签订《贫困户入股龙头企业分红协议》，通过资产收益扶贫合作模式，将国家扶贫资金整合，投入扶贫龙头企业，充分发挥了财政扶贫资金“四两拨千斤”的作用，真正让扶贫资金发挥脱贫“造血”作用。

（三）多措并举，确保帮扶成效落实处

在农发行的支持下，采用“政府+银行+企业+建档立卡贫困户”四位一体的精准扶贫模式。该模式是通过政府与扶贫龙头企业签订《贫困户入股龙头企业分红协议》并确定建档立卡贫困人口，农发行提供贷款，企业经营，建档立卡贫困户获得收益，“四位一体”精准扶贫模式可以从根本上落实贫困人口帮扶成效，实现政银企户多方共赢。该模式充分彰显农发行脱贫攻坚支农成效，营造全社会参与扶贫良好氛围，推动共同富裕，加大农发行粮棉油信贷资金对精准扶贫领域的投放力度。

案例一：河北柏乡粮食公司“银行+贫困户入股”收益融资案例

一、项目概况

柏乡县位于河北省邢台市北部，是传统农业县。全县有建档立卡贫困户1449户，贫困人口3220人（目前已全部脱贫，享受扶贫政策），占全县人口的1.64%。河北柏乡国家粮食储备集团（以下简称柏粮）成立于1963年，于1996年与中国农业发展银行柏乡县支行建立信贷关系。截至2019年末，柏乡农发行累计向柏粮发放各类粮食收购贷款100多亿元，累计收购粮食130多亿斤，支持企业不断做大做强。2020年以来，柏粮申请农发行地方储备粮贷款（省级储备小麦）2.55亿元，用于收购省级储备粮小麦，贷款采取信用方式，执行农发行扶贫贷款优惠利率，还款来源为销售收入。

二、主要做法

通过河北柏乡国家粮食储备集团与1449个贫困户（已脱贫享受政策）签订《贫困户入股龙头企业分红协议》，贫困户将县扶贫部门提供的财政扶贫资金以入股的方式进行生产经营，取得的收益分红给贫困户，有助于贫困户增收。河北柏乡国家粮食储备集团对贫困户的帮扶措施，有效提高了贫困人口收入。

三、取得成效

“资产收益”模式能够充分运用财政支农资金，推进资产收益扶贫工作更好发展，将扶贫支农资金入股优质企业，用于企业生产经营并使贫困户每年取得分红收益，建立帮扶带动长效机制，有助于贫困户增收，实际帮扶效果显著。河北柏乡国家粮食储备集团的扶贫带动方式为入股，该企业与1449个贫困户签订了《贫困户入股龙头企业分红协议》，1449个贫困户分别将县扶贫部门提供的1686元财政扶贫资金以入股的方式交由柏粮集中用于生产经营并取得分红，年保底红利不得低于入股财政扶贫资金金额的8%，每年9月30日前，柏粮将入股红利支付给1449个贫困户，有效提高了贫困人口收入。

案例二：山东中裕食品“银行+合作社+农户”收益融资案例

一、项目概况

滨州中裕食品有限公司成立于2003年10月31日，主要经营非主要农作物种子生产、食用农产品初加工、粮食加工食品生产、粮食收购等。2021年4月，农发行山东省分行审批滨州中裕食品有限公司最高授信额度6.5亿元，其中粮油购销流动资金贷款2.9亿元、产业化龙头企业固定资产贷款2.5亿元、农村土地流转和土地规模经营流动资金贷款8000万元、100%银行承兑汇票3000万元，执行农发行扶贫贷款优惠利率。

二、主要做法

农发行山东省滨州分行通过农发行系统资源为滨州中裕食品有限公司牵线搭桥，对接贵州黔东南州原锦屏县扶贫办和锦屏县东庄农文旅农业发展有限公司。滨州中裕食品有限公司与贵州锦屏县固本乡扶贫工作站和锦屏县东庄农文旅农业发展有限公司共同签订《产业扶贫合作协议》，其中滨州中裕食品有限公司按原锦屏县扶贫办提供的贫困人口名单，将扶贫资金入股农业合作社；农业合作社利用扶贫入股资金开展生产经营，产生的收益反补给贫困户进行精准帮扶；扶贫办履行监督职责，督促合作社将收益分配到贫困户。

三、取得成效

合作社将所得收益直接分配至贫困户手中，加快贵州省锦屏县相关贫困人口的脱贫进度，彰显农发行脱贫攻坚良好的社会形象。企业通过入股合作社，让贫困人口分享合作社资产收益，有效整合企业扶贫资金，投入扶贫龙头企业，真正让扶贫资金发挥脱贫“造血”作用。农发行支持滨州中裕食品有限公司在固本乡东庄村建设80万元中草药种植深加工生产车间，产生收益对东庄村共268户建档立卡贫困户，共计1310人，分红到户，实现全覆盖。中裕公司入股金额20万元，涉及贫困户50人，所产生的分红及扶贫成效包含在分红册1310人，合计分红近9000元。

第六节 “跨省协作收购”扶贫融资模式

农发行“跨省协作收购”扶贫模式，是指为解决西部地区农民卖粮难，尤其是帮助建档立卡贫困人员销售粮食，由粮食主销区企业委托主产区购销企业收购当地贫困人口粮食，带动贫困人口增收脱贫，实现产区和销区的深度合作和东西扶贫协作的扶贫创新模式。该模式为强化产业扶贫、组织消费扶贫，建立稳定脱贫长效机制迈出创造性一步。“政府号召”解决省际产销合作，“银行+企业”解决融资，“企业+经纪公司+贫困户”解决扶贫，通过政府、银行、企业、贫困户协同合作，有力支持了精准扶贫。

一、政策背景

农发行作为唯一的农业政策性金融机构，始终践行支农为国、立行为民的使命，全力支持开展脱贫攻坚工作。通过粮食主销区企业负责筹措收购资金，与粮食产区企业（经纪公司）签订合作收粮协议，向建档立卡贫困人员收购粮食，有力帮助贫困人员脱贫。该合作模式不仅巩固和扩大了农发行主体业务、为拓展更多省级优质客户提供了参考途径，同时为发达地区、粮食消费大省的农发行履行脱贫攻坚主办行、生力军的使命与担当开辟了一条路径。

二、运作方式

（一）东部企业承贷

东部销区大型优质企业本着企业自愿、互利共赢、风险承担、共同管理的原则，向当地农发行提出借款申请，农发行根据企业资金需求向其发放相应的贷款，用于其委托经纪公司（西部产区企业）向建档立卡贫困人员支付收购粮食的费用。

（二）西部企业收粮

东部销区企业寻找一家信誉较好、有收购资质并有较为良好的仓储条件的企业，与其签订向含一定比例建档立卡贫困人员的农户代为收购粮食的合作协议，该合作企业为东部企业与农户之间的经纪公司。

（三）经纪公司主要职责

由经纪公司向农户收购粮食，支付收购资金，同时由其与当地政府协调，收集并提供相关建档立卡贫困人员证明材料。同时，由经纪公司负责储粮安全、粮食质量和数量管理工作。

（四）加强贷后管理

贷款行通过加强与借款企业的沟通联系，时刻关注国家政策及粮油价格，及时关注企业资金流向，防止农发行信贷资金流入房地产行业；在贸易战期间密切关注企业进口粮食情况；根据人民银行征信报告，对企业的对外负债和对外担保实时监管。此外，对于该笔贷款形成的商品粮库存开展异地库存检查，深入实地查看库存粮食、粮食基础设施建设等情况，逐仓开仓核查，确保粮库的储粮安全、粮食质量和数量管理工作，贷后收集相关库存有关台账。

三、操作要点

向东部销区企业发放跨省协作粮食购销储贷款是农发行在传统购销储贷款业务上的一次探索，它的成功证明了购销储跨省协作和东西部扶贫业务是切实可行的，并且可推广、可复制。

（一）致力“北粮南调”，实现优势互补

为有效满足客户全产业链信贷业务资金需求，农发行提供个性化服务，向销区优质客户提供授信方案，用于向西部粮食产区购粮，实现销区的资金和产区的粮源优势互补。

（二）创新粮食收购，助力精准扶贫

东部优质客户通过经纪公司向西部建档立卡贫困人口收购粮食方式实现产业精准扶贫，充分体现了东部企业主动支援东北贫困地区建设、积极履行社会责任的意愿，农发行通过支持东西部扶贫协作展现政策性银行的社会责任担当。

四、启示借鉴

（一）跨省协作，打通粮食产区和销区合作通道

东部销区企业按照“北粮南调”决策部署，通过向当地农发行申请贷款，用于在主产区收（采）购粮食。

（二）探索主体业务东西部扶贫协作新途径

东部销区企业通过与西部产区企业签订合作收粮协议，向西部建档立卡贫困人员收购粮食，帮助西部地区建档立卡贫困人口脱贫。

（三）政银企合作，助力农户造血式脱贫

向建档立卡贫困人员收购粮食，不仅增加了贫困人员收入，更激发了贫困人口自主脱贫的内生动力。扶贫工作为企业在当地打响了知名度，吸引了优质战略合作伙伴，彰显了东西部企业在打赢脱贫攻坚战中的社会责任感。在进一步巩固当地脱贫攻坚成果的同时，将东西好“粮”缘事业推上新的高峰。

案例一：浙江省粮食集团“经纪人+贫困户”产销合作融资案例

一、项目概况

浙粮集团是浙江省规模最大的粮食流动与贸易企业，也是国家级重点扶持的粮油产业化龙头企业，以粮油贸易为主业，初步形成了以“浙粮”“浙油”两个引领品

牌，坚持以“品牌国企，做放心粮油”为己任，全力打造保障浙江粮食安全的“金名片”。浙江省粮食集团有限公司向农发行申请购销贸易企业粮食短期扶贫贷款1.3亿元，用于购入粳稻、玉米4.8万吨。该笔贷款还款来源为粮食销售回笼货款，执行农发行扶贫贷款优惠利率，采取最高额保证担保贷款方式。

二、主要做法

浙粮集团流动资金需求3.99亿元，向农发行浙江省分行营业部申请地方储备粮贷款、粮食流转贷款和进口信用证业务，用于在黑龙江、吉林等省及国际市场采购粮食，不足部分由公司通过自筹等方式解决。浙粮集团与经纪人（大安粮食中心库大赉粮库）签订合作粮食收购协议，由经纪人向贫困人口收购粮食，对贫困人口进行帮扶。农发行加强与企业的沟通联系，时刻关注国家政策及粮油价格，及时关注企业资金流向，防止农发行信贷资金流入房地产行业；在中美经贸摩擦期间密切关注企业进口粮食情况；根据人民银行征信报告，对企业的对外负债和对外担保实时监管。此外，对于该笔贷款形成的商品粮库存开展异地库存检查，深入实地查看库存粮食、粮食基础设施建设等情况，逐仓开仓核查，确保粮库的储粮安全、粮食质量和数量管理工作、贷后收集相关库存有关台账。

三、取得成效

“跨省协作收购”扶贫模式实现了产区销区有效衔接，在巩固农发行主体业务的同时，也为处于发达地区、粮食消费大省的农发行分支机构履行脱贫攻坚使命、发挥脱贫攻坚帮扶作用提供有效途径。一是有效解决企业资金需求。经农发行信贷资金支持，有效解决浙粮集团粮食轮换以及流动资金不足的问题，满足其生产经营正常周转需要，降低公司资金成本，提高公司经营效益。二是有助于服务脱贫攻坚战略。浙粮集团积极响应农发行号召，与吉林当地企业签订合作收粮协议，向建档立卡贫困人员采购粮食，帮助建档立卡人口15人。同时，浙粮集团原计划在2~3年，在吉林省建设100万亩（50万吨）粮源基地，形成50万吨粮食仓储规模，具备20万吨/年大米加工能力。浙江省分行营业部支持浙粮集团开展跨省协作业务，助力浙江、黑龙江、吉林等多省粮食经济发展，实现地方储备粮贷款、粮食流转贷款和国际贸易等业务多元化发展，有效促进了产区和销区的深度合作。浙粮集团与吉林大安粮食中心库大赉粮库和经纪人签订收购协议，由经纪人定向收购贫困人口种植的粮食取得扶贫成效。

■ 农发行支持企业跨省协作扶贫中经纪人下乡收购入库前称量车辆

案例二：贵州清镇粮油购销公司“基地+农户”跨省协作融资案例

一、项目概况

清镇市粮油购销有限责任公司成立于1999年8月，位于贵州省贵阳市清镇市，主要经营粮食、油脂、油料的收购、储存、批发业务。阜阳市颍州区位于安徽省西北部，地势平坦开阔、河流纵横，区位、交通、气候良好。清镇市粮油购销有限责任公司聚焦阜阳自然资源禀赋，在阜阳建立了7万余亩有机小麦基地，通过招投标获得茅台公司茅台酒用有机小麦供应商资格，并与14514户农民签订了产销合同。2020年，贵州省分行向清镇市粮油购销有限责任公司发放购销企业粮油收购贷款8221.5万元，支持企业收购阜阳市颍州区基地有机小麦18270吨，贷款执行农发行扶贫贷款优惠利率，采用保证担保方式，还款来源为有机小麦销售收入。

二、主要做法

农发行贵州、安徽两地分行积极联动，因地制宜、因企制宜为企业搭建购销平台，寻找优质粮源，对接贫困人口信息，引导企业在收购优质粮食满足生产经营需要的同时，积极发挥脱贫攻坚帮扶作用，有效带动贫困人口增收脱贫。

■ 农发行支持贵州清镇市粮油企业到安徽阜阳跨区扶贫，前张照片展示贵州清镇市粮油购销有限责任公司在阜阳建立了7万余亩有机小麦基地收割的场景；后张照片展示贫困户订单售粮后领取售粮款时的喜悦心情

一是加强沟通联动。针对企业跨省收购的实际需求，主动加强与上级行、兄弟行沟通协调，深入调研，摸清小麦种植面积、产量、仓储条件和订单签订情况。省市县三级快速联动，为企业量身定制金融服务方案，实现全省系统跨省购销企业粮食收购贷款零的突破。二是加强资信贷金管理。管理行成立管贷服务小组，制订专门贷后监管方案，要求企业在该行及收购地所在行开立收购资金专户，收购资金必须在专户之间汇划，有效防范和控制贷后环节风险。三是保障资金供应。根据粮食收购进度，提前调拨资金，保证资金供应不断档，确保收购资金在最短时间内到达农户手中，做到“粮出手、钱到手”。四是强化库存监管。采取非现场监管与现场核查监管相结合的方式，加强粮食库存动态核查，定期对实际收购粮食库存进行核对，确保银企账账相符、企业账实相符。五是及时收贷。根据借款人出库进度、结算方式，监督销售货款及时回笼至农发行账户，及时收回已出库粮食占用的收购资金贷款本金及利息。

三、取得成效

贵州清镇市粮油购销有限责任公司是茅台公司茅台酒酒用有机小麦的供应商。企业通过与茅台公司合作，利用茅台的品牌优势，与14514户农民签订了产销合同，在阜阳设立7万余亩有机小麦基地，采取“企业+基地+农户”的订单农业模式，给企业和农户带来稳定的经济效益。农发行通过加大对粮食收购的信贷支持，不仅解决了企业跨省粮食收购的实际需求，而且有效改善了当地农业生产基础设施条件，优化了产业结构，激发了企业脱贫帮扶内在动力，为当地农户持续稳定增收提供强劲动力。农发行支持企业帮扶带动38名贫困户，累计收购贫困户有机小麦6.6万公斤，实现年收入29.76万元，人均收入7832元。

第七节　“就业帮扶”扶贫融资模式

农发行“就业帮扶”金融扶贫模式，是指充分发挥农发行政策性金融扶贫先锋主力模范作用，通过“金融输血”服务实体企业发展，以产业扶贫激活“造血功能”增加就业岗位，带动建档立卡人员就业致富的信贷扶贫方式。在政府政策主导、平台引导下，农发行以优惠利率信贷资金支持企业生产经营，鼓励企业吸纳建档立卡贫困人口就业，构建政府、银行、企业、贫困人口多方联动、互利共赢的机制，有效激发贫困人口内生动力，切实助力贫困人口增收脱贫。

一、政策背景

（一）明确就业帮扶方式

2016年7月，人民银行印发《中国人民银行关于建立金融精准扶贫贷款专项统计制度的通知》（银发〔2016〕185号），明确银行业金融机构发放给境内企（事）业法人或国家规定可以作为借款人的其他组织的，用于发展产业并对建档立卡贫困人口具有扶贫带动作用的贷款可纳入产业精准扶贫贷款统计。扶贫带动作用指通过安排建档立卡贫困人口就业等途径，带动建档立卡贫困人口增收。农发行贷款企业可通过吸纳贫困人口就业，发挥扶贫带动作用，申请认定农发行扶贫贷款。

（二）出台就业帮扶脱贫攻坚指导意见

2016年12月，人力资源和社会保障部印发《关于切实做好就业扶贫工作的指导意见》（人社部发〔2016〕119号），明确“围绕实现精准对接”的目标任务，提出：由政府搭建平台、动员各方资源、畅通渠道、强力推动就业扶贫工作；充分发挥市场配置人力资源的决定性作用，匹配企业用工自主权和劳动者就业意愿；针对贫困人口不同就业需求，采取针对性帮扶措施；结合地方资源优势和产业基础，多形式促进农村贫困劳动力转移就业。在摸清建档立卡贫困人口就业情况的基础上，采取促进就地就近就业、劳务协作、技能培训等方式，努力促进贫困地区和贫困劳动力与用人单位精准对接，积极组织贫困劳动力就业，激发贫困群众脱贫致富内生动力。

（三）印发就业帮扶助力乡村振兴意见

2021年5月，人力资源和社会保障部等五部门印发《关于切实加强就业帮扶巩固脱贫攻坚成果助力乡村振兴的指导意见》（人社部发〔2021〕26号）指出，就业是巩固脱贫攻坚成果的基本措施。严格落实“四个不摘”总体要求，健全脱贫人口、农村低收入人口就业帮扶领导体制和工作体系，促进脱贫人口稳定就业，增强脱贫稳定性，完善农村低收入人口和欠发达地区就业帮扶机制，提升脱贫地区整体发展水平，助力全面推进乡村振兴。

二、运作方式

通过地方政府集合各方资源、搭建平台，农发行摸清企业用工需求，引导企业吸纳贫困人口就业，将信贷资源向能够创造就业岗位、具有持续造血功能的企业倾斜，推动企业带动贫困人口掌握劳动技能，增收脱贫致富。

（一）开展异地劳务协作

劳动力输入地形成本地岗位供给清单，吸纳更多贫困人口到本地就业；劳动力输出地要健全有组织劳务输出机制，积极对接发达地区用工需求清单，组织贫困地区劳动力集中外出务工。

（二）就地就近就业

支持贫困地区的农发行贷款企业，依托本地资源禀赋，科学规划，发展壮大乡村特色产业；鼓励企业优先雇用周边地区贫困人口，为贫困人口提供更多的就业和培训机会，培养贫困人口职业技能，稳定增收脱贫。

（三）吸纳外来务工贫困人口就业

发达省份的农发行贷款企业根据地方政府或农发行提供的贫困人口信息清单，结合企业自身用工需求，吸纳外来贫困人口参与企业生产，进而增收脱贫。

三、操作要点

（一）准确识别贫困人口

一是根据企业用工名单，通过查询全国扶贫开发信息系统，识别出农发行贷款企业用工中贫困人口；二是通过查询全国扶贫开发信息系统，整理出本地贫困人口就业清单，向企业优先推荐贫困人口就业。

（二）搭建用工平台

地方政府建立常态化本地（跨区域）岗位信息共享和发布机制，为贫困人口和用工需求企业搭建完善用工信息对接平台。

（三）鼓励发挥帮扶作用

农发行通过扶贫贷款倾斜政策、优惠利率等鼓励企业优先吸纳贫困人口就业，发挥帮扶作用，带动贫困人口增收。

（四）促进稳定就业

农发行贷款企业与贫困人口依法签订并履行劳动合同、参加社会保险、按时足额发放劳动报酬，切实保障贫困人口合法权益。

四、启示借鉴

（一）提升品牌企业扶贫积极性

通过向企业发放优惠利率扶贫贷款，既满足了企业的资金需求，又以优惠利率进一步激发了企业参与扶贫的积极性。

（二）扶贫扶志激发脱贫内生动力

充分调动贫困人口积极性、主动性、创造性，通过带动贫困劳动力发展产业、转移就业、提升技能，建立稳定收入渠道实现精准脱贫。

（三）带动建档立卡贫困人员增收

通过农发行扶贫贷款支持企业生产，增加合适的就业岗位，并提供给建档立卡贫困户从事力所能及的工作，使贫困人口能够自食其力，达到长效脱贫的作用。

（四）社会效益显著

找准产业扶贫与贫困户脱贫的结合点，以农业政策性金融资金为依托，以大型品牌企业为平台，通过调动全国产能和资源，吸纳贫困户加入产业发展，既为品牌企业增加了“政策性粮草”，又以优惠利率激发企业积极性，更带动了建档立卡贫困人口脱贫，社会效益显著。

案例一：江苏华强布业“银行+贫困户派遣就业”融资案例

一、项目概况

南通华强布业有限公司成立于2003年12月，位于江苏省海安市海安镇，主要业务是生产、销售纺织品等，属于大型企业。2018年8月，秉承“互惠互利、共同发展、优势互补、实现互赢”的原则，该企业与陕西省汉中市略阳县乐素河镇政府签订《关于建立劳务合作基地的协议》。借助基地平台，企业与当地12名建档立卡贫困人口签订《劳动合同书》，帮助这部分劳动力走出大山到企业就业，劳动报酬执行国家工资分配制度和社会保障制度标准。企业向农发行申请8450万元的流动资金扶贫贷款，执行农发行扶贫贷款优惠利率，贷款期限一年，采取抵押担保方式，还款来源为销售回笼货款。

二、主要做法

农发行海安市支行成立专项办贷小组，向企业提供专业对接服务，帮助企业设计融资方案，迅速开展调查评估，组织专人到招聘现场全程跟进招聘流程，积极协助贷款企业梳理资料，高效推进抵押等手续流程。一是前期积极主动对接贫困地区政府和扶贫开发部门，掌握当地发展愿景和贫困人口情况；二是邀请企业赴陕西略阳国定贫困县进行实地考察，促成企业与略阳县乐素河镇人民政府签订用工协议，推动就业扶贫；三是鼓励企业及时将经营发展态势、劳动力需求、劳动就业环境、工资福利待遇等信息定期传递给略阳县乐素河镇政府。在上级行的通力配合下，办贷效率大幅提升，8450万元贷款资金及时投放到位。

农发行支持江苏南通华强布业有限公司就业扶贫。前张照片为江苏海安市政府组织欢迎陕西·略阳务工人员来海就业欢迎仪式；后张照片为华强布业有限公司纺纱车间对建档立卡贫困人口就业人员开展岗前培训

三、取得成效

农发行履行金融服务脱贫攻坚职能，利用扶贫资金，通过扶贫贷款优惠利率等鼓励企业发挥帮扶作用，既为贫困人口创造了就业岗位，增强了贫困人口的内生动力，又引导剩余劳动力向经济发达地区转移，实现了劳动力资源优化。本笔贷款的及时投放，有助于企业用工难题的解决，提高了企业的社会影响力；带动了陕西省汉中市略阳县乐素河镇12名建档立卡贫困人口的就业和增收；与此同时，企业持续将本地经济发展态势、劳动力需求、劳动就业环境、工资福利待遇等信息定期传递给陕西略阳县政府，帮助政府引导剩余劳动力人口到经济发达地区就业。

案例二：福建达利食品集团“基地+贫困户就业”融资案例

一、项目概况

达利食品作为中国民营企业500强的综合性现代化食品企业集团，已在香港证交所公开上市。目前在全国18个省区建立21家子公司共36个食品、饮料生产基地，1个马铃薯全粉生产基地，旗下“达利园”糕点、“好吃点”饼干、“可比克”薯片等多个产品系列均已成为各细分行业知名品牌。企业申请涉农产业流动资金贷款15亿元，应用粮油购销流动资金贷款产品，用于达利食品集团有限公司及其子公司购入各项原材料及生产经营活动相关流动资金需求，期限1年，执行农发行扶贫贷款优惠利率，采用信用贷款方式。

二、主要做法

为进一步加大对优质民营企业复工复产金融支持，助力企业扶贫助贫成效，农发行福建省分行鼓励达利食品集团依托其遍布全国的子公司，踊跃参与福建省“千企帮千村”精准扶贫行动。经了解，企业流动资金需求有一定缺口，农发行及时向达利食品提供15亿元金融扶贫贷款支持，进一步助力企业吸纳建档立卡贫困人口就业；同时，依托在甘肃省武威市成立的子公司，建立马铃薯生产基地，对当地建档立卡贫困人口具有较好的脱贫带动和服务作用。考虑到达利集团对外融资主要由母公司达利食品负责，子公司分布较散，为方便集团授信及用款需求，农发行创新设计出由三类集团授信项下用信采用统贷统还方式，由达利食品集团有限公司作为承贷主体，统一集团母公司授信额度15亿元，用于母公司及其子公司生产经营流动资金需求，基础产品为涉农产业流动资金贷款，营销产品为粮油购销流动资金贷款。

三、取得成效

该笔贷款是农发行在市场化条件下，大力支持民营经济活跃地区民营实体企业的典型案例。在为企业提供优惠利率的同时，找到了产业扶贫贷款与支持贫困户脱贫的结合点，以农业政策性金融资金支持为依托，以大型品牌企业为平台，通过调动全国产能和资源，吸纳贫困户加入产业发展。一是用工帮扶带动成效显著。通过企业遍布全国各地的子公司，积极吸纳落后地区建档立卡贫困户就业，与133名贫困人口签订劳务合同，以就业的方式带动建档立卡贫困户发挥劳动能力，靠双手勤劳增收脱贫。二是进一步促进东西部扶贫协作。发挥惠企先行一步的资金和经验优势，投资西部贫困地区，在西部6个地区建立生产基地，辐射西部12个省份，全力参与当地的农产品采购及扶贫。2020年，企业通过委托合作社收购、直接从农户收购等方式，在甘肃累计收购马铃薯16.55万吨，支付收购资金2.11亿元，确保了贫困户如期获得马铃薯种植预期收益。

■ 农发行支持福建达利食品帮扶贫困人口在车间包装工作

案例三：广东台山市国有粮食集团“跨省就业”融资案例

一、项目概况

江门市台山市国有粮食集团有限公司成立于1989年9月，主要经营业务是粮油收购储备和加工销售，是负责台山市地方储备粮承储和轮换的国有粮食企业，农发行台山支行通过发放扶贫贷款支持企业收购本地稻谷和轮入储备油。2017年至今，农发行台山市支行向台山市国有粮食集团有限公司累计发放扶贫贷款14笔，金额13.09亿元，支持企业收购稻谷34.89万吨，购进储备油330吨。贷款执行农发行扶贫贷款优惠利率，采取信用方式。

二、主要做法

农发行通过粮棉油信贷资金支持企业经营发展的同时，企业也发挥了帮扶带动建档立卡贫困人口增收的积极作用。一是摸底贫困人口。各行积极与辖内51家企业沟通对接，逐企业排查每位员工的家庭情况，共锁定592个目标人物。二是初步建立名单。对于锁定的贫困人员名单，该行严格审查，通过人民银行“金融精准扶贫信息系统”进行第一步核实，初步确定国定建档立卡贫困人口名单。三是确认信息。联系贫困人员原户籍所在地扶贫办，最后确认贫困人员名单，同步报农发行总行审核，双条线确认，最终确定国定贫困人口。四是核查资料。认真审查贫困人员就业协议、工资单等相关就业带动资料，以确保扶真贫、真扶贫。

■就业的建档立卡贫困人口在车间工作的场景

三、取得成效

在农发行的大力支持下，台山市国有粮食集团有限公司从县级储备企业逐步发展为龙头加工企业，并成功打造出“珍香米”等优质品牌。农发行通过政策优惠、客户营销等方式，引导该企业利用其在各乡镇都有粮所和加工厂的优势，通过与政府相关扶贫部门联合开展扶贫帮扶行动，借助有关部门信息优势牵线搭桥，吸纳当地贫困人口就业的同时，直接帮扶了来自贵州省、云南省建档立卡贫困人口11人，按照贫困人口的身体状况及特长安排工作岗位，确保年增加收入3万元以上。在解决企业自身用工需求的同时，也提高了建档立卡贫困人口的收入水平，对吸引中西部地区人口出来务工务农起到了良好的示范效应，有利于缩小贫富差距。

【本章小结】

脱贫攻坚取得重大胜利后，农发行夯实粮棉油主责主业的压舱石业务，用乡村振兴统揽新发展阶段粮棉油信贷工作，坚持巩固成果做到“四个不减”、拓展成效抓好“四个坚持”和平稳过渡压实“五个衔接”，积极做好粮棉油帮扶政策创新、粮棉油帮扶产品创新、粮棉油融资模式创新，持续加大粮棉油产业帮扶支持力度，进一步推广金融扶贫模式创新和产品应用，切实推进巩固拓展脱贫攻坚成果与乡村振兴的有效衔接。2021年上半年，农发行累计投放粮棉油帮扶贷款621.81亿元，粮棉油帮扶贷款余额3385.39亿元，支持贷款客户3313家，带动和服务脱贫人口204.7万人。

第六章

基础设施金融扶贫模式

第一节 基础设施扶贫模式概述

基础设施既是贫困地区人口享有基本生产生活条件的基础，也是各类扶贫手段得以发挥效能的重要支撑。习近平总书记指出，要把公共基础设施建设的重点放在农村，推进城乡基础设施共建共享、互联互通，推动农村基础设施建设提档升级，特别是加快道路、农田水利、水利设施建设，完善管护运行机制。①

农发行作为支农的银行、补短板的银行，深刻领会习近平总书记的指示精神，坚决贯彻落实党中央、国务院决策部署，坚守农业政策性银行职能定位，全力服务脱贫攻坚和乡村振兴等国家重大战略，锚定贫困地区和基础设施重点领域薄弱环节，针对贫困群众出行难、饮水难、宜居难等突出民生问题，积极应用已有信贷产品，探索推进能够促进产品落地、实现扶贫成效的政府和社会资本合作（PPP）项目、基础设施公司类项目等金融扶贫模式，围绕补齐贫困地区水利基础设施短板，不断加大对贫困地区农村饮水安全、农田灌溉保障、防洪抗旱减灾、水资源开发利用与节约保护、水土保持生态建设的支持力度；围绕交通扶贫，发挥先导作用，大力支持乡村建设行动，将农村路网建设与地区产业发展、旅游资源开发相结合，创新支持资源路、旅游路、产业路，重点支持"双百"扶贫工程、"两通"工程及安全生命防护工程；围绕贫困地区农村人居环境整治三年行动的开展，重点支持贫困地区农村生活污水垃圾治理、卫生厕所改造，大力支持农村水、电、路、气、信基础设施和公共服务设施建设；围绕生态保护修复、环境综合治理、采煤沉陷区综合治理等，助力贫困地区实现生态环境建设和污染防治目标；围绕贫困地区新型城镇化建设和城乡融合发展中贫困人口市民化转移为主线，不断加大对县域范围内水、电、路、气、热等城乡基础设施和科教、养老、文化、体育等公共服务设施、配套产业支撑设施建设的信贷支持力度；围绕贫困地区住房保障，重点支持深度贫困地区棚户区改造，助力改善贫困地区棚户区住房条件和居住环境，有效发挥了农业政策性金融在基础设施扶贫方面的先锋主力模范作用。

随着脱贫攻坚战不断深入，农发行在基础设施扶贫方面的信贷投放力度不断加大，着力解决贫困地区基础设施发展滞后这一贫困地区、贫困人口脱贫的重要制约因素，全力服务脱贫攻坚和乡村振兴等国家重大战略。截至2020年末，农发行累计投放基础设施扶贫贷款占全行投放总额的36.5%；基础设施扶贫贷款余额5955亿元，占到全行存量的40%；累计支持3682个扶贫项目，服务建档立卡贫困人口8695万人次，为决战

① 习近平．走中国特色社会主义乡村振兴道路[A]．论坚持全面深化改革[C]．北京：中央文献出版社，2018:396.

决胜脱贫攻坚战作出了积极贡献。

第二节　基础设施扶贫支持政策

一、国家基础设施扶贫政策

中共中央办公厅、国务院办公厅印发《关于创新机制扎实推进农村扶贫开发工作的意见》，提出“完善金融服务机制。充分发挥政策性金融的导向作用，支持贫困地区基础设施建设和主导产业发展”。《“十三五”脱贫攻坚规划》明确了提升贫困地区区域发展能力的方向，要求“以革命老区、民族地区、边疆地区和集中连片特困地区为重点……，加快解决贫困村通路、通水、通电、通网络等问题，贫困地区区域发展环境明显改善，‘造血’能力显著提升，基本公共服务主要领域指标接近全国平均水平，为2020年解决区域性整体贫困问题提供有力支撑”[①]。2018年6月发布的《中共中央　国务院关于打赢脱贫攻坚战三年行动的指导意见》要求“贫困地区具备条件的乡镇和建制村通硬化路”；住房和饮水等居住条件方面“全面解决贫困人口住房和饮水安全问题，贫困村达到人居环境干净整洁的基本要求”。

二、基础设施扶贫金融支持政策

2014年，人民银行印发《关于全面做好扶贫开发金融服务工作的指导意见》（银发〔2014〕65号）提出明确要求，金融机构要突出支持扶贫开发“重点领域”中首要的是支持贫困地区基础设施建设。加大贫困地区道路交通、饮水安全、电力保障、危房改造、农田水利、信息网络等基础设施建设的金融支持力度，积极支持贫困地区新农村和小城镇建设，增强贫困地区经济社会发展后劲。2015年，《中共中央　国务院关于打赢脱贫攻坚战的决定》第十九条要求，加大金融扶贫力度，要加强贫困地区金融服务基础设施建设，优化金融生态环境。

2016年2月，银监会办公厅印发《关于2016年推进普惠金融发展工作的指导意见》，要求金融机构聚焦重点难点，确保精准投放。要求农发行加大贫困地区基础设施建设、公共服务设施、移民搬迁、生态保护、教育扶贫等领域的资金投放。2017年12月，人民银行、银监会、证监会、保监会联合印发《关于金融支持深度贫困地区脱贫

① 国务院关于印发“十三五”脱贫攻坚规划的通知[EB/OL]. http://www.gov.cn/zhengce/content/2016-12/02/content_5142197.htm。

攻坚的意见》，提出金融扶贫资源要更加聚焦深度贫困地区。

三、农发行落实金融支持政策举措

2016年，农发行连续印发《关于做好基础设施扶贫工作的通知》《关于进一步加大基础设施扶贫信贷工作力度的通知》文件，精准指导基层行基础设施扶贫业务开展。2016年以后，农发行总行先后印发《关于基础设施扶贫贷款认定有关情况的通报》《基础设施建设贷款PPP营销模板》和《公司类项目营销模板》等一系列文件，为全力全面做好基础设施扶贫业务奠定了基础。同时，结合长江大保护、黄河流域生态保护和高质量发展出台了10条特殊性支持政策，指导分支机构用足用好支持深度贫困地区的59条差异化政策，全方位推动基础设施扶贫工作质效。

四、基础设施信贷产品在金融扶贫中的应用

农发行基础设施扶贫是指应用已有基础设施信贷产品，着力通过信贷支持符合农发行业务范围、具有扶贫效能的客户，发挥金融杠杆作用推进拓展提升基础设施项目扶贫成效的实践。在脱贫攻坚实践中，基础设施扶贫应用产品有水利建设贷款、农村路网建设贷款、改善农村人居环境贷款、生态环境建设与保护贷款、城乡一体化贷款、棚户区改造贷款6个产品。

（一）水利建设贷款产品

2011年，中央一号文件提出“支持农业发展银行积极开展水利建设中长期政策性贷款业务”要求，农发行随即出台《水利建设中长期政策性贷款管理办法》，报经国务院审核同意后付诸实施。水利建设贷款主要用于支持农田水利建设、防洪工程建设、水资源配置工程建设、水土保持和水生态保护建设、重大水利工程建设、防洪减灾项目建设、智慧水利建设等项目建设的金融需求。

“十三五”脱贫攻坚期间，农发行聚焦水利建设扶贫的重点领域和重点区域，持续加大对贫困地区农村饮水安全、农田灌溉保障、防洪抗旱减灾、水资源开发利用与节约保护、水土保持生态建设的支持力度，注重将支持长江大保护和黄河流域生态保护与脱贫攻坚工作紧密结合协调推进。截至2020年末，累计投放水利建设扶贫贷款1165.51亿元，疏浚航道、河道约5067公里，新增和改善农田灌溉面积约764万亩，服务贫困县约392个，服务贫困村约2.6万个，服务贫困人口约159万人次，特别是支持安全饮水工程约1400个，解决贫困人口安全饮水约497万人，扶贫成效显著，全力打造“水利银行”特色品牌。

（二）农村路网建设贷款产品

2014年，习近平总书记对“四好农村路”作出重要批示，要求“进一步把农村公路建好、管好、护好、运营好”[①]。为深入贯彻习近平总书记指示要求，农发行积极加强农村路网建设贷款投放力度，不断加大支持农村公路、普通国省道、水运基础设施、县域城镇道路、道路附属设施等方面建设运营、资产购置等资金需要，并围绕国家“双百”工程和《交通运输脱贫攻坚三年行动计划（2018—2020）》，以国定贫困县、革命老区、民族地区、边疆地区、贫困地区为重点，助力构建“外通内联、通村畅乡”的交通运输网络，打通“最后一公里”，为打赢脱贫攻坚战和实现交通领域供给侧结构性改革目标提供有力支持。

实践中，农发行创新支持具有支撑特色产业发展作用的资源路、旅游路、产业路建设，着力支持贫困地区“对外开放路”，帮助贫困地区串联重要城镇、园区厂区和人口聚集点，推进贫困地区与干线公路或口岸公路衔接，促进城乡互联互通、城乡融合发展。“十三五”期间，农发行累计支持农村路网扶贫贷款项目621个，投放金额1640亿元，占该产品投放总额的45.0%。截至2020年末，该产品扶贫贷款项目已完工238个，涉及“四好农村路”、自然村道路硬化、防护栏工程、窄路加宽、道路大修等多个方面，有力支持了贫困地区农村路网建设，方便人民安全出行。其间该品种投放PSL贷款856亿元，每年为扶贫客户节省利息支出超7亿元，有效降低了农村交通领域融资成本。

（三）改善农村人居环境贷款产品

党的十八大以来，党中央、国务院对改善农村人居环境的重视程度不断提高，特别是2014年以来均在文件中把改善农村人居环境作为专项工作进行单独部署，把农村人居环境的改善提升到全面建成小康社会重点实施工作的地位，全面细化农村人居环境建设领域的有关工作内容。2015年，《中共中央　国务院关于打赢脱贫攻坚战的决定》要求加强贫困地区基础设施建设，加快农村危房改造，扎实推进美丽宜居乡村建设。2018年，《中共中央　国务院关于打赢脱贫攻坚战三年行动的指导意见》明确提出，“到2020年，贫困村达到人居环境干净整洁”的任务目标，并把“大力推进贫困地区农村人居环境整治”单独作为一项重要工作。

农发行作为国家农业政策性银行，始终把做好改善农村人居环境工作当作一项重大的政治任务。在政策上，明确提出重点贫困地区、薄弱环节，特别是支持三区三州深度贫困地区等农村人居环境整治项目，积极推动贫困地区改善农村人居环境领域补短板、降成本，切实用好政策性金融机构信贷资金，加快改善农村人居环境。在投向

---

① 2014年3月4日，习近平在关于农村公路发展情况的报告上作出批示。

上，聚焦“三区三州”、连片特困地区、民族地区、边疆地区等重点贫困区域，积极支持贫困地区水、电、路、气、热、信等农村生活基础设施建设，支持贫困地区垃圾污水治理、厕所革命和村容村貌提升等农村环境综合整治，支持贫困地区农村居住社区建设、农村危房改造等农村居民住房条件改善，支持贫困地区科教文卫、基本养老和普惠养老等公共服务设施建设，支持贫困地区民族村寨建设、传统村落保护、农村清洁能源开发利用等乡村开发建设，扎实推进美丽宜居乡村建设。在打赢脱贫攻坚战中，农发行遵循国家政策，围绕改善农村人居环境建设，充分发挥对贫困地区的广覆盖优势，不断加大信贷支持力度。2015年以来，累计投放改善农村人居环境扶贫贷款984亿元，到2020年末，该产品存量项目431个、贷款余额863亿元，服务贫困县约341个，服务贫困村约2.3万个，改善贫困户住房56万户，整村提升贫困村1万余个，支持了四川凉山州悬崖村居民出行条件改善项目、井冈山市美丽乡村扶贫建设等一批典型项目。

（四）生态环境建设与保护贷款产品

2015年，《中共中央　国务院关于打赢脱贫攻坚战的决定》要求生态保护脱贫要加大贫困地区生态保护修复力度。2018年，国家发改委、原国务院扶贫办等六部门印发《生态扶贫工作方案》，要求到2020年贫困人口通过参与生态保护、生态修复工程建设和发展生态产业，收入水平明显提升，生产生活条件明显改善。贫困地区生态环境有效改善，生态产品供给能力增强，生态保护补偿水平与经济社会发展状况相适应，可持续发展能力进一步提升。

农发行以创新驱动发展推动脱贫攻坚工作，在政策上，将生态环境建设与保护贷款作为农发行扶贫信贷领域的重要产品之一，并将其纳入长江大保护和黄河流域生态保护贷款，给予政策倾斜。在模式上，采用PPP、公司自营等多种金融扶贫模式开展支持工作。生态环境建设与保护贷款主要是为解决生态环境保护、治理、修复等方面的融资需求而向借款人发放的贷款，支持领域重点包括生态环境建设与保护贷款支持范围，主要涉及资源节约集约循环利用、环境综合治理、山水林田湖草保护修复、生态产品供给建设及运营等方面。截至2020年末，生态扶贫贷款累计支持扶贫项目161个，服务贫困人口约375万人次，服务贫困县约86个，服务贫困村8000余个，建设污废处理设施约72个，生态修复治理面积约724平方公里，扶贫成效显著。

（五）城乡一体化贷款产品

脱贫攻坚期间，农发行围绕脱贫攻坚对金融的需求，按照《国务院关于深入推进新型城镇化建设的若干意见》“鼓励开发银行、农业发展银行创新信贷模式和产品，针对新型城镇化项目设计差别化融资模式与偿债机制”要求，聚焦人民群众最关心的民生问题、聚焦短板领域，以创新驱动发展推动脱贫攻坚工作，积极通过政府与社会资本合作（PPP）等金融扶贫模式开展信贷支持工作，加快推进城镇基础设施和公共服务向农村延伸，实现城乡基础设施和公共服务均等化，全力服务普惠性、基础性、兜底性民生工程，助力脱贫攻坚战圆满收官。城乡一体化贷款主要用于满足县域范围（包括县级市、城市郊区郊县）内城乡融合发展和新型城镇化建设领域，城乡基础设施公共服务产业支撑建设和均等化一体化、服务农业转移人口市民化以及农村土地整治整理等方面所产生的建设及运营方面的合理资金需求。主要包括以下方面：水、电、路、气、热、信、管网管廊、智慧融合等基础设施建设，服务城乡融合发展和新型城镇化建设目标的新型基础设施建设及其他基础设施、公共服务、产业支撑等相关建设内容等。截至2020年末，城乡一体化扶贫贷款累计支持项目1014个，服务贫困县355个，服务贫困村26956个，改善贫困户住房29万余户，解决贫困人口供电59万余人，解决贫困人口安全饮水42万余人，有效提升贫困地区人民群众生产生活条件，扶贫成效显著。

（六）棚户区改造贷款产品

2009年，银监会印发《关于中国农业发展银行扩大县域存款业务范围和开办县域城镇建设贷款业务的批复》（银监复〔2009〕192号），同意农发行开办县域城镇贷款业务，其中包括农村集中居住区、棚户区、泥草房等。2015年6月，国务院印发《关于进一步做好城镇棚户区和城乡危房改造及配套基础设施建设有关工作的意见》，明确提出："鼓励农业发展银行在其业务范围内对符合条件的实施主体，加大城中村改造、农村危房改造及配套基础设施建设的贷款支持"。农发行积极推动棚改贷款业务，脱贫攻坚战期间，农发行应用棚户区改造贷款产品加强对贫困地区，特别是国家扶贫开发工作重点县及集中连片特殊困难地区投入，助力贫困地区脱贫攻坚。

农发行棚户区改造贷款主要用于纳入国家棚户区改造年度计划的城中村改造、国有林区棚户区改造、国有垦区危房改造和城市规划范围外的重点镇棚户区改造，以及列入棚户区改造配套基础设施建设计划的建设项目等方面。截至2020年末，从农发行支持国家扶贫开发工作重点县及集中连片特殊困难地区看，累计支持棚户区改造扶贫贷款1392个，累计审批2123.35亿元，发放1737.41亿元，贷款余额1540.35亿元，有效改善了230个贫困县18632个贫困村住房困难群众的居住条件。

第三节　政府与社会资本合作（PPP）基础设施融资模式

政府与社会资本合作（PPP）模式是指政府在基础设施及公共服务领域采用竞争性方式选择社会资本方，双方订立协议明确各自的权利和义务，由社会资本方负责基础设施和公共服务项目的投资、建设、运营，并通过使用者付费、政府付费、政府提供补助等方式获得合理收益的活动。在扶贫实践中，农发行积极将PPP项目融资应用于基础设施建设扶贫项目，在规范地方政府举债、不新增隐性债务的前提下，支持了贫困地区脱贫攻坚关键环节基础设施扶贫项目的建设，为补齐基础设施扶贫领域的短板发挥了积极且有成效的作用。

一、政策背景

党的十八大以来，以习近平同志为核心的党中央把脱贫攻坚工作纳入“五位一体”总体布局和“四个全面”战略布局，作为实现第一个百年奋斗目标的重点任务，习近平总书记指出，“脱贫攻坚是一场必须打赢打好的硬仗，是我们党向全国人民作出的庄严承诺。”[①]面对这场关键战役，农发行研学2016年11月国务院印发的《“十三五”脱贫攻坚规划》，深感用于改善贫困地区基础设施条件，着力加强贫困地区基础设施建设、提升贫困地区区域发展能力对金融资金的需求是旺盛的、迫切的，深刻体会到创新扶贫资源动员机制，积极推广政府与社会资本合作融资模式，构建政府、市场、社会协同推进的大扶贫开发格局的深刻内涵和重要意义。在深入学习贯彻落实国家有关创新重点领域投融资机制鼓励社会投资、在公共服务领域推广政府和社会资本合作模式，创新农村基础设施投融资体制机制，进一步规范政府和社会资本合作等一系列政策法规的基础上，农发行出台PPP业务模式指导性文件，指导各级行积极通过PPP项目融资模式支持贫困地区脱贫攻坚重点项目建设，实现了信贷产品与融资模式的有机融合，有力支持了贫困地区基础设施和公共服务项目的投资、建设、运营，明显改善了贫困地区区域发展环境。

二、运作方式

政府和社会资本合作模式是政府按照规定程序选取社会资本从事项目建设运营，并获得合理回报的项目运作方式。根据财政部《关于印发政府和社会资本合作模式操作指南（试行）的通知》（财金〔2014〕113号），政府与社会资本合作（PPP）项目流程包括项目识别、项目准备、项目采购、项目执行和项目移交五个阶段，农发行主要在项目采购和项目执行阶段介入，为政府与社会资本合作（PPP）模式项目融资提

① 习近平. 习近平谈治国理政（第三卷）[M]. 北京：外文出版社，2020:154.

供融智融资服务。

三、操作要点

（一）借款人准入

借款人准入须符合财政部的基本要求，由本级政府（含政府方出资代表）与PPP项目社会资本方共同成立或者由社会资本方单独成立的项目公司。借款人需具有合法合规资质、具有与项目建设或运营相应的权益性资本、符合农发行业务范围等条件。

（二）项目准入

基础设施建设扶贫项目须纳入“十三五”脱贫规划，具有改善贫困地区基础设施条件扶贫效能，项目履行了固定资产投资项目的合法管理程序，已纳入省级（含）以上PPP项目库管理；涉及政府投资、付费、补贴等财政支出项目，须纳入财政部“全国PPP综合信息平台项目库”管理；项目资本金比例和来源符合国家有关规定；按照国家相关部门规定的程序由政府或其指定的项目实施机构与社会资本方签订PPP合同等。

（三）还款来源

鉴于PPP模式支持的扶贫项目公益性较强，其还款来源除传统的使用者付费、可行性缺口补助、政府付费外，增设PPP项目专项债券募集资金作为还款来源。

（四）期限方式

根据项目精准扶贫属性，贷款期限可以延长至使用产品最长期限，扶贫项目贷款原则上采取担保方式，并可以使用组合担保的贷款方式。

四、启示借鉴

PPP金融扶贫模式，破除了制约贫困地区发展基础、补齐短板需要大量资本投入带动，而现实是贫困地区财力薄弱、而过度依赖财政扶贫资金的瓶颈，一方面解决了财政无力全部承担问题，另一方面有利于贫困地区的可持续发展。实践证明，充分发挥政府、市场和社会协同作用，发挥社会资本优势，弥补财政扶贫资金缺口，同时汇聚资金、政策、资源、科技、管理、劳动力等一切要素，能够形成脱贫攻坚的强大合力。PPP模式的优势有助于融资方式创新，充分发挥财政资金的杠杆作用，撬动社会资本参与投资，有助于减少财政支出压力、提高资金使用效率、增加有效供给。

案例一：湖南安化县域水环境综合整治PPP项目融资案例

一、项目概况

（一）项目背景

近年来，随着城镇建设的迅速扩张、城镇人口的急剧增加，加之配套环保设施建设不完善，益阳市安化县域内资江及其支流水体，特别是城区及镇区范围内水体均受到了不同程度的污染，其中柳溪、辰溪、洢水、沂溪、善溪、烟溪、瀼溪、思模溪、河曲溪等被定性为黑臭水体。近几年，经过安化县委、县政府各级部门在水污染防治方面的巨大努力，资江及其支流水体污染情况得到了一定的缓解和控制，但黑臭水体治理是一项复杂而系统的工作，需要进行科学统筹、系统完善的分析论证，并以此为基础开展一系列的工程建设。为贯彻落实《国务院关于印发水污染防治行动计划的通知》要求，加快黑臭水体整治，安化县人民政府拟投资16.97亿元建设安化县资江流域黑臭水体整治工程，对安化县资江流域干流及其支流采取一系列措施进行治理和防御资江流域的水体黑臭问题。

（二）建设内容

一是柳溪、辰溪、梅城洢水等黑臭水体整治；二是县域及乡镇污水、污泥处理项目建设。涉及安化县12个乡镇264个行政村。

（三）融资方案

农发行向安化资江流域黑臭水体整治投资建设有限公司发放水利建设贷款13.5亿元，用于湖南安化县域水环境综合整治PPP扶贫项目建设，贷款占总投资的79.24%，贷款期限15年，执行农发行扶贫贷款优惠利率，还款来源为“政府付费”和“使用者付费+可行性缺口补助”，采用应收账款质押担保的贷款方式。

二、主要做法

本项目采用政府与社会资本合作（PPP）模式，社会资本方为具有优质施工资质的省属企业，借款人为政府通过竞争性磋商引入的社会资本方和政府方共同出资成立的SPV公司——安化资江流域黑臭水体整治投资建设有限公司，主要负责项目建设；社会资本方主要负责项目建成后的运营；控股股东曾多次承包国内外许多大型复杂建筑项目的施工，实力雄厚，为农发行省分行重点客户，具有环保工程承包壹级、污染治理设施运行服务能力贰级等资质，可以为该项目的建设、运营提供良好的技术支持。

三、取得成效

该项目属于长江大保护、绿色产业、扶贫贷款等多项国家战略政策交汇项目，项目运营有望为当地争取更多发改、财政奖补政策和金融资源，综合效益突出。具体成效主要有：

（一）改善县域水域生态环境，助力区域发展

本项目采取控源截污、垃圾清理、清淤疏浚、生态修复等措施，系统地解决了资江流域黑臭水体的突出问题，不断改善水体自净能力，修复流域内水生态环境，满足公众对优质水环境的需求，促进当地水资源持续利用，极大改善了地区流域内的生态环境，助力安化经济社会发展。

（二）改善群众生产生活条件，助力脱贫攻坚

本项目服务区域辐射安化县12个乡镇264个行政村（其中贫困村78个），项目的顺利实施，能够较好地改善项目所在地及周边群众的生产生活条件，更好助力脱贫攻坚。并且，本项目建设内容涉及12个县城及乡镇的各类污水处理厂、雨污分流管网、河道清淤治理等17个子项基础工程，均需聘请当地工人，从而直接带动当地贫困人口的就业，促进增收。根据安化本地行情和工程建设实际，项目实施可聘请建档立卡贫困人口850人左右，贫困人口年均增收可达5.6万元。

（三）提升项目周边附加值，助力经济发展

本项目的实施使资江流域水质生态环境得到了极大的改善，较好地提升了河道周围土地的利用价值。同时，大力改造沿河生态景观区，有利于增加当地的旅游景观，带动当地旅游业的发展，助力贫困人口增加收入，推动区域整体经济发展。

（四）改善流域内水体质量，提升环境效益

黑臭水体整治工程是一项技术难度高的综合性工程，通过采取控源截污、垃圾清理、清淤疏浚、生态修复等措施，可以系统性解决资江流域黑臭水体的突出问题，不断改善水体自净能力，修复流域内水生态环境。同时促进水资源持续利用，通过改扩建县域污水污泥处理厂，新建乡镇污水污泥处理系统，打造居民、企业及工业园区的水污染治理闭环链条，经营期内污水使用者付费5.4亿元，项目为当地带来一定的经济效益。

（五）联动带动当地特色产业扶贫

项目建设能有效改善贫困人口的居住和工作环境，安化优美的山水资源可吸引游客，提升当地旅游产业。一是贫困人口可通过贩卖茶叶、经营饭店、出租民宿等方式增加收入；二是为安化做强做大茶旅文康产业夯实基础，通过后续项目建设进一步丰富贫困人口各项收入来源。

本项目涉及安化县12个乡镇264个行政村，贫困人口占比18%。项目主要通过对安化县资江流域柳溪、洢水、沂溪、善溪、烟溪、瀼溪、思模溪、河曲溪等黑臭水体进行治理，改善农村、农民生产生活环境，提升公共设施综合服务能力。

■ 农发行支持安化县冷市镇思模溪、河曲溪流域黑臭水体综合整治工程植被整理场景

案例二：新疆温泉县呼场至G30线公路建设PPP项目融资案例

一、项目概况

（一）项目背景

博尔塔拉自治州温泉县因县域内有数处奇特的温泉景观而得名，温泉不仅是地理奇观，温泉水更具有保健治疗某些疾病的功效。本项目终点位于风光旖旎的赛里木湖，博格达尔森林公园风景宜人，是边境上的消夏避暑胜地；草原上的古墓葬群落、遗址群落、散布四处的古岩画等历史文化浓厚，是研究我国博州边境地区历史的珍贵资料。当地还拥有著名的西藏寺庙宇——积福寺，别具民族特色。各种草原石人、百年干尸都为温泉县留下了强烈的神秘感，吸引着世界各地的游人。项目沿途的温泉县旅游资源极其丰富，有雪域温泉、河谷湿地、草原风情、戍边文化、遗址胜迹、珍稀生物六大类型景观，独具特色的旅游景点近70处，待开发程度高，极具开发潜力。但

是由于地理位置偏远，到达旅游区的交通条件较差，温泉县旅游资源的开发处于较为滞缓的状态。该项目是各地进入温泉县境内感受当地旅游文化的重要公路通道，是加快博州地区旅游业对外开放、吸引旅游资金的重要经济通道，也是展现博州地区旅游观光文化的一条窗口形象大道。

（二）建设内容

项目建设内容为博州温泉县呼场至G30线公路建设，建设道路全长78.756千米，该条道路全线贯穿温泉旅游景区、自治区级贫困村以及终点AAAAA级赛里木湖景区。

（三）融资方案

项目总投资17.85亿元，客户向农发行申请农村路网建设中长期贷款13.2亿元，占总投资的73.93%。项目承贷主体为博尔塔拉蒙古自治州博聚凯洋建设工程有限公司，采用PPP模式，贷款期限20年，执行农发行扶贫贷款优惠利率，还款来源为项目收入，主要由使用者付费收入和可行性缺口补助收入构成，采取保证担保结合质押担保的贷款方式。

二、主要做法

项目实施路段位于新疆博尔塔拉河上游河谷地带，天山西段北麓、准噶尔盆地西缘，是集自然资源、能源资源、土地资源、旅游资源于一体的重点经济开发区，途经自治区级贫困村。长期以来该区域交通不便利，道路基础设施不足，成为制约当地脱贫攻坚和社会发展的一大瓶颈。当地农发行制订融资方案，积极与项目承贷主体沟通对接，抽调骨干成立项目专班，加班加点开展贷前调查、评级、授信等各环节工作，通过区、州、县三级行上下联动、共同努力，最终成功为客户融资13.2亿元农村公路建设项目贷款。

三、取得成效

（一）扶贫成效

本项目建成后，一方面增加了博乐以西地区与G30国道的连接线，缩短了前往AAAAA级赛里木湖景区的距离，形成多通道的运输网络，促进当地沿线旅游业、运输业及特色农业等相关产业发展，带动扶贫片区内约1207户农户增收。另一方面作为温泉县呼和托哈种畜场通往赛里木湖的快速通道，本项目的建成对当地自然风光的开发起到关键性作用，为推动温泉县旅游业乃至带动整个博州地区旅游又好又快发展带来强劲“东风”，对巩固当地脱贫成果具有重要意义。

（二）社会成效

项目建成后，沿线的北达巴特铜矿的矿产品可通过本项目及连接线实现快速运输，同时缩短了到达赛里木湖风景名胜区的距离，进一步促进了地方经济发展，是贯彻落实西部大开发战略的一项重要举措。

■ 农发行支持温泉县呼场至G30线博州路段蜿蜒出口的场景

案例三：贵州西秀区千峰河及支流水环境综合治理PPP项目融资案例

一、项目概况

（一）项目背景

千峰河位于安顺市西秀区轿子山镇，发源于蔡官镇的梅家庄分水岭处，沿途流经袁家屯、木头寨、大洞口至水洞村入象鼻洞出境，进入普定县经白岩场，与高洋河交汇归三岔河入乌江，河流由东向北转西流出，属乌江上源的三岔河支流。河源的海拔高程为1455米，出口高程为1389米，高差66米，平均比降3.03‰。流域面积为126.8平方公里，主河道长21.8公里，实测枯水期流量为0.187立方米/秒，多年平均流量为2.678立方米/秒，最大洪峰流量为292.1立方米/秒。为改善区域居民的生活环境，充分发挥水利生态涵养区作为当地生态基础设施的生态系统服务功能，安顺市西秀区人民政府提出本项目建设，并根据国家相关法律法规和政策的规定，结合安顺市西秀区实际情况，采用政府与社会资本合作（PPP）的模式，推动本项目建设实施。

（二）建设内容

项目地址位于安顺市西秀区，建设内容主要是河道清淤疏浚26公里、扩宽河道23公里、改建桥梁39座、堤岸绿化和污水处理设施等。

（三）融资方案

农发行支持安顺市西秀区千峰河及支流水环境综合治理工程PPP模式项目水利建设贷款5亿元，占项目总投资的76.97%，贷款期限10年，执行农发行扶贫贷款优惠利率。还款来源为项目实施后的政府付费收入，采取“保证担保+质押担保”贷款方式。

二、主要做法

调查评估时，严把客户准入。一方面，严格执行农发行有关政策要求，认真分析借款人股权结构、经营者素质、财务状况、信用等级和征信等情况；另一方面，充分考虑SPV公司成立时间短、项目针对性强，建设前期主要为资金投入而产出相对较少等，造成资产负债率高、利润亏损等情况。针对上述问题，结合借款人、项目实际情况，横向分析控股股东组成、纵向追溯借款人上游企业，合规开展调查评估。

根据项目特点严把风控节点。本项目为生态环保项目，严格审核项目行政审批情况，要求相关手续合规有效。同时严格把关该项目是否按照PPP模式要求编制物有所值评价报告、财政承受能力论证报告和PPP实施方案等，并经地方政府、财政等部门批准同意，政府与社会资本签订PPP项目有关协议，并明确将政府付费资金纳入财政预算管理。

根据PPP项目入库数据等因素确定还款来源。本项目为当地政府关切的民生工程，采取PPP模式运作，属于政府付费实施项目。依据《PPP项目补充协议》，评估时，根据项目建设及政府付费情况设计贷款期限、宽限期及还款计划。

三、取得成效

本项目是对习近平总书记“绿水青山就是金山银山”这一重要论述的具体实践，是将生态环境建设助力脱贫攻坚作为基础设施建设扶贫的又一重要举措。

（一）示范引领性项目

通过积极对接当地生态环境保护及综合治理规划，择优支持带动贫困人口脱贫成效明显、示范效果好的生态环境保护项目，展现出农业政策性金融在支持生态环境保护、助力脱贫攻坚过程的引领和引导作用。

农发行支持贵州西秀区千峰河及支流水环境综合治理场景。前张照片拍摄于千峰河及支流水环境综合治理前，是河水漫灌、资源难利用的真实写照；后张照片是综合治理后河水有序流淌，展现了整理梯田可耕种、贫困户生产生活条件得到改善、农村面貌得到极大提升的美好画面

（二）扶贫成效多元

本项目实施过程中，汇集大量的资金、工人和技术人员及服务人员，有效推动区域经济发展，并通过劳务就业等方式惠及当地建档立卡贫困人口1636人。项目建成后使百姓生存、生活环境得到改善，当地脱贫内生动力进一步增强，旅游等营商环境得到显著改善。

（三）经济社会效益明显

本项目提高了千峰河及支流防洪标准，改善了水体质量，保障了河道安全、改善了河岸环境，提升了安顺市整体形象和品质，提高了周边土地价值，带动了当地旅游产业发展，拉动区域经济增长，提高了居民经济收入。通过河道两侧生态修复和生态环境打造，减少了河道两侧水土流失，加强了河流两侧水体和土壤的有机交换，为河流生物多样性营造了和谐自然的环境。

案例四：湖北郧西县城乡一体化PPP项目融资案例

一、项目概况

（一）项目背景

十堰市郧西县地处湖北西北角，北依秦岭，南临汉江，是湖北省唯一集老（革命老区、全省解放最早的县）、少（10个少数民族聚居区）、边（离省会武汉市最远的县之一）、贫（新阶段扶贫开发工作重点县、全省经济最贫困县）、库（南水北调中线工程水源核心区）于一体的山区县，是国家重点贫困县，也是秦巴山片区扶贫攻坚重点县，贫困人口数量大、贫困程度深、致贫原因复杂、脱贫任务重。同时郧西县地形复杂，现有道路通行条件差，道路结构不合理，成为区域经济发展的桎梏，导致交通基础设施建设与经济社会发展形成恶性循环。本项目对带动地方经济发展，促进乡镇民营企业发展、第三产业进步，城乡经济交流和人口的合理流动具有重要意义。

（二）建设内容

十堰市郧西县基础设施建设PPP项目包含16个子项目，分为A、B两个项目包，其中A项目包为路桥项目包，包括公路桥梁改扩建项目9个；B项目包为房建项目包，包括交通物流产业园、职业教育园、农业示范园、创业园、文体中心、搬迁安置区建设项目，总建筑面积约45万平方米。上述16个子项目总投资约为36亿元。

（三）融资方案

农发行向湖北鸿盛工程管理有限公司发放城乡一体化贷款18亿元（占总投资的50%），用于十堰市郧西县基础设施建设PPP项目建设，贷款期限17年，执行农发行扶贫贷款优惠利率，采取PPP合同项下应收账款质押的担保方式。

二、主要做法

一是充分利用项目地处贫困县的状况，利用扶贫政策给予客户尽可能大的优惠力度，以情怀处事。二是充分利用PPP项目的优势，开展政银企三方会商，安排时间节点落实各子项目行政许可。三是充分利用社会资本方既是投资方又是建设方的优势，加强服务型沟通，加快项目推进落地。四是以客户为中心，为企业提供合理的资金提款安排及使用计划。五是始终把风险防控放在首位。项目所在地为深度贫困县，政府财力较弱，由社会资本方出具了差额补足承诺函，从源头上把控了信贷风险。

三、取得成效

（一）助力脱贫攻坚

多个子项目涉及深度贫困县——郧西县脱贫摘帽验收考核，项目直接服务建档立卡贫困人口6818人。2020年，郧西县如期摘帽。项目顺利推进，实现了贫困人口搬得出、稳得住、就近就业、逐步致富的目标。

（二）促进农业现代化

本项目中的农业示范园、创业园建设，采用专业化、集约化、标准化生产，有效提高了土地产出率、资源利用率、劳动生产率，进而促进农业转型升级，示范带动区域现代农业发展。

（三）城乡融合发展

通过项目的实施，打破区域交通瓶颈，连接郧西城关及部分乡镇，为沿线区域打造便捷的出行通道，解决近5万人的出行问题，补齐农村基础设施短板，提升了郧西县马安镇、六郎乡及周边农民的就业、医疗、文化教育品质，解决了近3000个就业岗位，同时提供1000人次/年的职业技术培训，为农民稳步增收奠定了基础。

（四）打造品牌形象

通过与大型省级国资企业深度合作，提高了农发行在当地政府、社会各界的美誉度，打造了农发行“支农、扶贫、绿色、创新”主力银行的品牌形象。

（五）跳出城市行思维发展扶贫业务

以注册地在武汉的大型国有企业在贫困地区的投资项目为切入点，是城市行创新服务脱贫攻坚的有效途径。

■ 农发行支持湖北十堰市郧西县城乡一体化项目竣工前场景

第四节　基础设施公司类项目融资模式

基础设施贷款公司类项目融资是指符合农发行贷款准入要求的借款人，按照市场化经营原则，承担农发行基础设施贷款业务范围内项目的新建、改扩建、资产购置、运营及工程总承包等，向农发行提出融资需求，通过项目运营财务收益、借款人综合经营收益等偿还贷款的信贷支持方式。

一、政策背景

完善的基础设施对提升区域发展能力和改善群众发展机会具有至关重要的作用。党的十八大以来，从中央到地方，各部门制订系统实施方案，对贫困人口较集中的贫困地区大力实施基础设施建设，保障贫困人口的基本生活条件，并为产业扶贫等各类扶贫举措的实施夯实了基础，尤其是在脱贫攻坚中交通、水利、电力、网络等基础设施的连通度被纳入贫困县、贫困村和贫困户各层面的脱贫建设，成为助力减贫的重要支撑。但从扶贫开发总体情况看，受经济基础和自然环境等多种因素影响，贫困地区基础设施建设投资成本高、周期长、回报率低，融资支持对商业性金融吸引力较弱，且在大多数情况下仅依靠项目自身收益难以覆盖贷款本息。作为支持“三农”、站在金融扶贫一线的农发行，坚决扛起政策性金融扶贫的政治责任，扎根金融市场环境薄弱地区，聚焦“三区三州”深度贫困地区，出台了公司类项目的相关指导性文件，配套贫困地区的差异化信贷优惠政策和内控管理制度，加快推进支农中长期信贷模式创新，强力推动农村基础设施建设扶贫向市场化运作方式转型，确保农业政策性金融对基础设施建设扶贫信贷成效。

二、运作方式

基础设施公司类项目贷款模式业务的发展是农发行在现行融资新政背景下理清地方政府与借款人、银行之间的关系，确定合规的还款来源，在以不增加地方政府债务和隐性债务的“市场化”运作模式下，开展农业农村基础设施建设的新建、改扩建等贷款项目，持续提升农发行基础设施扶贫服务脱贫攻坚的宽度和力度。

三、操作要点

（一）借款人准入

应为经工商行政管理部门或主管部门核准登记，实行独立核算的企业法人、事业法人和其他经济组织。重点关注借款人资质的合法合规性、具有与项目建设或运营相应的权益性资本、借款人上一年末和最近月份资产负债率、上一年度实现盈利、信用等级等。

（二）项目准入

在具备农发行基本制度、农业农村基础设施贷款固定资产管理办法和贷款品种办法规定准入条件的基础上，一是项目建设内容符合基础设施扶贫贷款的用途。二是项目符合国家规划、土地、环保等相关规定，并依法依规履行合法有效的管理程序。三是项目资本金不低于国家规定的最低比例标准，资本金来源符合国家有关规定。四是项目具有合规可靠的还款资金来源，第一还款来源能实现对贷款本息的全覆盖，第二还款来源符合农发行有关要求。五是工程总承包项目对应的总承包合同合法合规有效。

（三）还款来源

还款来源为项目运营财务收益、借款人综合经营收益等。

（四）贷款方式

一般情况下，贷款采用担保贷款方式，并可采用组合担保。

四、启示借鉴

农发行面对贫困地区基础设施建设扶贫对金融资金多元化的需求，积极助力扶贫客户深入挖掘项目现金流和公司综合收益，科学合理设计项目融资模式，探索项目市场化运作的有效路径，为实现贫困地区“两不愁三保障”和基础设施重点领域薄弱环节提供支撑。

基础设施公司类项目融资模式的优势在于，运用市场手段破解贫困地区基础设施建设项目基础性、公益性强的瓶颈制约，帮助客户发现、挖掘、设计、整合现金流，推动公益性项目落地，可推广性较强。

案例一：安徽望江县三个乡镇“饮水安全+巩固提升”融资案例

一、项目概况

（一）项目背景

随着经济社会发展，一方面人类对水资源开发利用的要求越来越高，另一方面在开发利用自然资源过程中造成水污染问题越来越严重。如何确保人类用上安全、优质的饮用水，解决日益严重的饮水安全问题，尤其是广大农村居民的饮水安全问题，在建设社会主义新农村的今天，显得尤为紧迫和重要。随着城乡一体化发展进程的加快，安庆市望江县供水系统面临日趋严峻的挑战。为确保望江县2019年顺利摘帽，促进全面建设小康社会目标的实现，制订科学、规范切实可行的饮水安全建设方案具有重要的现实意义。望江县属大别山连片贫困县，安徽省深度贫困地区。随着望江县经济社会发展，供水问题日益突出，同时为提高乡镇集中供水质量和保证率，加快城乡供水一体化，建立县城区和重要乡镇双水源互备供水系统极为必要。

（二）建设内容

本项目系农村饮水安全工程，主要是在漳湖镇、太慈镇、鸦滩镇三个乡镇各建一座水厂，总供水规模为15万立方米/天；在县域内铺设一条环形管网并形成联通回路，并对现有的主管网改造至自然村一级，新建管网长度3535.01公里；建立检（化）验室、在线信息监控系统，实现24小时水质动态监管并时时向社会公布；用户统一换装智能水表；收购现有21座民营小水厂，根据供水实际需要改造成加压泵站。

（三）融资方案

农发行向安徽望江县农村饮水安全巩固提升工程发放水利建设贷款10亿元，支持安徽望江县农村饮水安全巩固提升工程公司类扶贫项目建设，贷款期限19年，执行农发行扶贫贷款优惠利率，还款来源为借款人取得的特许经营水费收入，采取“保证担保+收费权质押担保”贷款方式。

二、主要做法

农发行通过加强扶贫政策宣传，积极开展重点客户和重点项目大普查、大营销，了解到望江县农村饮水安全巩固提升工程是望江县重点民生工程，关系到50多万群众特别是10余万贫困群众饮水安全问题，即刻将该项目作为服务脱贫攻坚和乡村振兴的重点工程、亮点工程，加强营销对接，积极探索运作路径。通过农发行系统平台查询，参考先期支持特许经营项目的成功经验，协调政府与企业签订规范的特许经营协议，由社会资本承担项目的建设、运营风险，政府承担法律、政策调整风险。通过政企双方的充分磋商和特许经营协议的约定，确保项目实施决策科学、责任明确、稳妥推进，也为项目融资奠定了坚实的基础。

三、取得成效

项目实施极大地改善了望江县农村饮水质量，解决区域内工业及居民特别是贫困人口生活用水困难的状况，有利于社会安定和提高人民群众生活水平，为地方打赢脱贫攻坚战发挥重要支撑作用。项目投入使用后，望江县总供水规模可达到15万立方米/天，新建管网长度3535公里，项目惠及人口约55万人，当时贫困人口未脱贫、返贫、预脱贫约1.4万人，享受脱贫政策的约11万人。

■ 农发行支持安徽望江县三个乡镇饮水安全项目鸟瞰的场景

案例二：四川朝天区农村人居环境整治融资案例

一、项目概况

（一）项目背景

广元市为全面落实党中央《农村人居环境整治三年行动方案》和党的十九大“着力实施乡村振兴战略”号召，扎实开展农村人居环境综合整治工作，实施乡村振兴战略。朝天区属于典型的盆周山区，是国家扶贫开发工作重点县区和秦巴山区连片特困地区，加之建区时间短，城乡差距大、发展不平衡问题较为突出，促进乡村振兴尤为紧迫。2018年8月，在朝天区委七届五次全会上，通过了《关于实施乡村振兴战略奋力开创新时代朝天“三农”工作新局面的决定》，为本项目的实施提供了政策依据。本项目的建设有利于改善农村居住环境、助力脱贫攻坚、实现乡村振兴。

（二）建设内容

广元市朝天区农村人居环境整治项目，主要包括农村生活基础设施工程、农村环境综合整治工程、农村居民住房条件改善工程、农旅融合发展示范村建设工程、增减挂钩项目。

（三）融资方案

农发行为广元市朝天区农村人居环境整治项目提供改善人居环境扶贫长期贷款4亿元，占项目总投资的79%，贷款期限15年，执行农发行扶贫贷款优惠利率，项目自身收益和公司综合收益作为项目还款来源，采用保证担保贷款方式。

二、主要做法

本项目地处秦巴山区，地方经济实力落后，脱贫攻坚任务重，迫切需要实施乡村振兴战略。农发行广元市分行充分利用改善农村人居环境贷款产品支持满足农村区域（主要包括乡、镇、村范围）内改善农村人居环境建设及运营方面的合理资金需求，围绕地方政府提出在宜居新村建设上，开展农村土坯房改造整治、千村万户乡村特色化风貌塑造、传统院落保护“三大工程”，打造幸福美丽新村升级版的需求，结合项目能够保护发展乡村优秀文化遗产，发展现代农村文化产业，打造具有鲜明特色的“川北民风、文明乡风”，推进乡村旅游环境改善的特点进行设计。

■ 农发行支持广元市朝天区浦家乡罗圈岩村人居环境改造

■ 农发行支持朝天区羊木镇新农村人居环境焕然一新

三、取得成效

本项目对广元市朝天区25个乡镇214个行政村进行人居环境整治，重点改造农村居民住房环境、治理农村垃圾和污水，保持村庄整体风貌与自然环境相协调，推进畜禽养殖区和居民生活区的科学分离，推进农村清洁工程，推动农村家庭改厕，加快农村互联网基础设施建设，全方位打造宜居村庄，整体带动提升农村人居环境质量。

项目服务区域属于国家扶贫开发工作重点县区和秦巴山区连片特困地区，该项目实施区域中贫困人口（包括未脱贫、返贫、预脱贫以及已脱贫享受政策人口）共1246人，有效带动了当地贫困人口脱贫。

本项目以朝天区绿色牵动战略为基础，通过近年来探索出的一条具有地方特色的全域、全时、全民旅游发展之路，以旅游人数及旅游收入高速增长为切入点，推进农村人居环境整治工程，在项目实施过程中，农旅融合示范村的建设能进一步促进朝天区旅游环境优化，提升整体区位经济价值，实现良性循环。此外，通过项目的实施，可整理土地结余指标，能够创造可观收益，实现政府、银行、企业多方共赢。

广元市朝天区浦家乡罗圈岩村以前是朝天区的深度贫困村，随着农发行易地扶贫搬迁、人居环境等项目信贷支持，村内新修建有党群公共服务中心，为村民提供了益农信息社、电商平台、游客中心等脱贫服务平台，罗圈岩村已成为党建扶贫示范村。

案例三：云南绿春县“污水+厕所”农村环境综合整治融资案例

一、项目概况

（一）项目背景

红河州绿春县位于云南省红河州南端的中越边境，是一个少数民族聚居县，地方经济社会发展程度相对较低、基础设施滞后，是国家扶贫开发工作重点县，也是云南省27个深度贫困县之一。“十三五”期初全县贫困人口共计106255人，其中建档立卡贫困人口2789人，贫困发生率43.19%。

中共中央办公厅、国务院办公厅《农村人居环境整治三年行动方案》指出：将推进农村生活垃圾治理、开展厕所粪污治理、梯次推进农村生活污水治理、提升村容村貌、加强村庄规划管理、完善建设和管护机制作为农村人居环境整治的六大重点任务。《云南省农村人居环境整治三年行动实施方案（2018—2020年）》提出：加大农村公路两侧绿化、美化和垃圾治理力度，加快推进“直过民族”地区、沿边地区和深度贫困地区通村（组）道路建设，加快推进入户道路建设，努力形成“畅安舒美”的通行环境。实施农村饮水安全巩固提升工程，完善村庄公共照明设施；加强农村地区通信设施建设。

（二）建设内容

绿春县农村人居环境整治项目（一期），项目建设内容主要为绿春县所有乡镇提升村容村貌、农村污水治理、农村垃圾治理、农村厕所改造、农村活动场所及供水工程。具体为改造房屋立面面积57600平方米；修建污水处理站13座、铺设污水管网（主管88780米、出户管12800米）、修建生态池256座；垃圾热解站21座、自然村公厕44座、户厕改造5625座；修建村民活动场所1个；修建供水站1座、蓄水池50座、铺设供水管网（主管33400米、入户管2000米）等。

（三）融资方案

农发行向绿春县城市开发投资有限公司发放农村人居环境整治扶贫长期贷款1.5亿元，占项目总投资的79%，贷款期限18年，执行农发行扶贫贷款优惠利率，还款来源为公司综合收益，采取全额保证并追加质押担保的组合担保措施。

二、主要做法

在了解到绿春县可能存在信贷需求后，农发行省、州、县三级行联动抓落实，成立项目营销调查组，用足用好总行差异化扶贫政策，积极开展改善农村人居环境项目贷款对接营销。同时项目组深刻领会政策性金融支持改善农村人居环境战略部署的重要性，结合绿春县实际情况，以改善农村人居环境建设内容为重点，兼顾绿春县脱贫攻坚和乡村振兴急需推进的重点建设内容，统筹考虑项目成熟度、投资资金来源构成、贷款投放和资金支付各项因素，充分考虑地方经营性现金流资源，量入为出确定融资上限，整合形成融资项目建设方案，在充分考虑地方风险承受能力的基础上，全力支持绿春县改善农村人居环境建设。

三、取得成效

通过项目的实施提升了当地的村容村貌，加强了农村污水治理、农村垃圾治理、农村厕所及供水工程等设施的建设，顺应了农民过上美好生活的期待，让村民交通更加便利，生活环境更加美化，基础设施更加完善，改善了农村人居环境，助力当地政府统筹城乡发展、统筹农村生产生活生态改变，助力推进绿春县农村人居环境整治和建设美丽宜居乡村，坚持农业农村优先发展，补齐深困县农村发展短板，创造发展优势，为绿春县如期实现脱贫摘帽、巩固脱贫攻坚成果、全面建成小康社会和实施乡村振兴战略创造了有利条件。

农发行支持绿春县污水、厕所等环境综合治理项目一角。前张照片拍摄于污水排放后沉淀处理，解决村庄污水乱排放漫流问题，农民还可以使用沉淀水；后张照片是厕所污垢等集中处理，使村庄整洁卫生、环境适宜生产生活，村民获得感、幸福感因村容村貌变化而增强

案例四：湖北郧阳区“香菇小镇+产业配套+环境优化”融资案例

一、项目概况

（一）项目背景

十堰市郧阳区既是秦巴山集中连片贫困地区，又是“八山半水一分田”的典型山区农业区，栎类林地面积较大，发展香菇、黑木耳等食用菌产业资源优势明显，香菇产业已发展成为郧阳区的基础产业和民生产业，是贫困人口生活和收入的重要来源。但郧阳区香菇产业发展存在基地建设滞后、交易流通渠道窄、产业融合程度低等系列问题，导致辐射带动作用小、扶贫带动能力弱。

（二）建设内容

郧阳区香菇小镇环境综合整治项目位于湖北省十堰市郧阳区杨溪铺镇刘湾村，主要完成矿山环境整治、香菇产业及配套基础设施建设两大工程，其中，矿山环境整治工程主要对杨溪铺镇内1480亩矿山进行矿山崩塌治理及坡改梯、裸露坡面复绿，并在整治后的矿山上建设280亩香菇文化生态展示园及1200亩矿山香菇种植示范基地；香菇产业及配套基础设施建设工程主要完成总用地面积60亩、总建筑面积3.60万平方米的交易市场，并建设3条总长2.21公里、总面积5.12万平方米的区外配套道路。

（三）融资方案

项目总投资3.32亿元，农发行向十堰市郧阳区城市投资开发有限公司发放生态环境建设与保护中长期贷款2.5亿元，贷款期限15年，执行农发行扶贫贷款优惠利率，还款来源主要为公司租赁收入等，采用保证担保贷款方式。

二、主要做法

农发行充分利用自身作为城投公司贷款主办行的优势，加强银企合作，举全行之力做好项目营销工作。为确保项目顺利推进，成立了项目营销领导小组，并与城投公司建立有效的信息沟通机制，为香菇小镇项目提供“贴身式”的全程服务，研究项目可行性、完善申报资料等，协助城投公司整合项目资料。

项目通过与湖北某食品有限公司开展“香菇产业扶贫”合作协议，利用郧阳区优势香菇资源，引进集“生态种植—香菇生产—订单农业”于一体的循环经济模式，推动郧阳全区发展香菇产业，并通过订单农业、原料收购及就业扶贫等多种方式进行精准扶贫。

■农发行支持郧阳区杨溪铺镇刘湾村矿山修复巨变为产业小镇

三、取得成效

本项目响应当前国家土地复垦政策及矿山地质环境保护政策号召，极大地推进了南水北调中线工程核心水源区农村土地复垦和汉江两岸矿山地质修复，更好地保护南水北调中线工程核心水源地的水质安全，实现经济发展与资源节约、环境保护并重发展。还有利于提升香菇产业辐射带动能力，实现山区生态农业与精准扶贫联动发展，带动山区农民稳定脱贫致富，促进郧阳区早日摘除国家贫困县的“帽子”。项目通过建设集“香菇产业基地、香菇主题文化展示园、香菇交易市场”于一体的香菇产业链，不仅有效解决了郧阳香菇产业发展瓶颈，将资源优势转化为经济优势，还有利于创新香菇产业扶贫利益联结机制，以产业发展增强贫困村的“造血”功能。项目惠及郧阳区杨溪铺镇香菇小镇搬迁安置区的建档立卡贫困户4274户1.5万人增收致富。

案例五：贵州水城区百车河棚户区改造融资案例

一、项目概况

（一）项目背景

贵州省六盘水市水城区（原水城县）地处中国凉都、江南煤都六盘水市腹地，自然资源富集。近年来，当地政府全力加快水城区城镇化建设，然而在建设过程中，那些年久失修的建筑越发影响和阻碍水城区城镇化进程的脚步。该项目实施前，区域内均为农业户口，大部分人员收入低，居住环境差，生活生产水平低，存在乱搭乱建现象，安全隐患严重，急需进行棚户区改造。对此，农发行主动作为，积极对接地方政府及企业，提供融资、融智、融情服务，共同策划赋予旅游“三变”（资源变资产、资金变股金、农民变股东）内涵，通过“棚改+产业”模式，赋予新建棚户区宜居宜业功能，使改造后的新区能充分结合当地资源禀赋和民族风貌，结合地方产业特色和旅游优势，助力发展民宿、农家乐、乡村旅游等，推进农文旅一体化融合发展。

（二）建设内容

该项目改造棚户区1200户，改造面积12.04万平方米，新建面积15.06万平方米及配套基础设施。该项目占地总面积约288.48亩。

（三）融资方案

农发行向水城区宏盈开发投资有限公司发放棚户区改造贷款3.4亿元，占项目总投资的79.1%，用于水城区百车河片区棚户区改造项目建设，贷款期限15年，执行农发行扶贫贷款优惠利率，采取确权土地使用权抵押担保方式，同时追加应收账款质押担保。

二、主要做法

在支持水城区百车河棚户区改造过程中，农发行充分发挥融资、融智、融情作用，通过“棚改+产业”模式，最大限度地赋予新建棚户区宜居宜业功能，使改造后的新区能充分结合当地资源禀赋和民族风貌，结合地方产业特色和旅游优势，助力发展民宿、农家乐、乡村旅游，推进农文旅一体化融合发展，真正改变棚户区落后面貌，助力地方脱贫攻坚。主要做法有以下三点：

一是聚焦深度贫困地区，以解决贫困人口住房问题为突破口，融入地方特色产业元素，助力旅游业发展，让贫困群众搬得出、稳得住、可就业、能致富，全方位服务地方脱贫攻坚。

二是为解决贫困人口就业问题，农发行积极参与项目前期策划，推动地方政府及企业赋予项目旅游“三变”内涵，充分结合当地资源禀赋和民族风貌，结合地方产业特色和旅游优势，打造棚户区宜居宜业功能，助力发展民宿、农家乐、乡村旅游等，全方位推进产城融合。

三是全方位做实风险防控，该项目采取确权土地使用权全额抵押担保方式，同时追加应收账款质押担保，严格落实风险防控措施，全方位做实风险防控。

三、取得成效

（一）助力脱贫目标实现

该项目服务建档立卡贫困人口1450人，是国家深度贫困县——水城区脱贫攻坚、同步小康验收考核重点项目。农发行贷款投放及时，项目得以顺利推进，实现了贫困人口搬得出、稳得住、可就业、能致富的目标，助力水城区于2020年如期摘帽。

（二）推动产城融合发展

通过项目的实施，将棚户区打造为产城融合发展典型示范点，解决了1200户棚户区居民的住房安置问题，同时推动了当地特色产业和旅游业发展，极大改善了当地生产、生活和经营条件，助力当地产城融合发展。

（三）推广品牌形象

通过与地方政府和国有企业深度合作，全力服务脱贫攻坚，服务产城融合，提高了农发行在当地政府、社会各界的美誉度，打造了农发行“支农、扶贫、绿色、创新”主力银行的品牌形象。

■ 农发行支持贵州水城百车河棚改造为美丽宜居家园小镇

【本章小结】

农发行基础设施建设扶贫以习近平新时代中国特色社会主义思想和关于扶贫工作重要论述为指导，紧紧围绕贫困地区基础设施重点领域、薄弱环节对金融资金的需求，“因地制宜、因企制宜”抓落实，坚持不懈地为地方政府、扶贫客户提供融智融资的金融服务，通过基础设施扶贫的政府与社会资本合作（PPP）和公司类项目贷款融资模式，持续加大对基础设施扶贫领域的信贷投入，着力解决贫困地区交通、水利、人居环境整治、生态环境保护等方面的民生问题，为全面打赢脱贫攻坚战提供了信贷支撑。下一步，农发行将不断提升政治站位，充分发挥政策性金融作用，为服务巩固脱贫攻坚同乡村振兴有效衔接和乡村振兴战略作出更大贡献。截至2021年上半年，全行累计投放基础设施巩固衔接贷款1229.46亿元，占全行巩固衔接贷款投放的42.75%，基础设施巩固衔接贷款余额9871.95亿元，占全行巩固衔接贷款余额的51.81%。

第七章

产业金融扶贫模式

第一节 产业金融扶贫模式概述

产业扶贫是一种建立在产业发展基础上的扶贫开发政策方法，其本质是通过政府干预和政策扶持，让市场主体将贫困户纳入产业发展链条并分享部分利益，同时提升贫困群众自身发展能力，进而促进贫困地区人口脱贫致富①。产业扶贫是遵守经济规律、市场约束下的扶贫开发方式，是以市场为导向，以经济效益为中心，以产业发展为杠杆的扶贫开发过程，是促进贫困地区发展、增加贫困农户收入的有效途径，是扶贫开发的战略重点和主要任务。

2015年以来，农发行依托贫困地区资源优势，精准对接贫困地区产业发展规划，不断拓展政策性金融扶贫新思路，创造了大量鲜活的项目案例，形成了以政策为基础、以市场为导向、以合规为底线的政策性金融扶贫新路径，为落实精准扶贫精准脱贫方略提供了借鉴。农发行非粮棉油产业金融扶贫模式，是指按照“政府引导+企业主体+市场运作+政策性金融”扶贫脉络，通过支持产业扶贫客户加大对贫困地区产业发展资金投入，进而增加贫困人口就业等直接受益帮扶，增加农业种植等农村产品收购、产业链延伸的间接帮扶带动贫困人口致富增收脱贫的金融扶贫新模式。该模式与农发行粮棉油产业金融扶贫模式都是农业政策性金融全面支持产业扶贫的重要抓手。

在扶贫实践中，农发行通过模式应用巧妙地将地方政府的组织优势与企业的专业优势和农发行融智融资的金融服务优势充分融合，通过政策性低成本资金介入架起了产业化经营主体和贫困户增收脱贫较为稳固的桥梁和纽带，走出一条充分发挥当地主导产业优势，大力推进产业联合体、园区规模化、产业链衔接、产业化龙头带动，融资+优势产业+经营主体+贫困户的产业扶贫新路径，先后总结提炼出多个创新模式、诸多优秀案例，解决“贷给谁”“怎么贷”和“如何还”的问题，破解了脱贫攻坚扶贫客户融资需求与贷款投放中信息不对称、政策扶持资金与贷款投放难以融合使用等诸多难题，农发行也通过加大对扶贫客户支持力度，拓展了服务脱贫攻坚的宽度和深度，扶贫成效不断提升。2015年以来，农发行累计投放各类产业扶贫贷款3574.1亿元，每亿元贷款带动建档立卡贫困人口160多人，截至2020年末，农发行精准扶贫贷款余额1.50万亿元，产业金融扶贫贷款余额2530.18亿元，贷款客户2463家，带动建档立卡贫困人口63.48万人，以扎实扶贫成效助力了脱贫攻坚战的圆满收官。

① 陈锡文，韩俊. 中国脱贫攻坚的实践与经验[M]. 北京：人民出版社，2021:167.

第二节　产业扶贫政策和金融支持政策

一、国家产业扶贫政策

习近平总书记强调，发展产业是实现脱贫的根本之策。要因地制宜，把培育产业作为推动脱贫攻坚的根本出路。为推动资源要素向贫困地区产业配置，党中央、国务院进行了一系列顶层设计、规划部署、制度安排和政策创新，搭建起了产业扶贫“四梁八柱”。2014年，农业部等7部门联合印发《特色产业增收工作实施方案》；2015年，《中共中央　国务院关于打赢脱贫攻坚战的决定》强调了产业扶贫在脱贫攻坚中的重要地位；同年中国共产党在十八届五中全会中确定基本脱贫路径时，“产业扶贫脱贫一批”成为基本扶贫模式；2016年，国务院发布《关于印发“十三五”脱贫攻坚规划的通知》，在第二章明确指出，农业产业扶贫、电商扶贫、资产收益扶贫、科技扶贫是产业发展脱贫的重要内容。各地在对行情进行分析的基础上，结合地区的地形、气候、土壤等自然地理条件和特色资源优势，找准适合当地发展的“特色”主导产业，发展“一村一品”，形成“特色”的主导产业带，从而汇聚资源，集中生产要素投入，把握产业的比较优势，构成产业化脱贫的基础。“特色”也因此成为近年来扶贫文件中的一个关键词。

二、产业扶贫金融支持政策

2014年，中共中央办公厅、国务院办公厅出台的《关于创新机制扎实推进农村扶贫开发工作的意见》提出，“充分发挥政策性金融的导向作用，支持贫困地区基础设施建设和主导产业发展”“规范贫困村资金互助组织”“完善扶贫贴息贷款政策”等。2015年，《中共中央　国务院关于打赢脱贫攻坚战的决定》提出，“实行比支农再贷款更优惠的利率，重点支持贫困地区发展特色产业和贫困人口就业”“通过中央财政以奖代补等支持贫困地区特色农产品保险发展……的地方可给予一定保费补贴”“有效拓展贫困地区抵押物担保范围”等。在政策引导下，人民银行、银监会、原国务院扶贫办等部门在2014年和2016年分别下发《关于全面做好扶贫开发金融服务工作的指导意见》《关于金融助推脱贫攻坚的实施意见》，确定了金融扶贫的具体工作，为产业化扶贫提供资金支持路径、方法和要求。

三、推进各项产业扶贫政策落地

农发行在立足主责主业的产业金融扶贫的同时，重点推进带贫效果较好地方特色产业金融扶贫，倾力研究并加快进入新产业、新业态产业金融扶贫领域，及时将纳入政府脱贫攻坚项目库的非传统行业、符合监管要求的产业扶贫项目列入产业金融扶贫业务范围，弥补产业扶贫业务支持领域空白。在有效支持产业扶贫的过程中，农发行深耕贫困地区产业的业务领域，精准对接各类经营主体，在严守人民银行产业精准扶贫贷款认定标准、深挖扶贫成效的基础上，出台产业扶贫流动资金和固定资产贷款办法。

在推动产业金融扶贫模式落地过程中，创新建立政策性金融支持产业发展与带动贫困户脱贫的挂钩机制，设置差异化的信贷优惠政策，加强产业扶贫业务精准帮扶的统计监测，加强产业扶贫的政策性风险、信贷风险的控制，实现了带动贫困人口（含扶贫部门按国家贫困识别标准认定的建档立卡贫困人口和已脱贫仍享受政策的贫困人口）的扶贫效果，确保了产业扶贫业务的高质量发展，更好地发挥了政策性金融助力打赢打好脱贫攻坚战先锋主力模范作用。

四、产业扶贫专项信贷产品研发

为与时俱进做好产业金融扶贫产品创新、模式创新，农发行总行在扶贫金融事业部设立产业发展扶贫部，对接国家重点产业扶贫规划，以因地制宜发展区域特色产业为主要途径，积极支持贫困地区发展有市场、有品牌、有效益的特色产品以及带贫益贫优质企业实现对建档立卡贫困户精准帮扶，推动贫困地区经济发展。

在扶贫实践中，农发行积极应用已有信贷产品，加大对农村土地流转和土地规模经营、支持产业化龙头企业发展，支持农村流通体系建设和现代农业园区建设等重点领域扶贫项目。同时针对贫困地区产业发展薄弱环节、新情况、新需求，加快产业扶贫专项产品研发，加强和提高对产业扶贫带动贫困人口增收和贫困地区特色产业发展金融服务水平。一是研发产业扶贫贷款，用于支持符合农发行贷款条件、满足精准扶贫贷款认定标准并对建档立卡贫困人口具有扶贫带动作用的各类产业扶贫项目，包括良种繁育、畜牧业、林业、海洋资源开发、特色种养业（含糖、麻、丝、烟、茶等）、粮油加工业、棉纺织业、林产品加工业、畜产品加工业、奶制品加工业、其他加工业（含特色农业加工）、农业生产资料、农业科技、农村物流体系、风电扶贫、生态保护、旅游扶贫、农业产业园区等各类传统产业，信息产业（含网络扶贫）、生物产业、节能环保等各类新兴产业，田园综合体、一二三产业融合、扶贫车间等各类新兴业态，以及纳入地方政府脱贫攻坚项目库的非传统产业等产业扶贫行业领域。二是研发旅游扶贫贷款，用于支持贫困地区特色旅游产业发展，支持一批、打造一批有特色、能增收的文化旅游资源型扶贫项目。三是研发光伏扶贫贷款，专项用于支持纳入国家光伏扶贫目录、享受国家相关优惠政策的三类项目。四是研发网络扶贫贷款，用于支持贫困地区网络覆盖工程、农村电商工程、网络扶智工程、信息服务工程、网络公益工程5大领域。丰富了产业扶贫产品体系，形成强大合力，找准重点、打造亮点、取得实效，持续发挥金融扶贫先锋主力模范作用。

第三节　产业扶贫“吕梁模式”

“吕梁模式”是山西省吕梁市（全国14个集中连片特困地区之一）和农发行支持地区产业扶贫的新型融资模式。由地方政府与企业共同出资建立产业扶贫贷款风险补偿基金，农发行按照基金总额的5~10倍对政府主导产业且纳入风险补偿基金项目库的企业给予信贷支持。通过“银行+企业”解决融资，“基金补偿+企业资产应抵尽抵”解决融资方式，“企业+贫困户”解决脱贫，有效将政府、银行、企业、贫困户四方连在一起，形成脱贫合力。

一、政策背景

习近平总书记在关于“精准扶贫”问题上强调，发展产业是实现脱贫的根本之策。要因地制宜，把培育产业作为推动脱贫攻坚的根本出路。政银企合作模式是最具成效的产业扶贫模式，其实质就是政府扶持资金和金融信贷资金配合作用下的金融扶贫模式。在运作中，地方政府积极发挥政策优势，给予产业发展足够的重视，对特色产业发展进行政策、资金上的有力扶持；银行等金融机构响应政府号召，最大限度发挥金融杠杆作用，解决企业融资难、融资成本高等问题；企业则立足自身，做大做强，打出知名度和品牌，充分发挥产业扶贫的带动引领作用，使产业真正成为地方经济发展的主动力。三方深度合作，将产业、扶贫、金融有机结合起来，实现各政策的有效对接，搭建成合作互利共赢框架，扎实推进精准扶贫，打赢脱贫攻坚战。政银企合作下的产业扶贫，还可集中力量发展区域特色产业，引导特色产业上下游企业在区域内集聚，逐渐培育形成完善的区域产业链，促进不同产业之间协同发展；稳定壮大产业化龙头企业，以主导产业、龙头企业为发力点，有的放矢，扩大扶贫覆盖面，使更多的贫困人口能够纳入产业扶贫。

吕梁市是全国14个集中连片贫困地区之一，是山西脱贫攻坚主战场。2016年11月，农发行深入吕梁开展扶贫调研，与吕梁市委、市政府主要领导座谈，共同议定把吕梁市作为全国农发行系统产业扶贫试点地区，探索推进产业扶贫新路径、新模式、新机制。2017年7月，吕梁市政府办公厅印发《吕梁市产业扶贫贷款风险补偿基金实施方案》（吕政办发〔2017〕62号），统筹到位1.1亿元补偿基金，标志着“吕梁模式”正式启动。农发行专门印发《关于推动产业扶贫“吕梁模式”的信贷指导意见》《关于同意调整产业扶贫“吕梁模式”有关政策的批复》等文件，单独配套信贷政策，对吕梁分行下放1000万元授信审批权限，推动了“吕梁模式”顺利试点。

二、运作方式

“吕梁模式”采取设立风险补偿基金、企业申请进入项目库、农发行配套政策、独立评审放贷的方式运作，如出现实质风险，则按照约定比例启动贷款风险补偿基金进行代偿。其运作方式重点在六个方面。

（一）政府主导

吕梁市、县两级政府是风险补偿金建立、使用和管理的责任主体。政府发挥统筹职能，推进多方筹集资金，完善共管机制是模式运行主线。

（二）审慎选择

将列入当地政府主导产业，发展前景好、重信誉、能够带脱防返贫、推进产业发展的企业和其他经营主体纳入名单管理，建立产业风险补偿金项目库。

（三）杠杆撬动

根据地域金融生态情况，按照县、市、省级政府出资风险补偿金额度5~10倍放大，为政府主导特色产业的重点企业融资提供风险补偿支持，建立容错机制，具备条件的可先行先试。

（四）风险共担

风险补偿基金由吕梁市农委、原扶贫主管部门直接管理，政府金融办、财政、农发行负责监督，其他有关部门协同配合，各方参与主体共同应对、承担和化解资金风险。

（五）独立评审

农发行对纳入补偿基金项目库中有贷款需求的企业，根据相关政策和内部程序进行独立调查评审，自主选择符合扶贫政策要求的项目予以信贷支持。

（六）政策配套

农发行单独制定“吕梁模式”下的差异化信贷支持政策，在放宽准入门槛、利率优惠、下放评级授信权限、优化办贷流程、资金供应等方面给予政策倾斜。

三、操作要点

“吕梁模式”顺利运行的关键，是银政企的六项机制，确保了项目有效推进、扶贫成效的实现，企业贷款风险集中度和道德风险的有效控制。

（一）准入筛选机制

按照企业申请、政府审核、社会公示、农发行确认的项目入库流程和标准，建立候选项目库。原则上单户企业贷款额不超过政府出资额的20%。同时，充分发挥企业联盟（协会）的作用，贷款企业须参加其产品上下游关联的企业联盟（协会），贷前由其参与入库评审，贷后负责协同农发行做好贷款资金使用监管。

（二）利益联结机制

申请使用风险补偿金模式融资的扶贫项目，要以直接吸纳就业或签订帮扶协议、交易合同等途径对贫困人口进行帮扶，形成政府补偿、银行增信、企业增产、贫困户增收的利益联结机制。

（三）基金补偿机制

发生实质风险时，首先由风险补偿金代偿。风险补偿金未覆盖的部分，通过依法处置企业应抵尽抵的资产和法人及主要股东的个人财产进行偿还。

（四）熔断管理机制

当风险补偿金模式下企业在农发行的存量贷款中关注类贷款或不良贷款达到一定比例时，或出现风险补偿金未按约定代偿等情况时，暂停业务办理，待风险得到有效控制后恢复办理。

（五）联合监督机制

风险补偿基金接受审计、财政部门的监督检查。对风险补偿基金使用管理中出现的违法违纪行为，依照有关规定进行严肃处理，并追究相应的民事责任、行政责任。涉嫌犯罪的，移交司法部门依法追究刑事责任。

四、启示借鉴

“吕梁模式”的创新试点，是贯彻落实习近平总书记重要讲话精神、深化政银企合作支持产业扶贫和小微企业发展的生动实践，政府、银行、企业三方风险共担、利益共享，有效解决了政府银行各唱各的调、银行企业信息不对称等问题，在推动贫困地区特色产业发展、破解小微企业融资难题、降低企业融资成本、培育一批能带动贫困户稳定增收脱贫的农村新型经营主体四个方面，为吕梁深度贫困地区经济发展注入了活力。

扶贫实践证明，该模式既将信贷资源精准投向符合地方规划导向的产业及企业，又充分发挥地方政府的组织优势，在推动地方特色产业发展、破解融资难题、降低企业融资成本、培育一批引领产业兴旺、防返贫作用突出的农村新型经营主体，具有良好的示范效果。截至2020年12月末，该模式在贵州、广西、新疆、重庆等14个省份推开，建立基金29只、金额21.68亿元，支持中小微企业358家，存量贷款余额65.61亿元，累计带动3.5万人次贫困人口致富脱贫。

案例一：吕梁市育民食品配送公司风险补偿基金融资案例

一、项目概况

（一）项目背景

2017年，为进一步加大对山西吕梁深度贫困地区产业扶贫的支持力度，农发行与吕梁市委、市政府多次协商，用好“支持贫困地区设立扶贫贷款风险补偿基金”的政策，发挥财政政策对金融资源的支持和引导作用，把地方政府的组织优势、农发行的专业优势和贫困地区的资源优势充分结合起来，由地方政府出资建立产业扶贫贷款风险补偿基金，撬动农发行5~10倍的信贷资金投入，按照基准利率支持吕梁地区特色产业扶贫和小微企业发展。在农发行山西分行和吕梁市分行的大力推动下，2017年7月，吕梁市政府印发产业扶贫贷款风险补偿基金实施方案，统筹到位1.1亿元补偿基金，农发行印发“吕梁模式”的信贷指导意见，制定配套优惠政策，对吕梁分行下放1000万元授信审批权限。作为“吕梁模式”典型案例，吕梁市育民食品配送公司是经吕梁市农业小企业贷款风险补偿基金管理工作领导小组推荐进入项目库名单内的扶贫项目，符合农发行业务范围和准入条件，有较好的盈利能力和发展前景，具有带动建档立卡贫困户增收致富扶贫成效。

（二）融资方案

农发行向吕梁市育民食品配送公司发放1000万元农业小企业贷款，贷款用于购买面粉等原辅材料，贷款期限1年，执行农发行扶贫贷款特惠利率，贷款第一还款来源为企业销售收入，贷款采用信用方式，追加股东连带责任保证担保。

二、主要做法

（一）立足脱贫政策，靠前服务

农发行多次深入企业进行沟通对接，对企业投融资情况主动摸底，根据企业扶贫效能和经营情况，鼓励企业按照要求申报使用风险补偿金模式融资。

（二）立足企业实际，精准施策

根据企业惠民带动贫困人口脱贫的实际情况，对标“吕梁模式”政策，指导公司规范财务核算、强化运作体制管理，并对其实行差异化优惠政策支持。

（三）立足稳健经营，强化监管

公司处于农产品末端，是加工销售生产环节，贷款归行率“晴雨表”作用不容忽视。发挥联合监督作用，特别在新冠肺炎疫情期间加强帮扶与监管，共渡难关，与企业一道共同做好扶贫事业。

■ 农发行通过风险补偿基金模式支持育民公司，进而支持贫困人口的就业，实现了就业帮扶；低成本资金使企业降低生产成本，为吕梁市政府早点工程的顺利实施提供了保障，为保障产业链上协议扶贫的贫困户如期获得收益提供了运营空间，体现了农发行农业政策性金融特殊职能

三、取得成效

农发行贷款支持吕梁市育民食品配送公司通过两种扶贫利益联结机制实现扶贫效能，扶贫效果较好。一种是就业扶贫。公司直接帮扶贫困户8人，分别在不同岗位就业，人均工资收入27500元/年；同时，公司设有加盟的早餐点144个，由农户承包经营，每年户均收益32000元。另一种是协议扶贫。公司与附近村庄签订整村帮扶协议，形成长期供货关系，带动当地建档立卡贫困户增收致富，具有良好的社会扶贫效应。

案例二：新疆“南疆特色林果托市收购+风险补偿基金”融资案例

一、项目概况

（一）项目背景

为贯彻落实自治区党委“1+3+3+改革开放”重要部署和自治区《关于南疆特色林果产品托市收购助力脱贫攻坚的工作方案》要求，切实推进南疆林果产业提质增效，解决果贱伤农，促进农民增收，农发行新疆分行按照自治区方案部署，全力做好南疆特色林果产品托市收购信贷资金供应保障。2019年，自治区南疆特色林果产品托市收购领导协调小组印发了《关于印发〈2019年度南疆特色林果产品托市收购价格区间表〉等三个托市收购配套文件的通知》，正式印发了《南疆特色林果产品托市收购资金供应与管理实施细则（试行）》《南疆特色林果产品托市收购贷款风险保证金合作管理协议书》，为该模式在新疆落地提供了政策基础。

（二）融资方案

农发行向新疆果业集团有限公司及旗下子公司发放农村流通体系建设流动资金贷款2.3亿元，用于收购南疆红枣、哈密瓜、核桃、杏等特色林果产品2020年度托市收购，贷款期限1年，执行农发行扶贫贷款优惠利率，第一还款来源为企业的销售回笼货款及企业日常经营收入，贷款采取“信用贷款+风险补偿基金+企业资产抵押”的方式。

二、主要做法

（一）规划路径

由政府出资与企业共同出资建立南疆特色林果托市收购风险补偿基金，对于到期未收回的贷款由政府出资的风险保证金按剩余应还贷款本息金额的80%进行代偿，其余部分由农发行承担。农发行按照缴存的风险补偿基金额度放大6倍向收购企业提供信贷资金。托市收购贷款在企业资产应抵尽抵基础上，采取“信用+风险补偿基金”贷款方式。

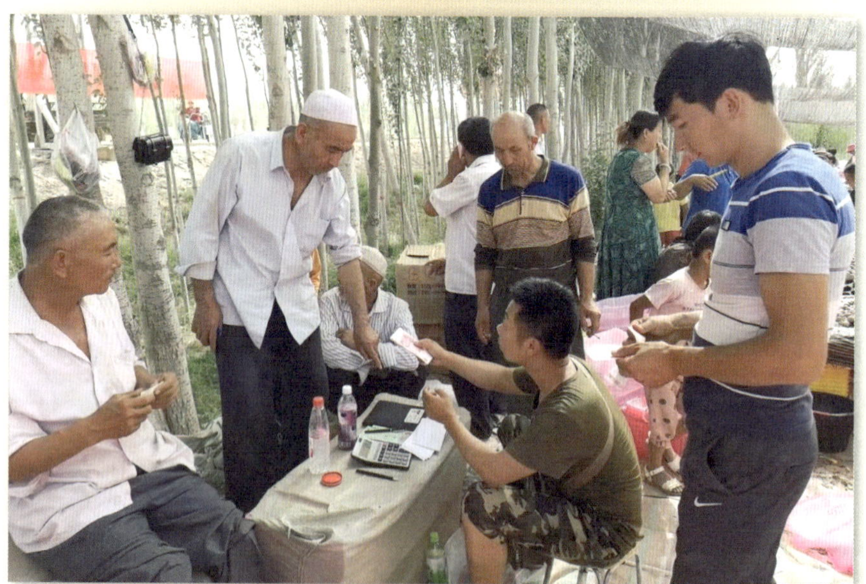

农发行支持阿克苏西域惠农电子商务供应链有限公司收购贫困户水果助力贫困户脱贫致富现场照片。前一张是集中收购瓜农的情况，后一张是贫困户采摘水果实现交易增加收入的喜悦场景

（二）运作流程

对托市收购贷款实行“封闭管理”，贷款发放、支付通过专户进行。农发行开户行对受托支付或借款企业自主支付的信贷资金，依据借款企业提供的收购发票核实用途，确保专款专用。借款企业原则上在支付收购资金后两个月内向农发行开户行提供收购发票，并严格按照农发行管理要求进行资金支付。开户行认真落实贷后检查各项要求，核实贷款资金是否按约定用途使用。同时利用企业内部进行账账、账实自查盘点工作时，开展贷后定期检查，对企业的经营情况和信用状况进行分析。企业向农发行开户行按月提供企业财务报表、销售台账、资金回笼等资料，确保农发行及时掌握借款企业偿债能力的变化。

三、取得成效

通过该笔贷款的发放，着力支持企业通过就业帮扶、技术帮扶、直接收购农产品等市场化手段帮扶，帮助南疆地区巩固拓展了特色林果种植与购销经营，每年直接带动县域内贫困人口增收脱贫，对南疆地区脱贫攻坚和社会稳定起到了重大推动作用。林果托市方面：支持新疆果业集团收购林果5.89万吨，直接带动700余人建档立卡贫困就业，就业增收3400元/人，收购辐射果农群体达到15万户左右，带动农户增收300元/人，涉及建档立卡贫困7余万人。

第四节 “农地+”扶贫融资模式

“农地+”模式是以全面激发农村土地资源要素活力为核心，以农田基本建设、耕地保护与提升、黑土地保护、全域土地综合整治、多种形式适度规模经营、农村土地制度改革等促进土地集约节约高效利用为主要支持内容，有效推动整区域全要素综合治理，最终实现生产、生活、生态全面进步，切实提升农发行服务乡村振兴战略和脱贫攻坚能力的现代农业产业融资新模式。

一、政策背景

土地资源是乡村社会经济发展的核心要素，是保障国家粮食安全和发展现代农业的重要物质基础。党的十九大提出深入实施乡村振兴战略后，为有效激发农村土地资源要素活力，历年中央一号文件、政府工作报告和“十四五”规划围绕强化耕地数量保护和质量提升、开展乡村全域土地综合整治、深化农村土地制度改革、发展多种形式适度规模经营和全面激发土地资源要素活力等进行了重点部署，并相继出台了一系列专项促进政策、组织实施了一批重大建设工程。农发行充分利用有利契机，抓住“土地”这一关键“牛鼻子”，及时提出紧紧围绕土地做文章的决策部署，指导各行开展“农地+”模式创新，迅速落地了一批颇具影响的试验示范项目，为全行加快推进业务转型、积极探索“公益性项目、市场化运作”路径提供了有力支撑。

二、运作方式

“农地+”模式旨在通过对农业农村全域全要素综合整治和修复，增加有效耕地面积、提高土地质量和利用效率。根据项目运作方式和支持领域不同，大致可分为农地产业导入、农地改革、新型农地经济等模式。

（一）农地产业导入模式

该模式主要是根据国家出台的关于农田基本建设和耕地保护与提升、全域土地综合整治、现代乡村产业体系建设等决策部署，以统筹解决农村耕地碎片化、空间布局无序化、土地资源利用低效化、生态系统质量退化等问题为出发点，以打造区域集约高效的生产空间、宜居适度的生活空间、山清水秀的生态空间为落脚点，紧密结合各地资源禀赋特点，通过采取整区域、一体化的推进方式，将公益性项目与收益性较好的农业产业有效融合、统筹推进、一体化实施，实现肥瘦搭配，从而充分调动市场主体的能动性，提高综合收益率和降低投融资风险的新型投融资模式。

从适用范围来看，该模式适用于高标准农田建设、全域土地综合整治、农田垦造、土地复垦等农业农村全域全要素综合整治项目，以及促进产业融合、城乡融合和各类涉农产业园区建设等项目。

（二）农地改革模式

该模式主要是指为配合国家全面深化农村土地制度改革，在全国人大授权暂停相关法律条款和国务院明确开展农地改革试点的区域，探索实施的能够有效促进农地改革政策落地的新型投融资模式。

从模式分类来看，根据国家相关政策规定，主要可分为以“同地同价、流转顺畅、收益共享”为核心的农村集体经营性建设用地改革模式，以所有权、资格权、使用权“三权分置”为核心的农村宅基地制度改革模式。其中，集体经营性建设用地改革主要包括入市交易、土地租赁、入股分红和开发经营、租赁住房建设等；宅基地制度改革主要包括自愿有偿使用及退出、宅基地复垦等。

（三）新型农地经济模式

该模式主要是指以全面激发土地资源要素活力为核心，以促进区域间资源及优势互补、有效打破现行体制机制桎梏和探索有效的经济发展及运作方式为重点，在国家相关法律或国务院授权允许下按照市场化运作原则，实施的各类新型农地投融资模式。

从模式分类来看，根据支持领域和操作方式不同，主要包括飞地经济、共享农庄、土地托管等模式。

三、操作要点

（一）坚持政府引导，规划先行

由于我国实行严格的土地用途管制，必须始终坚持政府引导、规划先行，不断强化与相关部门的合作，精准对接各地高标准农田建设总体规划、土地整治规划、新增建设用地年度计划和乡村振兴及脱贫攻坚规划纲要，确保不偏离方向。

（二）坚持因地制宜，精准施策

坚持“顶层设计、对标同业和基层首创相结合”的创新发展路径，在不断总结提炼和传承积淀下来的好经验、好做法的基础上，紧密结合新形势、新要求，深入开展多元化的金融服务和融资模式创新，有效提升服务国家战略和地方迫切需求的能力。

（三）坚持融资融智，统筹推进

根据国家提出的农业农村基础设施投融资“公益性项目、市场化运作”的总体要求，从以“地”生钱的角度主动帮助地方政府和借款人规划设计项目，通过“多规合一、整体打包、整体立项、整体支持”方式，将现金流充裕的农地类项目与各类乡村振兴密切相关的项目有机结合起来，全面优化农业农村生产、生活、生态空间，为脱贫攻坚接续乡村振兴提供区域性、系统性解决方案，积极满足乡村振兴和脱贫攻坚多元化融资需求。

（四）坚持依法合规，高质量发展

深入贯彻党中央、国务院关于坚决打好防范化解重大风险攻坚战的各项决策部署，严格落实地方政府债务管理和规范金融企业投融资行为的各项要求，坚持“政府引导、规划引领、实体承贷、市场运作”。对涉及财政奖补资金的项目，要有公开透明、合法有效的文件依据和企业享受该奖补政策的佐证材料，认真核实地方政府履行相关程序的合规性和完备性。

四、启示借鉴

通过“农地+”模式，一是可有效解决众多农业农村项目自身和担保资源不足问题，较好地解决农发行以往依赖政府购买服务单一模式，从而加快推进业务转型和更好地适应外部监管政策的变化。二是更好地发挥农发行政策性职能作用，积极为农业农村重点领域、薄弱环节提供长期低成本的融资支持。

案例一：四川南溪区“土地流转+高标准农田+特色园区”融资案例

一、项目概况

（一）项目背景

项目依托区域内“宜宾早茶、晚熟柑橘（血橙）、酿酒专用粮基地”等特色农业品牌效应，通过土地流转的方式把闲置、低效土地进行改良和整治，建设南溪特色农产品示范区，实现农业产业的集中规模化经营，以更加先进的生产和管理技术促进农业产业的提质增效，让特色农产品优势区真正成为推动当地经济发展的引擎。项目的实施不仅可以提高土地资源的市场配置效率和规模经济收益率，增强流转区域农业的竞争力，同时特色农业示范区的建立将大力提升农产品的品牌效应和市场化程度，促进农民增收创富，真正实现以区域产业为支撑的乡村振兴战略。

（二）建设内容

南溪区乡村振兴特色产业基地建设项目将园区内可用于酿酒专用粮生产的土地进行统一流转，对优质土地进行高标准农田建设，对其他土地进行生产改造，对酿酒生产的基地统一进行规划设计，建设早茶基地、柑橘（血橙）基地、酿酒专用粮基地，形成集中连片、高产高效的农业产业园区。

（三）融资方案

农发行向宜宾市南溪区溯源农业投资开发有限公司发放农村土地流转和规模经营贷款8亿元，贷款期限15年，执行农发行扶贫贷款优惠利率，以土地流转收益、园区特色农产品销售收入等综合收益作为还款来源，采取保证担保贷款方式。

二、主要做法

该项目以打造“农地银行”为抓手，以现代农业园区为载体，将农村土地资源要素、农业园区建设、特色产业发展三者相互联系，通过实施土地流转、土地整理等措施，发展特色种养基地，促进土地规模化经营、集约化利用，实现提质增效；通过整区域统筹规划、多要素整合，设计园区建设项目，归集现金流、平衡现金流，构造多样化还款来源；通过孵化发展特色优势鲜明、市场竞争力强的主导产业，形成了以种养加销、农文旅为一体，促进农村一二三产业融合发展的新格局，不断延长产业链，提升价值链，拓展农业多种功能，助力乡村全面振兴。

农发行支持南溪区仙临镇土地流转推进农业专业化、规模化。前一张为土地集约化经营、规模化种植航拍，后一张表现了贫困户对丰收的喜悦

三、取得成效

该案例是支持“农地+特色产业园区”的现代特色农业产业发展模式新探索，扶贫成效、社会效益明显。

（一）社会效益

通过实现土地流转，将连片抛荒地及低效种植地集中，由企业通过投入资金、技术来开发经营，在流转完成的土地上新建产业示范区，配套建设农业生产基础设施，促进南溪区农业发展更具现代化、产业化。项目实施将改善项目区域的农业设施条件，增强农业效益，为实施乡村振兴战略奠定坚实的基础，同时能够有效地促进农民增收，大幅度提高低收入群众的收入水平，促进项目区域内的农民致富。

（二）经济效益

一是本项目通过农户将土地经营权流转，与农户签订土地流转合同，这直接为当地区域群众带来土地流转费收入，农业产业基地建设过程中以及建设完成后都能够提供一定的就业岗位，为当地群众提供了另一条增加收入的渠道。二是本项目流转土地以建设高效农业示范区，配套田间道路、灌溉排水、育苗大棚等现代农业生产配套基础设施，项目建设后，引进龙头企业，向龙头企业出租基地，具有良好的经济效益。

（三）扶贫示范

集合当地资源优势全力打造宜宾早茶、晚熟柑橘（血橙）、糯红高粱等特色农业示范区，以产业发展增强贫困地区“造血”内生功能。项目雇用当地农户，让农民从事茶叶采摘、柑橘（血橙）采摘等相关工作，并通过与当地贫困户签订帮扶协议，以产业扶贫方式带动贫困人口致富脱贫，最终实现脱贫攻坚和乡村振兴的有效衔接。

本项目特殊扶贫效果：通过流转土地引领传统农业向专业化、规模化和节约化方向发展，通过雇用当地农户，让农民从事高粱收割、茶叶采摘、柑橘（血橙）采摘等相关工作，并与贫困户签订帮扶协议固化劳作关系，通过产业扶贫的方式带动贫困人口脱贫致富，最终实现脱贫攻坚和乡村振兴的有效衔接。

案例二：山东东平县“土地+山水林田湖草”融资案例

一、项目概况

（一）项目背景

习近平总书记提出山水林田湖草是一个生命共同体[①]的重要论述。开展山水林田湖

① 2013年11月9日，习近平总书记在关于《中共中央全面深化改革若干重大问题的决定》的说明中提出的治国理政方针理论。

草生态保护修复是生态文明建设的重要内容，是贯彻绿色发展理念的有力举措，是破解生态环境难题的必然要求。泰安市东平县作为山东省原深度贫困地区之一，属于库区、滩区、山区、老区“四区”叠加地区，贫困程度相对较重，生态环境较为脆弱。农发行山东省分行树立和践行“绿水青山就是金山银山”的理念，充分运用耕地占补平衡和建设用地增减挂钩土地指标交易政策，以土地指标交易收入的稳定现金流，实现公益性项目和市场化项目的有机结合，拓宽山水林田湖草生态修复的空间广度和资金供应渠道，打造出“土地+文化+生态+扶贫”的支持模式。

（二）建设内容

东平县山水林田湖草综合治理项目（一期），分为矿山地质环境治理工程、土地综合整治工程、地质灾害防治工程、地质公园与地质遗迹保护工程、流域生态环境治理工程等。本项目总投资105329.96万元，项目治理总面积为5056.35公顷（约合75845.25亩）。

（三）融资方案

农发行向山东东平金汶工程有限公司发放农村土地流转和规模经营贷款8亿元，用于东平县山水林田湖草项目（一期）工程建设，贷款期限15年（含宽限期3年），执行农发行扶贫贷款优惠利率，采取“保证+质押组合”担保方式。

二、主要做法

（一）高度重视，全力推进

农发行山东省分行第一时间赶赴项目现场进行调研，多次组织召开调度会，找准项目支持切入点。省分行根据总行土地整治等信贷政策，结合项目形成专题报告，与政府有关部门积极沟通对接，在与多家金融机构的激烈竞争中脱颖而出，成为该项目的唯一贷款行。

（二）合理测算项目收入

东平县人民政府按照预算管理要求下发了《关于实施东平县山水林田湖草综合治理项目（一期）的通知》，东平县政府将耕地指标对外转让所产生的收入按照“谁投资、谁受益”的原则，将部分指标转让收入作为公司的经营收入。经评估，项目收益151180.7万元。还款期内农发行贷款本息合计105753万元，综合覆盖率为143%。

（三）指标收入封闭管理

根据东平县人民政府下发的《关于实施东平县山水林田湖草综合治理项目（一期）的通知》，该项目形成的占补平衡和建设用地指标，由县政府统一调配使用，指标转让收入存入金汶公司在农发行开立的土地开发整理项目专用账户，专项核算指标返还资金并对该部分资金实行封闭管理。

三、取得成效

项目实施完成后新增草地面积22.4公顷（336亩），新增林地面积18.6公顷（279亩），新增耕地770.46公顷（11556.9亩）。本项目建成后，新增耕地由原土地所在乡镇全部进行流转，增加村集体收入及村民务工收入，带动农民脱贫致富。

■农发行支持东平县尾矿、废弃地整治后增加林地种植

金汶公司与原东平县扶贫办签订帮扶协议，在三年内，通过多种帮扶形式开展扶贫。2018年，带动国定建档立卡贫困人口10名，月帮扶资金不少于1000元/人，对当地建档立卡贫困人口具有脱贫带动作用，有利于推动东平县的脱贫攻坚，实现乡村振兴。

第五节　农业产业化联合体融资模式

产业扶贫“农业产业化联合体”模式，是指以建立带贫减贫机制为核心，以支持贫困地区特色产业发展为着力点，以综合经营收益、项目运营收益等企业自有现金流作为还本付息来源，满足农业产业化联合体融资需求，解决贫困地区产业发展资金零散、资源分散以及规模化、组织化、市场化程度发展缓慢等难题，巩固拓展脱贫攻坚成果，有效衔接乡村振兴的产业扶贫融资模式。

一、政策背景

农业产业化联合体是由龙头企业、农民合作社和家庭农场等新型农业经营主体以分工协作为前提，以规模经营为依托，以利益联结为纽带的一体化农业经营组织联盟。农业农村部等国家部委多次出台意见，部署推进农业产业化和新型农业经营主体工作。2019年3月，农发行印发《关于全面推动产业扶贫信贷业务发展的工作意见》，提出要积极支持地方政府立足当地优势资源，积极培植省内龙头和本土企业，因地制宜打造长期稳定的产业化联合体，解决贫困地区特色产业发展问题。农业产业化联合体模式成为农业产业间协作共享新机制，能够有效解决小生产与大市场的深层次矛盾，成为推动多方共赢发展的有效模式。

二、运作方式

（一）搭建运行机制

该模式立足地方资源禀赋和特色产业，引导推动有实力的优质涉农龙头企业按照“龙头企业+合作社+农户和贫困户”的形式，打造扶贫产业联合体。一是政府引导。地方政府充分发挥职能优势，加大对特色产业、优势产业的政策和市场引导，通过制订产业发展规划、完善配套政策、加强资源倾斜和组织保障等有效措施，切实加大对产业联合体组建、生产、经营等各环节的指导、扶持和服务工作。二是建立合作机制。各参与主体通过签订合同、协议等，形成紧密联盟。龙头企业提供管理经验、技术力量和市场销售渠道；合作社发挥在产前、产中、产后环节的组织优势和规模优势，指导农户发展专业化生产；农户负责农业种植、养殖生产经营和服务。各主体通过资金、技术、品牌、信息等要素融合渗透，开展产品对接、要素联结和服务衔接，形成长期稳定的合作关系。三是农发行提供融资融智服务。农发行积极配合地方政府及相关部门，主动参与地方产业发展规划及配套政策制定等工作，对符合信贷制度规定的企业，及时提供信贷资金支持。

（二）构建利益分配体系

通过“龙头企业+合作社+农户和贫困户”等方式，健全贫困户参与机制和利益分享机制。一是贫困户在生产、加工、流通各环节实现就地就近劳动务工，获得稳定劳务性收入。二是发展订单种植，龙头企业或合作社与贫困户签订订单协议，贫困户获得经营性或生产性收入。三是贫困户以土地、林权等多种要素入股或加入龙头企业、农民合作社，取得分红收益。四是流转农民土地，建设规模农业生产基地，贫困户获得土地流转资产收益。同时，龙头企业向前端延伸带动合作社、农户和贫困户建立原料基地，形成生产与加工、企业与农户相衔接的上下游产业格局。

（三）建立多维度资金共管方式

农业产业化联合体涉及龙头企业、农民专业合作社、家庭农场、农户等多方经营主体，经营链条长、资金往来多，应按照银保监会和农发行有关信贷政策要求，结合农业产业化联合体实际，梳理各经营主体资金流、信息流、物资流，建立多维度资金共管方式。依据龙头企业、合作社各自在产业链和联合体内分工，按照相关协议共同承担资金管理职责，全方位确保信贷资金安全。

三、操作要点

该模式运作过程涉及多个参与主体，在严格执行农发行相关制度流程的基础上，坚持从信贷全流程各环节强化操作管理，确保风险可控。

（一）培育产业扶贫客户群

在政府引导下，以市场为导向，以扶贫为目的，立足当地产业优势，对带贫效果好、现金流充足的产业项目和客户进行培育，宣传解读农发行的扶贫信贷政策，及时开展融资融智服务。

（二）评估带贫减贫机制

着重分析项目带贫机制与扶贫成效，及时收集龙头企业、合作社与贫困户之间的订单收购协议、入股分红协议、劳务收益合同等扶贫认定证明材料，并对扶贫长效机制进行评估，确保产业化联合体建立稳定的利益联结机制和带贫减贫机制。

（三）科学合理开展授信

根据银保监会和农发行有关信贷政策要求，整体考虑农业产业化联合体的财务状况、信用风险、资金实力等因素，合理确定联合体内各经营主体授信额度。以风险可控、带贫效果突出的龙头企业作为借款主体的，在测算的基础上，可综合考虑合作社和贫困户的资金需求，总体解决联合体的产业扶贫资金需求；以合作社作为借款主体的，可根据与龙头企业签订订单、自身经营和风险承受能力等因素进行合理授信，以满足新型农业经营主体差异化资金需求。

（四）落实第一还款来源

农业产业化联合体各成员主要通过签订合同、订单、协议或制定章程联结在一起，应按照相关规定对承贷主体经营情况、资产负债情况、现金流量等进行全面分析，特别是对产业化联合体的资金往来情况进行重点把控，确保第一还款来源真实可靠。

（五）从严落实风控措施

根据农业产业化联合体的运行模式，认真分析市场化运作中面临的各类风险，合理设定贷前条件，强化贷中、贷后管控措施。可根据当地情况加入风险补偿基金、农业保险、担保公司等风险缓释措施，促进参与主体共同应对各类风险，实现财务可持续和风险有效管控。

四、启示借鉴

（一）帮扶方式多样化，扶贫带动成效显著

该模式通过股权注入、产销衔接、土地流转、生产基地建设、资产收益等方式，延伸农业产业链，辐射带动农村新型经营主体，实现了贫困户就地就近就业，成为贫困地区巩固脱贫攻坚成果和有效衔接乡村振兴的有力抓手。

（二）壮大集体经济，促进乡村产业提升

该模式立足贫困地区资源禀赋，以贫困地区特色产业发展为着力点，支持农业产业化经营，推动集体经济发展壮大，破解贫困地区农业生产经营主体小、散、弱以及生产要素、利益联结不紧密等痛点、难点问题，增强贫困地区和贫困人口内生动力，推动乡村产业振兴和组织振兴。

（三）创新政银企合作方式，助推实体经济发展

通过精准对接贫困县特色产业发展规划，积极支持地方政府主导的扶贫产业，因地制宜打造具有较强实力的产业化联合体，充分发挥地方政府的组织优势、地缘优势和政策优势，将政府、产业、金融等资源有机结合，为发展壮大贫困地区实体经济提

供重要路径。

案例一：甘肃环县"国企+龙头+合作社+贫困户"产业融资案例

一、项目概况

（一）项目背景

农民专业合作社扎根农村、植根农业、服务农民，是促进小农户和现代农业发展有机衔接的重要载体。习近平总书记多次就发展合作社事业作出重要指示和批示，时任甘肃省长的唐仁健把合作社在产业扶贫中的作用形象地总结为："一条致富的路、一座过河的桥、一道防火的墙、一棵摇钱的树、一个连心的家"。农发行选择支持合作社，就是为精准扶贫、精准发力寻找突破口，也是农发行开拓产业扶贫业务的新"蓝海"。

（二）贷款用途

固定资产贷款用于购进80000只基础母羊，为下游产业链养殖客户提供种羊；流动资金贷款用于饲草料等经营费用开支。

（三）融资方案

农发行向甘肃庆阳市环县黄土高坡童子羊产业有限公司综合授信2.9亿元，固定资产贷款授信1.6亿元，用于购进80000只基础母羊，贷款期限5年，执行农发行扶贫贷款优惠利率，采取保证担保贷款方式。

二、主要做法

（一）构建"国有企业+龙头企业+合作社+贫困户"的新兴产业联合体

本项目由环县国有资产管理局、龙头公司、合作社联合社三方入股组建甘肃环县黄土高坡童子羊产业有限公司，由该公司主导、组织和实施肉羊产业管理，龙头企业负责技术支撑和销售终端等产业重要环节，合作社按照龙头企业和市场需求建办标准化养殖场，进行规模化、标准化养殖，确保肉羊品质。

（二）采取"统贷统还，统购统销"的运营模式

政府授权童子羊公司向农发行融资，并以运营期内获取的项目收益统一偿还贷款本息。在实际生产经营中，童子羊公司统一采购投放基础母羊、种公羊和饲草料，按照政府确定的保护价为下限，统一以市场价收购育肥羔羊，统一销售给龙头企业进行屠宰、加工、销售。

（三）实行资金流和物资流“双闭环”管理

童子羊公司成立专职财务部门，聘请专业会计人员，为联合体内的合作社分别建立账务，单独核算，专项监管，审核合作社提出的资金需求。大额购羊资金、购饲草料资金及其他资金全部由公司统一审核，集中支付。销货款资金全部回笼至公司在农发行的账户，由其按照各合作社实际效益进行二次分配，借助农发行网银工具实现高效的财务管理。

（四）提供“五大资金”保障

当地政府按固定资产贷款额度的3%给予每个标准化养殖场贴息2.4万元。企业资金确保项目资本金按比例如期到位。保险资金对存栏羊实行“双保险”，政府财政补贴80%~90%保费，保险公司对存栏羊进行生命保险和价格指数保险，发生风险时赔付资金按照保险责任及时到位。由省政府注资100亿元成立的甘肃金控融资担保集团股份有限公司提供全额保证担保，发生风险后担保资金及时按照担保责任落实到位。农发行根据项目进度和用款计划及时投放相应贷款。

（五）建立贷款共管机制

环县县政府制定《环县标准化肉羊养殖扶贫示范合作社建设项目共管办法》，由县政府分管领导、县直相关部门主要负责人、各乡镇负责人及农发行、龙头企业、合作联社、保险公司等组成领导小组，协调推进合作社建设过程中涉及的方案审批、资金拨付、组织验收、经营管理、检查监督各项事宜，确保责任落实、目标明晰。

（六）提升信息化管理水平

开发合作社信息化管理系统，对合作社肉羊养殖进行种群动态监管、生产信息预警、生产物资管理、效益比对、精准饲喂、线上疾病诊断等，农发行客户经理可以通过手机App随时检查生产经营相关数据。

三、取得成效

（一）提升了特色产业生产能力和水平

合作社、扶贫产业联合体通过股权注入、产销衔接、土地流转、生产基地建设、资产收益等方式，延伸农业产业链，带动农村新型经营主体规模化经营，贫困地区自身发展能力增强。

（二）分红收益带贫面广

通过环县政府实施标准化肉羊养殖项目，建设200个千只湖羊标准化养殖场，由142个湖羊标准化扶贫示范合作社运营管理，覆盖了全县20个乡镇197个行政村，其中

117个为深度贫困村，带动建档立卡贫困户6211户，每户每年享受固定分红1000元。

（三）提供就业效果好

项目带动大学生就业193名，其中贫困家庭学生62名，年均收入5万~6万元；招聘饲养员305名，其中贫困人口90名，年均收入4.2万元。

■ 农发行支持环县毛井乡丁连掌村万只肉羊养殖场

案例二：陕西蓝田县“企业+合作社+农户”种养融资案例

一、项目概况

（一）项目背景

西安市蓝田县位于西安东南，全县境内山脉纵横，交通不便，产业优势不明显，经济基础薄弱。蓝田县全县总人口64.67万人，其中贫困人口9.53万人，建档立卡贫困人口2890人。蓝田县政府在2019年的主要工作任务中明确提出，要坚持“龙头企业+合作社+农户”模式，按照“稳粮食、扩果蔬、强苗木、提养殖”继续实施“双十双百千万”工程。

（二）建设内容

为有效带动蓝田县内101个村集体经济发展、实现集体经济产业壮大，农发行支持蓝田百村产业提升项目建设内容，主要包括蓝田县17个镇和1个街道办共101个村，种植花椒、食用菌、草莓、樱桃、石榴、大杏等农作物面积7700亩，涉及新增养殖鸡90000只、兔5000只、猪350头、牛100头、蜂500箱等生物资产的购置及相应农业设施的建设。

（三）融资方案

农发行向蓝田县人居环境建设有限公司发放产业扶贫固定资产贷款0.71亿元，用于蓝田百村产业提升项目建设，期限10年（宽限期1年），执行农发行扶贫贷款优惠利率，贷款采取保证担保贷款方式。

二、主要做法

（一）产业选择

本项目由地方政府主导，按照“一村一品”产业发展思路，因地制宜择优扶持建设一批贫困人口参与度高的特色农业产业。

（二）主体选择

蓝田县人居环境建设有限公司为地方政府控股的实体化公司，由其作为本项目实施主体和承贷主体，能够更好地执行政府的各项决策，有效解决各村集体经济合作社产业发展小、弱、散以及难以达到借款人准入条件的问题。

（三）建设运营管理

本项目由蓝田县人居环境建设有限公司建设主导，县政府及相关职能部门发挥牵总作用，从资金、技术、市场等方面予以支持，实行树苗、种苗等生产资料集中采购，增强了议价能力，规范了资金使用。

（四）产品销售管理

生产的农产品由县政府及县农业局等相关部门牵头统一宣传，帮助销售，货款直接划入人居环境公司农发行开立的项目收益专户；针对各村集体经济合作组织自行销售产品，各项目所在镇人民政府或街道办还会向各村派驻出纳，全程参与产品销售，保障项目收益全部划入合作社在农发行开立的账户。

（五）资金闭环管理

信贷资金由借款人在农发行开立的账户直接支付给交易对手，确保信贷资金安全；借款人和各合作社均在农发行开立销售收入归集账户，确保销售收入全额归行；补贴资金奖补给101个合作社，但补贴资金拨付时，直接拨付至借款人在农发行开立的账户，由借款人代为管理，各合作社收钱不见钱，确保奖补资金不挪用。上述资金均通过人居环境公司核算，创造了合规现金流，做实了政府平台。

（六）合规运营管理

各合作社通过奖补资金向借款人购买资产，将资金变成了资产，借款人在资产不减值的情况下将资产变成了综合收益，归还农发行贷款。

三、取得成效

（一）发展农业主导产业

项目建设重点围绕食用菌、花椒、樱桃、草莓、民宿五类产业发展模式，在全县扶持百余个产业示范村。项目的实施进一步推动当地贫困村“一村一品”建设，扶持建设一批贫困人口参与度高的特色农业基地。

（二）壮大集体经济

本项目实施后各村集体经济合作社通过向人居环境公司购买项目形成的资产，充实了村集体资产。项目运营期内，85%的收益将分配给各村集体股份经济合作社，进一步壮大了村集体经济。

（三）带动贫困人口增收

项目实施后，在101个合作社中，有978个建档立卡贫困人口通过销售农产品等，每人每年增收1800元；30个建档立卡贫困人口就业，每人每年增收5400元；带动已脱贫享受政策人口33294人，每人每年增收1500元。

■ 农发行支持的蓝田县簸箕掌村食用菌大棚

案例三：重庆市酉阳县“1+6产业化联合体”融资案例

一、项目概况

（一）项目背景

重庆市酉阳土家族苗族自治县集“老少边穷”于一体，全县建档立卡贫困人口15.24万人，是全市面积最大、贫困人口最多的国定贫困县、中西部169个深度贫困县之一。近年来，政府先后出台了一系列政策，不断加大支持和引导发展茶油产业。重庆分行根据实际情况，创新采取“公司+合作社+农户（贫困户）”的组织模式，形成农业产业化联合体，以参与产业链经营管理的实体公司带动茶油产业发展。

（二）贷款用途

贷款用于酉阳县艾坝村宏城农业专业合作社、酉阳县荆乐村农业专业合作社和酉阳县海业农业专业合作社等24家专业合作社，用于采购油茶苗木及化肥、油茶基地管护成本等资金需求。

（三）融资方案

农发行向酉阳县酉州生态农业发展有限公司发放产业扶贫流动资金贷款0.44亿元，期限1年，执行农发行扶贫贷款优惠利率，采取“风险补偿金+保证担保+保险”的组合担保贷款方式。

二、主要做法

（一）搭建产业化联合体

由酉阳县酉州生态农业发展有限公司作为龙头企业参与产业链经营管理，各合作社负责部分油茶种植基地前期的打造。各合作社通过向龙头企业购置油茶幼苗，并在龙头企业的技术指导下，由农户完成油茶的种植和管理，龙头企业对打造好的油茶基地进行有偿收购，形成农业产业化联合体。

（二）实行差别化政策

采取差别化信贷支持政策，在准入方面，进一步放宽客户准入标准。在授信方面，各合作社的授信额度根据各自与酉阳县酉州生态农业发展有限公司签订收购合同的种植面积确定，各个合作社的授信额度之和不超过当地政府建立风险补偿基金的10倍。

（三）创新担保方式

结合当地实际，推出“政府+龙头企业+合作社+风险补偿基金+保证担保+保险”风险共担模式。

三、取得成效

农业产业化联合体增强了龙头企业带动能力、农民合作社服务能力和农户的生产能力。农户和贫困户通过土地入股、土地流转、务工、就业等方式，实现了脱贫致富。该产业化联合体带动建档立卡贫困人口190人，走出了一条培育壮大贫困地区产业发展、推动贫困人口稳定增收、实现脱贫攻坚与乡村振兴有效衔接的政策性金融产业扶贫新路径。

■ 农发行支持酉阳县“1+6产业化联合体”油茶基地

第六节　旅游扶贫贷款融资模式

旅游扶贫贷款模式是农发行适应脱贫攻坚新形势、新要求，研发新产品并将产品镶嵌于扶贫模式的新尝试，以模式推动产品落地，实现了拓展提升扶贫成效的初衷和目标。

一、政策背景

近年来，中央一号文件、旅游业发展规划等多次提出，要充分发挥乡村资源、生态和文化优势，促进旅游与文化融合发展；要壮大新产业新业态，拓展农业产业链价值链，充分发挥乡村各类物质与非物质资源富集的独特优势，利用“旅游+”“生态+”等模式，大力发展乡村休闲旅游。农发行积极贯彻落实国家各项旅游扶贫政策，及时研发产品，创新模式，协助地方政府及项目主体制订融资方案，推动旅游扶贫项目落地，完善扶贫传导机制，推动扶贫成效落地见效。

二、运作方式

（一）明确资金投向

旅游扶贫贷款主要支持文化和旅游资源的开发利用、建设、运营与维护，包括景区（景点）及配套设施建设、改造和维护以及经营管理等。

（二）强化旅游特性

围绕国家和地方发展规划，对接旅游业产业政策，创新旅游扶贫产品，充分发挥产业优势，带动贫困地区经济发展、贫困人口脱贫致富。

（三）坚持稳健经营

旅游扶贫运作方式要遵守银行经营底线，统筹考虑旅游扶贫项目客流规律和预期收益情况，合理测算项目建设实际需求、项目综合收益、借款人综合现金流、风险承受能力，综合项目和借款人情况设置担保措施。

（四）构建扶贫传导机制

以“公司+景区+建档立卡贫困人口”的扶贫联结方式，打造景区生态休闲和旅游开发，通过流转土地、提供就业岗位、推广特色农产品及带动旅游产品销售等措施来推进旅游扶贫工作。

三、操作要点

（一）规划引领

围绕地方政府脱贫攻坚和文化旅游规划施策，重点对接纳入地方脱贫攻坚项目库或经地方政府扶贫主管部门认可的旅游项目，重点营销党政关注扶贫成效显著的红色旅游、地方资源禀赋特色的旅游项目等。

（二）合规底线

项目建设内容符合当地土地利用总体规划等，项目借款人符合农发行扶贫信贷政策指引的有关规定，项目资本金来源、比例符合国家有关规定，项目行政许可手续齐全完整。

（三）因地制宜

旅游扶贫项目要有利于促进特色旅游资源科学规划和系统开发，配合宜居宜业特色村镇建设，支持乡村休闲旅游产业发展，围绕有基础、有特色、有潜力的旅游资源，打造农业文化旅游“三位一体”、生产生活生态同步改善、一二三产业深度融合的旅游景区、景点。

（四）突出成效

以扶贫成效的持久帮扶作用的发挥为必要条件，开展旅游扶贫项目评估调查；以精准扶贫为基础评估政策落实，促进带动扶贫机制完善、成效到位。

四、启示借鉴

该模式是支持旅游业信贷方式与精准扶贫方式的有机结合，通过采取“生态旅游+”“旅游+”等项目运作模式，为贫困地区产业结构升级、服务精准扶贫及农民增收提供了一种新发展模式，助力打造产业兴旺，促进巩固扶贫成果。

案例一：河北阜平县顾家台、骆驼湾村落旅游融资案例

一、项目概况

（一）项目背景

2012年12月29日至30日，中共中央总书记习近平冒着严寒、踏着冰雪到河北省保定市阜平县，深入龙泉关镇骆驼湾和顾家台村考察革命老区扶贫工作。总书记进村入户看真贫，同乡亲们一起商量脱贫致富之策，向全党全国发出了脱贫攻坚的动员令。并指出发展旅游业大有潜力，要做到宜农则农、宜林则林、宜牧则牧、宜开发生态旅游则搞生态旅游，真正把自身优势发挥好。骆驼湾村、顾家台村均为深度贫困村，两个村926口人中有446人为贫困人口，贫困人口占比高达48.16%，主要经济收入是发展种植业和外出打工，人均年收入不足千元，针对两个村地处深山旅游资源丰富的资源优势。阜平县政府决定以“文旅+扶贫”方式开发骆驼湾、顾家台，实施阜平县顾家台、骆驼湾民俗旅游村落扶贫开发项目，保留当地原汁原味的乡土本色，弘扬革命历史基因和光荣传统，通过旅游业的发展带动当地老百姓脱贫。

（二）建设内容

本项目是在骆驼湾、顾家台村的原址上进行提升改造，建设内容主要包括瓦窑村改造民宿、骆驼湾旅游食堂、游客休息区、接待中心、美食街、骆驼湾村内改造民宿、

中国梦街区、农耕博物馆、村书吧、庭院、广场硬化等，总建筑面积24133平方米。

（三）融资方案

农发行为阜平县顾家台骆驼湾旅游发展有限责任公司提供贷款0.3亿元，用于阜平县顾家台、骆驼湾民俗旅游村落扶贫开发项目，期限10年，执行农发行扶贫贷款优惠利率，项目收入作为第一还款来源，采用全额保证担保贷款方式。

二、主要做法

（一）高度重视，高效推进

一是专班调研。河北省分行高度重视组织成专班，深入学习领会习近平总书记到阜平县骆驼湾、顾家台调研时讲话精神，体会九千农民、九千兵革命情怀，与阜平县项目专班人员一起走访入户，一起研究民宿改建项目规划，同频共振去参与项目谋划。二是三级行联动、业务骨干深入项目现场，提供融资融智服务。省分行办贷前移，前中后台一体化办贷，快速地确定了最优的项目融资方案，多次召开联席会议沟通项目运作模式、测算收入项目细节，全力推进，11天实现了贷款的审批投放，得到了阜平县政府的高度评价。

（二）统筹谋划，分步实施

一是统筹谋划。前期通过与县域红色旅游总体规划接轨，根据县域时间、空间统筹布局安排，通盘考虑两个村资源禀赋、地域特点及项目建设计划，最终谋定以点带面的整体规划布局。二是扎实推进。对村庄进行实地考察，量身定制了整套金融服务方案，其中针对项目建设内容采取分步实施方式进行落实。项目一期建设确定为民宿改造主体工程，首先着手解决最根本的问题，在提升村容村貌的同时为后续工程奠定了基础。余下的整体旅游设计、道路连接、景区建设等与店房村军事小镇等其他文旅项目一并谋划，纳入二期施工建设。

（三）创新模式，构建联结机制

项目支持了当地国有企业转型壮大，项目采取“政策性金融+国有公司+村委会+贫困户”的帮扶联合体模式，实现了贫困户的5个转变，达到帮扶脱贫目标。一是转变为股份持有者，贫困农户以自有耕地、林地的承包经营权，宅基地的使用权，以及技术或资金等投资入股旅游开发公司，享有股份权利。二是转变为房屋出租者，将自有房屋、设施出租给旅游开发公司，收取租金作为收入。三是转变为业态经营者，贫困农户可享受优先的旅游业态经营主体资格，拓展增收方式。四是转变为服务提供者，贫困农民通过手工艺表演、提供旅游服务等多种方式输出劳务，享受工资收入。五是转变为产品售卖者，贫困农民可将自己生产的农作物、手工艺品、乡村土特产等多种商品进行售卖，享受经营收入，且企业保底收购，或将自己种植的蔬菜售卖给酒店，企业订单式购买。

（四）合规控制，实现银企共赢

一是本项目为自营性项目，项目的第一还款来源为项目综合收益，主要包括住宿餐饮、旅游门票等，在项目谋划方面充分考虑了项目收入可实现性及业态设置的合理性。在充分考察保定及阜平年度客流量和公司运营能力的基础上进行合理化设置，项目第一还款来源较为扎实合理。二是项目采取全额保证。河北省分行在配合县委、县政府发挥县直国有企业在脱贫攻坚和乡村振兴中主导作用的思想，经考察、分析、比对帮助构建了子母公司的股权结构。在本项目中选取了当地有实力的国有公司提供保证担保，为信贷资金安全性提供了更为可靠的保障。

农发行支持河北阜平县村落旅游的“骆驼湾小院”

三、取得成效

（一）典型示范

通过项目公司和当地村集体的产业合作，以及农发行精准金融扶贫支持，顾家台骆驼湾旅游扶贫真正做到了习近平总书记说的“宜农则农、宜林则林、宜牧则牧、宜开发生态旅游则搞生态旅游，真正把自身优势发挥好”[①]，发展乡村旅游，多渠道增加农民收入。农发行金融扶贫精准支持后，不仅有效扩大企业经营规模、改善经营效益，还推动企业与更多农户建立利益联结机制，促进项目和农户取得共赢。

（二）成效明显

阜平县顾家台、骆驼湾民俗旅游村落扶贫开发项目是推动当地旅游业发展、促进现代旅游业向传统农业延伸的新尝试。两个深度贫困村总人口926人，其中贫困人口446人。项目的实施提升改造了当地贫困人口的生活环境，通过旅游扶贫带动贫困人口增收。该文旅扶贫案例已经被多家媒体报道。

案例二：湖南汝城县“长征红色旅游+就业”融资案例

一、项目概况

（一）项目背景

郴州市汝城县隶属于湖南省郴州市，是一块革命历史厚重的红色热土，诞生了毛泽东让担架、“半条被子”“一张借据”等感人至深的革命故事。2020年9月16日，习近平总书记来到湖南汝城县文明瑶族乡沙洲瑶族村，考察脱贫攻坚和乡村振兴工作，特别叮嘱：“要用好这样的红色资源，讲好红色故事，搞好红色教育，让红色基因代代相传”。2016年2月，中共中央、国务院办公厅印发了《关于加大脱贫攻坚力度支持革命老区开发建设的指导意见》，明确指出要支持老区建设红色旅游经典景区，优先支持老区创建国家级旅游景区，旅游基础设施建设中央补助资金进一步向老区倾斜。

（二）建设内容

支持红色旅游项目“红军长征突破第二道封锁线旅游景区：宋裕和将军故居修缮工程建设”“沙洲村红色旅游景区建设”等。

（三）融资方案

审批5亿元产业扶贫固定资产贷款，5年期（含宽限期2年），采取“抵押+保证”担保方式。

---

① 习近平总书记在河北省阜平县考察扶贫开发工作时的讲话。

二、主要做法

农发行贯彻落实习近平总书记2020年9月16日考察湖南汝城沙洲村重要讲话精神，提升政治站位，积极跟进政府规划，深度介入项目建设，通过加大支持力度助推当地红色旅游资源变脱贫致富门路。省、市、县三级行组成联合调查组开展项目实地调查。调查组根据红色旅游项目建设内容较多、红色旅游景区经营周期较长、项目综合收入随着景区接待游客量的增加而递增的特点，按照“红色旅游+绿色产业”“两条腿”走路的思路，为企业量身定制金融服务方案，提高办贷效率和服务质量，各级行、各部门密切配合，在严守风险合规底线的前提下，快速推进审查审批流程，致力于将汝城打造成红色教育“示范区”、绿色产业发展“试验田”。

三、取得成效

充分发挥旅游业带动周边区域经济发展优势，增加周边村民收入，同时通过签订劳动合同的形式帮助50名建档立卡贫困人口实现就业，后期随着项目的建成将会增加更多相关就业岗位。

■ 农发行支持的沙洲村景区一角，本项目将汝城县打造为集红色培训、干部党性教育、特色旅游为一体的综合性红色旅游基地，项目辐射4个乡镇20余万人口

该项目整合汝城"半条被子"、红色沙洲、长征等红色旅游资源，建设沙洲红色旅游景区、红军长征突破第二道封锁线旅游景区、红色旅游全域服务中心和长征学院热水分校等多元化的汝城县红色旅游培训基地，大幅提升景区游客接待能力，增加景区收入，推动汝城县经济发展。此外，该项目的建设是在不破坏当地生态环境的前提下结合汝城实际，因地制宜地利用革命老区的红色资源建设景区。修缮将军故居、将房屋改造为民宿、开拓荒地建设景区等工程不仅未破坏生态环境，对汝城地区的生态环境保护与开发利用红色资源起到促进作用。

案例三：四川双流区"科技农业+文旅"创意博览园融资案例

一、项目概况

（一）项目背景

《成都市农业和农村经济发展"十三五"规划》提出要创新农业经营模式，进一步探索和推广"大园区+小农场"等多种土地流转规模经营模式，转变农业发展方式，把休闲农业发展与旅游业发展结合起来，促进产业结构升级。项目实施完成后，将拓展黄龙溪古镇的旅游发展空间，促进古镇旅游产业健康发展。

（二）建设内容

本项目用地总面积2591.33亩，其中，以租赁方式取得的流转土地面积2224.73亩，以出让方式取得的集体建设用地面积366.6亩；建设内容包括农业高科技体验馆、高标准农田、花田草海、四季山林、亲子牧场、湿地景观，并建设具有国际领先技术的灌溉体系及相关配套设施。

（三）融资方案

农发行向成都华侨城黄龙溪投资发展有限公司发放旅游扶贫贷款3亿元，贷款期限10年，执行农发行扶贫贷款优惠利率，以旅游收入作为偿还贷款资金来源，采取全额保证担保贷款方式。

二、主要做法

农发行积极响应《成都市农业和农村经济发展"十三五"规划》。2018年成都双流区重点引进华侨城集团公司到辖内投资，负责重点打造黄龙溪现代农业创意博览园项目，将传统农业、科技农业与文旅深度有机融合。积极响应区委、区政府对口扶贫工作安排，将项目纳入双流区"千企帮千户"精准扶贫实施方案名录，采用就业帮扶精准扶贫方式参与双流区扶贫攻坚行动。

三、取得成效

该项目于2019年3月主体完工并投入试运营，2019年底开始正式运营。截至2021年5月末，项目游览人数达79.34万人次，实现项目收入5238.41万元。项目用地总面积2591.33亩，其中流转土地共计2224.73亩，通过当地土地流转及后期项目的顺利实施，增加了黄龙溪当地农民收入，提高了当地农村集体土地利用率，为农业产业化创造条件。

公司已与多名甘孜州巴塘县建档立卡贫困农民签订了长期劳务合作合同，让贫困人口参与华侨城现代农业创意博览园建设，并对管理效果好、产量高的农民再从销售利润中提取5%~10%，分享全产业链增值收益。同时推动了成都市近郊生态农业景观旅游的发展，满足人民群众的文化生活需要，促进社会精神文明建设。

■ 农发行支持成都黄龙溪科技农业游的华侨城花海

第七节 “总部经济”扶贫融资模式

产业扶贫“总部经济”模式是以企业在发达地区的总部为承贷主体，依托在贫困地区的子公司或扶贫基地，以及通过参股当地农民专业合作社，与贫困户建立紧密利益联结机制的产业扶贫融资模式。该模式推动经济发达地区企业发展链条向贫困地区延伸，实现不同区域分工协作、资源优化配置，促进当地特色产业发展，有效解决了贫困地区缺承贷主体、缺技术、缺品牌、缺市场的产业发展难题。

一、政策背景

2020年1月，《中共中央　国务院关于抓好“三农”领域重点工作　确保如期实现全面小康的意见》指出，支持各地立足资源优势打造各具特色的农业全产业链，形成有竞争力的产业集群。2020年7月，农业农村部发布《全国乡村产业发展规划（2020—2025年）》提出，推进资源与企业对接，特别是要引导农业产业化龙头企业与贫困地区合作创建绿色优质农产品原料基地，布局加工产能，深度开发特色资源，让农民在发展特色产业中稳定就业、持续增收。“总部经济”产业扶贫模式通过支持发达地区龙头企业在贫困地区建立扶贫基地、带动村级合作社发展，引导小农户对接大市场，打通服务脱贫攻坚的“最后一公里”。

二、运作方式

（一）搭建扶贫主体

参股控股是该模式产业链上各主体的基本联结方式。以股权投资为纽带构建完整产业链，企业总部在贫困地区设立子公司或参股当地专业合作社等，使企业总部、扶贫基地、专业合作社、贫困农户之间建立起密切的合作关系，实现优势互补、合作共赢，共同维护上下游产业链稳定。

（二）构建扶贫带动机制

该模式采取“企业总部+扶贫基地+专业合作社+贫困农户”方式，分工协作、层层带动。一是企业总部带动子公司或扶贫基地。企业总部牵头编制产业扶贫规划、项目实施方案和资金使用计划，向子公司提供发展所需的外部信息、管理技术、配套资金和决策支持，设计产业链各主体的利益分配方式，对收购的扶贫产品组织统一销售。二是子公司带动合作社。子公司建立扶贫基地或车间，按保本优惠价收购农户产品进行加工，制定生产和收购标准，指导合作社推行规模化、标准化生产，并提供各类种植养殖知识和技术服务。三是合作社带动贫困户。合作社通过流转土地、指导生产，把基地农民组织起来，按照统一标准开展集约化生产，并将生产农产品交售予子公司。

（三）完善利益联结机制

该模式以让利于农、带动贫困户稳定增收为根本目标，贫困农户主要通过以下几种方式获得收入：一是按股分红。农户以自有承包土地经营权入股合作社，合作社将农产品卖给子公司后，将销售收入剔除成本费用后剩余部分，按入股比例向贫困户分红。二是流转土地收入。贫困户将自己的土地承包经营权流转给农民专业合作社，获得租金收入。三是基地务工收入。贫困户到合作社从事常年性务工和季节性务工，获得劳务收入。四是交易收入。控股子公司与合作社及周边农户签订购销合同，按保底优惠价收购农产品，使贫困户获得商品交易收入。五是其他经营性收入。企业总部及控股子公司以消费扶贫的方式，帮助周边农户销售农产品，让贫困户获得其他经营性收入。

三、操作要点

（一）选择行业龙头企业

根据选定的扶贫产业和支持路径，立足当地资源禀赋，依托农发行产业扶贫信贷政策，采取围绕项目找客户、跳出贫困地区找客户的思路，积极营销经济发达地区实力雄厚的央企、省属国企和上市公司总部，促成龙头企业经营战略与贫困地区产业规划、龙头企业经营模式与贫困地区产业生产组织方式深度对接，准确评估企业实际资金需要，量身定制融资服务方案。

（二）强化贷款支付监管

制订信贷支持“总部龙头”、资金投入“扶贫基地”、利益联结“贫困农户”的具体实施方案。贷款发放时，企业按借款合同约定的用途向农发行提供相关支付凭证，农发行对支付用途及支付资料进行审核。开户行根据子公司提供的购销合同、收购入库单延伸检查子公司与合作社、与贫困农户的资金结算情况。

（三）加强现金流监测

该项目主要涉及企业总部、子公司、扶贫基地、农民专业合作社、农户等多方经营主体，经营链条长、资金往来多，应加强对借款人、保证人及相关经营主体的现金流监测，按照“监测现金流、归集现金流、经营现金流”的风控思路，梳理各经营主体资金流向，要求借款人和保证人在农发行开立账户，并结合贷后管理要求，逐企业建立现金流监测台账，实行按月监测、按月分析，建立多维度现金流监测机制。

四、启示借鉴

（一）有效解决贫困地区产业承载能力不足问题

发达地区龙头企业通过在贫困地区投资建设生产加工基地，带动当地专业合作社发展，带动贫困人口实现稳定增收，促进当地产业发展和脱贫致富。企业总部发挥资源协调配置和协同发展优势，使贫困地区共享经验、技术和市场，有效解决贫困地区产业发展基础薄弱、承贷主体经营实力较弱难题。

（二）充分发挥“企业总部”的辐射带动作用

该模式充分发挥经济发达地区企业总部众多、经济实力较强的优势，紧紧抓住产业链核心企业，通过信贷支持企业总部延伸产业链条、将发达地区的客户资源引入贫困地区，与贫困地区的自然资源优势有机结合起来，培育优质客户，推动贫困地区产业发展由传统模式向市场导向、优质高效的现代化生产方式转变。

（三）充分发挥特色产业的扶贫带动作用

该模式立足贫困地区的特色资源优势，通过龙头企业的扶持带动作用，引导贫困农户根据市场需求生产优质农产品，有效推动贫困地区现代化农业发展。该模式通过务工就业、股份分红、产销对接、土地流转、消费扶贫等多种方式，围绕产业做大做强农村新型经营主体，巩固优化产业发展与带动脱贫的联动机制，引导贫困人口紧盯产业发展方向，牢牢“嵌入”产业链，充分分享产业链增值收益。

案例一：湖南潇湘茶叶“企业龙头+乡村龙尾”融资案例

一、项目概况

（一）项目背景

茶叶是湖南省仅次于生猪的第二大创汇农产品，该产业链是湖南省农业产业化五大产业链之一，也是湖南贫困山区近年来着力发展的主要扶贫产业。《湖南省茶叶产业发展规划》明确提出，要全面推进产业提质升级，促进全省茶叶产业可持续发展。湖南分行统筹谋划，围绕潇湘绿茶、安化黑茶、岳阳黄茶、湖南红茶、桑植白茶“五彩湘茶”做文章，以潇湘茶业公司为承贷主体，以整体支持为长远目标，制订了“舞活城市龙头、带动乡村龙尾”的一揽子融资服务方案，在推动产业扶贫上走出了一条新路子。

（二）贷款用途

用于湖南潇湘茶业有限公司收购茶叶及其他原材料等。

（三）融资方案

农发行向湖南潇湘茶业有限公司发放产业扶贫短期流动资金贷款0.3亿元，贷款期限1年，执行农发行扶贫贷款优惠利率，以项目收入作为偿还贷款资金来源，采取全额保证担保贷款方式。

二、主要做法

（一）择优确定借款主体

潇湘茶业公司是一家集茶叶种植、加工、销售及茶文化旅游于一体的综合性茶叶生产企业，是湖南省人民政府和中华全国供销合作总社确认的农业产业化重点龙头企业，在消费者中享有较高的知名度。湖南分行紧紧抓住产业链核心企业，通过信贷支持潇湘茶业公司延伸产业链条、增强辐射带动作用，有效解决了承贷主体问题。

（二）科学谋划帮扶路径

采取“委托帮扶”方式提升扶贫成效，即由潇湘茶业公司提供资金，在怀化、湘西、张家界等市州建立扶贫基地，推进产业化经营，扶贫基地定向收购贫困茶农茶叶鲜叶，再依托总部在发达地区品牌影响力拓展销售市场，形成可持续扶贫模式。

（三）股权投资加工基地

企业总部通过投资贫困地区加工基地，或参股当地合作社，将原料生产基地培育壮大，打造大规模集约化经营茶园。利用基地模式，压缩原材料成本，保障产品质量，提高了产品竞争力。同时公司利用政府对茶叶种植的扶持政策，在扶贫开发、税收优惠等方面积极争取财政支持，大力发展原材料生产基地。

■农发行支持潇湘茶业有限公司项目贫困户采茶场景

三、取得成效

项目实施区域覆盖16个贫困村，吸纳贫困人口30余人长期就业，人均年增收3万元左右；与500多名贫困茶农建立长期收购关系，年人均增收4700元左右；向4962名贫困户股东保底分红259万元，通过与贫困户建立长期稳定的利益联结机制，做到了把产业发展创造的就业机会留在农村、把产业发展带来的增值收益留给农民。

该项目充分发挥茶产业对脱贫攻坚的带动作用，依托地方特色优势资源，积极探索“企业总部+扶贫基地+农民专业合作社+贫困农户”产业扶贫新模式，通过支持发达地区龙头企业在贫困山区建立扶贫基地，实行标准化生产和市场化收购，引导小农户对接大市场，打通服务脱贫攻坚的“最后一公里”。

案例二：贵州盘州市“龙头基地+农户入股+特色产业”融资案例

一、项目概况

（一）政策背景

贵州省政府、六盘水盘州市政府积极扶持和鼓励发展刺梨特色产业，并把它作为农业产业结构调整的重要任务之一。农发行对符合农发行贷款条件、满足精准扶贫贷款认定标准并对建档立卡贫困人口具有扶贫带动作用的各类产业扶贫项目给予信贷支持。刺梨产业属于特色种养业，为促进盘州市刺梨产业发展，农发行于2019年向贵州宏财聚农投资有限责任公司盘州刺梨种植项目投放首笔贷款1.5亿元。

（二）建设内容

本项目主要以刺梨种植为主，配套建设生产便道。具体为：新建种植刺梨面积48710.13亩，平整土地2059亩，翻耕培肥土地149.03公顷，排水边沟2454米，新建50立方米蓄水池11个，新建改建田间道路36公里。

（三）融资方案

农发行向贵州宏财聚农投资有限责任公司发放产业扶贫固定资产贷款1.88亿元，贷款期限10年（含宽限期3年），执行农发行扶贫贷款优惠利率，以刺梨种植收入作为偿还贷款资金来源，采取第三方保证担保贷款方式。

二、主要做法

（一）用好政策，支持特色产业发展

项目结合盘州市得天独厚的地理优势及产业优势，契合盘州市市委、市政府强力

推进刺梨产业精准扶贫的政策，结合项目进展情况和资金需求，及时为客户提供项目融资方案，促进刺梨项目尽快落地。

（二）探索创新，搭建扶贫利益传导机制

落实盘州市市委、市政府明确贵州宏财聚农投资有限责任公司为刺梨产业牵头平台的要求，通过签订入股协议等方式，由农户与合作社签订《盘县“三变”改革农户土地经营权入股合作协议》，合作社与公司签订《刺梨产业投资入股合作协议》，将土地流转给公司；通过土地流转、种植、管理抚育、梨鲜果人工采摘等方式，带动贫困人口致富脱贫。

■ 农发行支持盘州市刺梨种植项目科技管理和丰收硕果

（三）落实责任，确保扶贫效能可持续

为强化扶贫责任落实，促成贵州宏财聚农投资有限责任公司为本贷款提供2000万元风险保证，将扶贫成效检查作为贷后管理的主要内容，促进刺梨产业健康发展和扶贫成效可持续。

三、取得成效

盘州市刺梨种植项目有效落实了贵州省“三变”扶贫思路，实现了多种扶贫方式、多种扶贫成效叠加的综合效果，项目直接带动贫困人口（贫困人口状态为已脱贫享受政策）78人增收，每人每年平均增收5552.96元。

该项目将调整优化项目区内的农业种植产业结构，形成以刺梨系列为“拳头”的特色经济，促进刺梨产业由一产向二产转换，增加产值创收，确保融资还款全覆盖，对促进当地经济发展起到显著作用。项目建成后，生态效益明显，使项目区内的荒山、荒地披上绿装，水土流失得到遏制，森林植被得到改善，山变绿，水变清，生态环境得到了进一步提高。

第八节　生态扶贫融资模式

生态扶贫贷款融资模式最具有代表性的是林业资源开发“统贷统还”融资模式，它以建立带贫减贫机制为核心，以支持贫困地区区域生态环境建设发展为着力点，以当地政府与建设企业签订购买合同、树木间伐以及林下经济综合收益作为还本付息来源，以市、县区域内统一管理实施，解决贫困地区林业建设零星分散不便管理难题，巩固拓展脱贫攻坚成果，有效衔接乡村振兴的产业扶贫融资模式。

一、政策背景

（一）新时期对生态文明建设的高度重视

2016年，习近平总书记提出“绿水青山不仅是金山银山，也是人民群众健康的重要保障”[①]，党的十八大报告又进一步把生态文明建设的高度提升到了中国特色社会主义事业建设“五位一体”的总体布局之中，生态文明已成为新时期社会主义

① 2016年8月16日，习近平总书记在全国卫生与健康大会上的讲话。

建设事业的重点，我国生态文明建设近年来步伐明显加快，生态文明建设力度空前加强。

（二）脱贫攻坚期提高农民收入迫在眉睫

农民生活贫困既是环境恶劣产生的结果，也是环境遭到破坏的主要因素，两者互为因果。生态环境保护项目的实施是突破“贫困—环境破坏—更加贫困”恶性循环的关键。生态工程的实施，从资金的直接补偿、后续产业的发展，对提高当地农民的收入、转变生产方式、带动产业调整和发展方面都可以产生十分显著的成效。

（三）顶层设计为支持林业发展提供充足依据

农发行先后出台《关于充分发挥农业政策性金融作用支持林业发展的意见》《中国农业发展银行林业资源开发与保护贷款办法（试行）》，并于2016年6月22日与国家林业局签署《国家林业局　中国农业发展银行全面支持林业发展战略合作框架协议》，提出全系统要充分认识支持林业资源开发与保护的重要性、必要性和紧迫性，开拓业务发展思路，加大业务营销力度，积极创新支持模式，大力发展林业贷款，为服务国家林业发展战略和实现农发行可持续发展作出贡献。

二、运作方式

（一）建立统贷统管机制

立足地方区位优势，用好支持造林融资政策，农发行协助政府积极探索“统贷统还”融资模式，设立担保基金解决担保能力不足的问题；创新“统管分建”林业管理模式。一是政府主导。地方政府发挥组织优势，通过制订林业发展规划、完善配套政策、协调有关部门和政府林业等职能部门，按照“分片整合、分批上报”“分片建设、验收考核”的方式，汇集汇总市县辖区植树造林需求，根据项目实施进度分批次申请，采取市或县级国有公司“统贷统还”融资模式，有效解决了植树项目点多面广、建设主体分散、贷款不易操作等实施难题。二是统筹建立风险补偿基金。由当地政府设立风险补偿保障机制，作为项目贷款的还款补偿，降低贷款风险。三是建立植树成活率考核评价机制，与保险赔付赔偿情况挂钩，确保项目顺利落地。

（二）注重生态补偿益贫效果

在推动地区林业开发产业发展的同时，通过林业开发带动贫困人口参与造林、护林，从而有效带动贫困地区脱贫摘帽。一是贫困户参与造林工程，在项目建设期可以获得一部分务工收入。二是林业项目竣工后雇用区域内贫困人口为护林员，每年可以获得稳定的收入。三是流转农民土地，造林工程需租赁农民土地，根据造林方案可以优先租用贫困户土地，项目所在区域内贫困户可以获得土地流转相关收益。

（三）建立齐抓共管运营体制

按照国有公司主导属地平台公司参与因需造林、合理分工，采取地方国有公司负责招投标、工程施工、合同监理、进展报告等，造林质量及资金支付手续经林业部门、农发行审核支付方式实施。各级国有公司按照银保监会和农发行有关监管要求和信贷政策，结合造林项目实际，梳理各个项目资金流、信息流、物资流，建立多维度资金共管方式。按照林业委托代建协议共同承担资金管理职责，全方位确保信贷资金安全。

三、操作要点

该模式运作过程涉及多个参与主体，在严格执行农发行相关制度流程的基础上，坚持从信贷全流程各环节强化操作管理，确保风险可控。

（一）整合属地资源

在政银企的合力推动下，以客户需求为导向，以支持地方林业开发为目的，立足当地造林优势，将带贫效果好、现金流充足的产业项目和客户进行培育，宣传解读农发行的扶贫信贷政策，及时开展融资融智服务。

（二）评估带贫成效

着重分析项目扶贫成效，审核贫困人口劳务协议、护林员雇用协议、土地租赁协议等扶贫认定证明材料，并对扶贫长效机制进行评估，确保林业资源开发项目建立稳定的带贫减贫长效机制。

（三）科学合理授信

根据银保监会和农发行有关信贷政策要求，整体考虑地方平台公司的财务状况、信用风险、资金实力等因素，合理确定承贷主体的授信额度。

（四）落实还款来源

对采取政府购买服务还款的项目，要对承贷主体和实施主体的经营情况、资产负债情况、现金流量及当地财政收支情况等全面梳理分析，对采取林业间伐、林下经济等企业综合收益还款等项目，要按照有关规定审慎核算现金流量，确保第一还款来源真实可靠。

（五）落实风控措施

根据“统贷统还”的运行模式，认真分析各平台公司运作中面临的各类风险，合理设定贷前条件，强化贷中、贷后管控措施。根据当地情况加入风险补偿基金、林业保险、担保公司等风险缓释措施，促进参与主体共同应对各类风险，实现财务可持续和风险有效管控。

四、启示借鉴

（一）整合地方产业，促进林业产业发展

该模式在前期营销时通过多渠道、全方位对辖内林业开发资源进行收集整合，以支持林业资源开发为发力点，坚持“绿色、生态、可持续”理念，逐步解决林业项目单体多、小而散、耗时长、成效慢等一系列问题，量身定制“一站式”高效快捷融资方案，为当地林业产业发展作出巨大贡献。

（二）帮扶方式多样化，扶贫工作遍地开花

该模式通过贫困人口劳务协议、护林员雇用协议以及土地流转等方式对辖内贫困人员进行就业帮扶带动，建立稳定的带贫减贫长效机制，实现了贫困户就地就近长期就业，成为贫困地区巩固脱贫攻坚成果和有效衔接乡村振兴最直接、最有效、最现实的有力抓手。

（三）紧密政银企合作，助推当地重点建设

通过“政府牵头+企业协作+银行整合”的模式，充分结合地方政府的组织和地缘优势、平台企业的品牌和资本优势、政策性银行的金融和政策优势，趋利避害，合作共赢，成为当地重点项目建设的排头兵。

案例一：河北张家口市“储备林+就业扶贫+统贷统还”融资案例

一、项目概况

（一）项目背景

张家口市紧邻京津，生态区位极端重要。特殊的地理位置和生态环境决定了该区域的生态修复和保护不仅担负着维护本地区生态安全和社会、经济可持续发展的重任，还担负着为京津保水源、阻沙源、改善京津冀地区生态环境的重任。张家口与北京携手申办2022年冬奥会以来，河北省委、省政府，张家口市委、市政府高度重视申奥绿化工作，陆续出台了《张家口市林地保护利用规划》《京津风沙源治理二期规划》《张家口市多种树工作方案（2016—2022）》等文件，制定了到2022年森林覆盖率达到50%的发展目标。

（二）建设内容

张家口市国家储备林建设基地项目涉及市辖16个县区，建设规模159.21万亩，包括风沙源治理、巩退产业基地、巩退中药材、巩退抚育经营、巩退补植补造、示范造林、塞林工程、京冀水源林、退化林分改造、迎宾廊道及赛场绿化等工程。

■农发行支持张家口市崇礼奥运通道林业建设项目

（三）融资方案

农发行向张家口塞林国家储备林基地建设有限公司发放林业资源开发与保护贷款33.3亿元，贷款期限为30年（含宽限期8年），执行农发行扶贫贷款优惠利率，以林地建伐等综合收益作为第一还款来源，采取“质押+担保”贷款方式。

二、主要做法

（一）融资方案创新

张家口市国家储备林项目呈现出单体建设内容多、建设资金额度小而分散，单独申报耗时长、成效慢的特点。为此，农发行因地制宜、因项目制宜，根据政府相关政策，综合各类资源，量身定制了国家储备林基地建设融资方案。

（二）风险补偿基金创新

张家口市所辖19个县区中有12个贫困县区，财政实力较弱，可提供的担保资源有限，难以满足贷款担保条件。农发行协调市政府设立“风险补偿基金”，为造林绿化项目提供风险补偿金。

（三）项目资金管理创新

张家口市国家储备林项目包含多个单体项目，各个项目都有大量的政策扶持资金，专款专用，封闭运行成为必然。农发行组织精干力量核对国家储备林项目的各类政策性资金来源，与政府主管部门一起核对统计，一起验收林地，确保到位资金及时汇至承贷企业存款专户。

三、取得成效

项目的实施，进一步巩固了张家口市在京津冀协同发展中确立的生态涵养支撑区的地位，从根本上减轻了京津地区的风沙危害，进一步降低了沙尘天气对京津地区的影响，改善了京津冀地区空气质量，为京津冀地区生态环境改善和生态安全作出了积极的贡献。张家口市把造林绿化和脱贫攻坚紧密结合起来，雇用当地建档立卡贫困人口为护林员，全市共雇用建档立卡贫困人口9349人，人均看护林地面积约为8亩至150亩不等，人均可获得稳定年收入达2710元至3744元，扶贫成效、社会效益显著。

案例二：河南兰考县11.7万亩“国储林+就业扶贫”融资案例

一、项目概况

（一）项目背景

习近平总书记在开封市兰考县调研时多次提到要大力弘扬焦裕禄精神、助力兰考实现脱贫增收。焦裕禄同志当年带领兰考广大干群栽泡桐、治风沙，改善生态环境，使泡桐成为兰考的一张名片。2017年，经河南省林业厅审批同意，兰考县人民政府决定实施开封兰考县国家储备林建设项目。

（二）建设内容

项目建设内容包括基地建设和基础设施建设。基地建设包括集约人工林栽培工程和现有林改培工程；基础设施建设包括道路、林业有害生物防治体系建设、防火体系建设、岗位定员。建设规模为兰考县建设国家储备林基地11.9万亩。

（三）融资方案

农发行向兰考县豫兰新区开发有限公司发放林业资源开发与保护中长期扶贫贷款10亿元，期限20年（含宽限期5年），建设期5年，执行农发行扶贫贷款优惠利率，采取全额保证担保贷款方式。

二、主要做法

（一）积极发挥组织合力

当地农发行向商业性银行学习类似项目运作经验，及时向地方党政机关汇报，协调政府发挥组织优势和资金统筹能力，合力攻坚克难，助推项目尽快落地。

■农发行支持河南兰考县万亩储备林就业扶贫工作的场景

（二）积极优化投融资方案

项目实施主体采用林木种类结构、期限搭配，以及开展林下经济等多元化投资收益，解决了承贷主体收入不均衡、投资回报期过长等问题，合理设定融资方案。

（三）积极引入保险机制

借款人引入保险机制。通过与保险公司洽谈，将该项目建设所涉及的林木资源全部投保林业综合保险，银行作为第一保险受益人，以确保项目林木资产安全。

三、取得成效

（一）社会效益

通过该项目的顺利建设实施，促进林业转变发展方式，提高森林蓄积量和单位面积木材产量，推进林业发展方式从数量、规模型向质量、效益型转变，从粗放经营型向集约经营型转变。该项目依托先进成熟的种植技术，旨在满足市场需求，提高农民收入、增强企业效益和加快当地经济增长。

（二）生态效益

该项目为兰考县新增造林面积7.6万亩，现有林改培4.1万亩。项目在保育土壤、涵养水源、固碳释氧和净化环境等方面产生的生态效益约17.6亿元，有效地提高了当地的森林覆盖率，增加木材储备，改善林种、树种结构，提高森林经营效益，改善生态环境，促进生态文明建设。

（三）扶贫效益

项目在项目期内年均可提供24万个工日，相当于每年安排约1200个农村劳动力就业（按每年200个工日计）。按每个工日120元计算，项目期内可为项目区群众提供劳务收入5.72亿元。从该项目已完成造林土地流转56546亩的带贫效果看，已流转土地涉及建档立卡贫困户1528户5829人，安置贫困户养护储备林127人，总计为贫困人口5956人带来了收入保障。

第九节　光伏扶贫融资模式

产业扶贫“农光互补”模式，是将生态农业、旅游休闲、绿色养殖、光伏发电、美丽乡村等各种因素相互匹配起来加以分析，从而制订出促进产业、带动扶贫、发展升级的规划。

一、政策背景

光伏扶贫践行了扶贫开发由“输血式扶贫”向“造血式扶贫”的转变。目前，安徽金寨、河北曲阳等地光伏扶贫已有成功案例，光伏扶贫试点让不少贫困人口的基本生活得到了保障。国家能源局经过调研充分肯定了金寨县光伏扶贫工作取得的成绩和经验，指出光伏扶贫工作对精准扶贫、实现多种社会效益和经济效益相结合的重要意义，希望各地在充分试点、总结经验的基础上，做好推广应用工作。原国务院扶贫办对曲阳县光伏扶贫试点工作取得的积极进展给予了充分肯定，并强调光伏扶贫工程是原国务院扶贫办2015年确定实施的“十大精准扶贫工程”之一。

二、运作方式

（一）以国家对光伏扶贫项目审批结果准入

遵守国家对光伏扶贫电站管理有关规定，将原国务院扶贫办光伏扶贫信息管理系统审核通过且已纳入国家光伏扶贫目录清单的项目作为准入基本条件，确保扶贫对象、建设模式、建设资金、收益分配等符合国家“十三五”光伏扶贫的相关规定。

（二）坚持政府组织推动的扶贫联结机制

紧紧依靠地方政府及各级发改、原扶贫管理部门等，执行光伏扶贫项目相关政策规定，助力光伏扶贫项目实施企业与贫困户产业扶贫联结机制的建立，切实将具有带动贫困户脱贫致富作用的光伏项目纳入农发行支持范围，充分发挥光伏扶贫的效能。

（三）落实精准扶贫要求

光伏扶贫项目评估操作中要核实原国务院扶贫办光伏扶贫信息管理系统相关数据，确保有效带动贫困人口增收联结机制健全完善、操作顺畅。

三、操作要点

（一）把握项目准入信息源头

以国家能源局、原国务院扶贫办下发各地区报送实施方案中通过的光伏项目名单的批复为基础，确定拟支持光伏扶贫项目及建设主体。

（二）做好扶贫项目风险控制

国家批复项目主体名单的母公司要为其项目建设提供担保，要将光伏扶贫项目政府扶持资金和建成后产生的电费收入作为还款来源并提供应收账款质押担保。

（三）强化扶贫成效落实

在坚持常规办贷与管理要求的同时，要设置光伏扶贫项目政府补贴和各项扶持资金到位情况检查事项，加强扶贫收益分配情况检查，强化项目企业与贫困户之间的帮扶责任落实，确保贫困户持续增收。

四、启示借鉴

通过光伏扶贫贷款的运作，充分挖掘光伏电站各种类型资源，延伸收益链条，最大限度地释放光伏扶贫电站综合效益，为贫困户产生四种收益，主要表现为：光伏发电收益，每户每年增收3000元；土地流转收益，贫困户的荒坡废地流转为光伏扶贫电站的建设用地，从而获得土地流转费用；就近务工收益，参与光伏设备的看管、清洗和维修等工作，获得稳定的工资收入；产业发展收益，利用光伏电站板下的空地，探索发展当地资源禀赋的产业，实现自我“造血”能力。

案例一：河北张北县“光伏+收益分红”扶贫融资案例

一、项目概况

（一）项目背景

张家口市地处河北省西北部，项目所在地张北县位于坝上高原区，属内蒙古高原的南缘，古长城外侧，总面积4322平方公里，为“坝上第一县”。张北县光照资源丰富，近10年的年平均日照时数为2712.3小时，属于国家二类光照地区，在京津冀三省中处于峰值位置，是理想的光伏电站选址区域。

（二）建设内容

该项目新建40MW集中式光伏扶贫电站、35kV开关站，总装机容量规划40MW，总占地面积约2640亩。

（三）融资方案

农发行向张家口亿源新能源开发有限公司发放光伏扶贫中长期贷款2亿元，用于40MW光伏电站项目，期限15年（含宽限期1年），执行农发行扶贫贷款优惠利率，光伏发电收入作为第二还款来源，采取“光伏发电收费权质押+集团公司全额保证担保”贷款方式。

二、主要做法

（一）严格项目准入，推动能源扶贫产业健康发展

执行国家对光伏扶贫项目审批准入的刚性规定，助力太阳能资源开发利用的同时，确保张家口市张北县小二台镇光伏扶贫电站顺利建设和扶贫效能充分发挥。

（二）靠前融智服务，发挥清洁能源的综合效益

农发行发挥本土服务职能，主动帮助光伏项目建设实施企业协调当地政府及有关职能部门，帮助其编制融资方案助推项目落地，在确保扶贫项目顺利实施、扶贫效能尽快发挥的同时，对河北调整优化能源结构、开发利用清洁和可再生能源发挥了积极推动作用。

■ 农发行支持张北县工会镇7000亩光伏扶贫示范项目

（三）落实精准扶贫，从根本上改善贫困户生活

本项目为40MWp光伏扶贫电站，年利用小时数为1500小时，单位千瓦投资按8400元，在保证企业资本金内部收益率为10%的前提下，其余利润全部用于扶贫。项目运营期20年的平均扶贫费为480万元，落实贫困户年收益3000元，40MWp电站可帮扶约1600户。

三、取得成效

大规模的光伏并网电站可以充分利用当地的太阳能资源，扶贫成效和社会效益明显。一是有害物质排放量明显减少，大大减轻了对环境的污染，促进改善张北县及京津上风区的能源结构；二是带动地区相关产业发展，对扩大就业和发展第三产业起到显著作用；三是利用农业大棚建设光伏电站，大大提高了土地的利用率和价值，增加了农民收入；四是本项目运营每年电费收入中480万元用于扶贫资金，大力扶持了当地扶贫事业发展，每年为1600户贫困人口稳定人均增收3000元。

案例二：青海同仁县青海凯翔光伏扶贫融资案例

一、项目概况

（一）项目背景

青海省地处中高纬度地带，太阳辐射强度大，光照时间长，是全国光热资源最丰富的地区之一，已成为全国光伏电站最集中的地区之一，初步形成了较为完整的光伏产业链。项目建设地位于黄南藏族自治州同仁县，地处青海省东南部，具有丰富的可利用光热资源。

（二）建设内容

该项目新建20MW农业大棚屋顶光伏电站、综合楼及相关配套设施，总装机容量规划20MW，光伏场共布置20个光伏发电单元，总占地面积约847亩。

（三）融资方案

农发行向青海凯翔新能源科技有限公司发放光伏扶贫贷款1亿元，用于同仁县20MW光伏农业大棚屋顶光伏电站项目，期限11年，执行农发行扶贫贷款优惠利率，光伏发电收入作为第二还款来源，采取光伏发电收入质押和保证担保的组合担保贷款方式。

■ 农发行支持同仁县保安镇赛加村光伏扶贫前后的对比场景。光伏扶贫项目实现了贫困户增收，帮助贫困户改善生活条件，住房由土木结构改为砖混结构；并且对区域内及周边地区经济发展有带动作用，具有明显的节能环保效益

二、主要做法

（一）积极对接，高效办贷

积极加强对企业负责人的营销对接，积极向企业介绍农发行业务品种和优惠政策，提前介入项目调研，关注项目进度，了解融资需求，宣传农发行信贷政策，并根据项目实施情况制订融资方案。抽选信贷业务骨干多次前往企业对接调查，及时上报流程，高效办贷，为企业提供高效率、高质量的服务。

（二）争取专项扶贫再贷款政策，降低企业融资成本

黄南州分行积极与省分行沟通，在省分行行领导的大力支持和精心指导下，鼓励发展可再生清洁能源，帮助贫困人口以务工、帮扶等多种形式实现增收脱贫，做大产业精准扶贫贷款规模。争取专项扶贫再贷款政策，让企业享受优惠利率，真正为企业带去实惠，节约利息200多万元。

三、取得成效

社会效益方面，本项目的建设体现农发行政策性金融积极支持可再生能源的开发利用，实现经济与环境协调发展。本项目的建设对区域经济的协调及对当地投资环境的改善、对区域内及周边可持续发展能力的支持都有巨大的贡献，项目的建设具有明显的节能环保效益。

扶贫效益方面，本项目建设规模20MW，每年精准扶贫667户建档立卡贫困户，对应项目规模标准为30kW。2017年11月6日，青海省扶贫开发局发布《关于进一步规范光伏扶贫收益分配办法的通知》（青扶局〔2017〕189号），明确本项目带动建档立卡贫困户667户，每户3000元。

【本章小结】

发展产业是打赢脱贫攻坚战的治本之策。农发行深刻领会、精准把握产业扶贫对脱贫攻坚的重要性、紧迫性，不断强化责任担当，切实扛起扶贫职能主体责任，将产业金融扶贫作为服务脱贫攻坚的重要政治任务来抓，强化信贷产品应用与创新，运用新理念、新思路和新举措，不断探索政策性金融服务脱贫攻坚和全面支持“三农”的新路径。

进入2021年以来，农发行切实贯彻落实党中央、国务院关于巩固拓展脱贫攻坚成果同乡村振兴有效接续政策要求，在产业帮扶上，以继往开来敢为人先的姿态扎实工作。2021年上半年，农发行累计发放产业帮扶贷款2304.16亿元，为巩固脱贫攻坚成果、全面推进乡村振兴持续发力。

第八章

政策性金融扶贫实验示范区模式创新与成效

第一节 政策性金融扶贫实验示范区概述

一、政策性金融扶贫实验示范区的创建背景

贫困地区普遍存在金融供给不足、金融精准扶贫体制机制创新力度较弱、政府扶贫资金与银行信贷资金难以发挥整体合力等诸多问题，如何充分发挥农业政策性金融的国家财政延伸、资源配置补充、重点战略保障和补短板特殊职能，对改变贫困地区金融现状、扭转长期落后局面有着重要作用。

农发行创建政策性金融扶贫实验示范区，因地制宜创新体制机制，贴近地方政府服务脱贫攻坚，助力脱贫攻坚进程提速，通过政策性金融扶贫实验示范区工作成效，为推动全国金融扶贫工作积累经验、提供借鉴，进而探索建立政策性银行与商业银行、农村合作银行、农村信用社以及保险、证券、基金等机构金融扶贫合作机制，引导各类金融资本、社会资本加大对脱贫攻坚工程投入，形成金融扶贫合力，充分发挥政策性金融在金融扶贫中的引领和骨干作用。

二、政策性金融扶贫实验示范区的创建路径

脱贫攻坚战打响后，农发行主动联系原国务院扶贫办，锚定先行先试，创新示范，综合考量贫困程度、致贫因素、革命老区以及历史贡献等多维度指标，率先创建了广西百色、河北保定、贵州毕节、陕西安康4个国家级政策性金融扶贫实验示范区，旨在为各地提供一个创新探索示范。在取得骄卓业绩的基础上，将实验示范推向贵州、重庆、江西、新疆、山西、安徽、云南、内蒙古8个脱贫攻坚任务较重省份，设立省级政策性金融扶贫实验示范区，推广国家级示范区体制机制创新经验、成熟模式，引导和鼓励各地大胆探索政府组织优势与农业政策性金融独特职能优势相融合服务脱贫攻坚战新思路、新路径。

从实验示范区创建之初，农发行就将其作为探索金融扶贫产品模式的重要平台和抓手，着力构建全面全力推动各方力量、各种资源向脱贫攻坚聚集的新格局。通过搭建通畅的实时沟通渠道，着力构建政银协同推进机制，确保扶贫各项政策信息第一时间在政府、财政等职能部门传递，第一时间共同研究落实路径。通过搭建内部示范区管理组织，着力构建系统联动机制，总、省、市、县四级联动、分级分责，纵向沟通、信息共享，确保基层信息在最短时间到达总行，总行掌握的国家政策和监管要求最快时间指导到基层。通过搭建定期汇报、工作落实平台，着力构建平行对接、会商会办机制，通过多频率与国家有关部委、地方政府职能部门的及时沟通对接，精准聚

焦“病灶”环节，推进合力服务脱贫攻坚格局形成并发挥最大作用。实验示范区的建立与创新，充分发挥政策性金融扶贫引领示范作用，破解金融精准扶贫制约因素和瓶颈问题，也逐渐演变成农发行的常态化运作方式。

第二节　国家级政策性金融扶贫实验示范区实践

国务院《“十三五”脱贫攻坚规划》颁布后，农发行坚持目标导向，迅速响应，致力于贫困地区金融投入环境、投资状况的改善，引导社会各方尽快形成合力扶贫的局面。结果导向引领，农发行迅速与原国务院扶贫办签订了《政策性金融扶贫合作协议》[①]，双方在充分调研、认真研究的基础上，制订了较为详细《政策性金融扶贫试验示范区总体工作方案》（以下简称《方案》），积极探索金融扶贫先行先试有效路径、模式方法，为金融扶贫提供先行示范、可借鉴的经验。

一、国家级实验示范区创建目标和任务

在原国务院扶贫办的指导下，农发行和地方政府按照“积极创新、先行先试，风险可控、健康发展，因地制宜、重点脱贫，总结经验、稳步推进”的原则，设立国家级政策性金融扶贫实验示范区，提出了八大目标任务。

（一）积极探索融合各项资金聚力脱贫攻坚，重点创新政府扶持资金、社会扶贫资金、金融扶贫资金三方融合路径方法，提高扶贫资金使用效率和扶贫质效。

（二）积极探索打造承担扶贫开发任务的投融资主体，在地方扶贫开发领导小组领导下，重点承接易地扶贫搬迁项目建设，专门承接各级政府扶贫专项资金、专项建设基金和扶贫开发贷款，充分发挥项目建设、管理职能。

（三）积极创新产品模式，推进扶贫开发工作，重点推动易地扶贫搬迁，积极创新贫困地区基础设施建设、生态保护、特色产业发展，以及教育扶贫、光伏扶贫、旅游扶贫等贷款品种，充分发挥示范引领作用。

（四）积极探索聚合资金投向扶贫开发路径模式，重点探索促进各部门资金整合到扶贫项目，通过资产收益扶贫、财政奖补等多种方式加大对实验示范项目的支持。

① 2015年9月，中国农业发展银行与国务院扶贫办签署《政策性金融扶贫合作协议》，双方将发挥各自优势，整合资源，凝聚合力，突出特色，加大贫困地区金融服务力度，促进贫困地区经济社会发展和贫困人口脱贫。

（五）积极探索扶贫传导机制及精准扶贫方式，重点瞄准扶贫资金、扶贫资产以股权形式确权量化到建档立卡贫困村、贫困户，实施精准扶贫、精准脱贫。

（六）积极探索金融扶贫新机制、新产品、新模式，重点创新符合脱贫攻坚要求、贫困地区资源特点、扶贫成效持久、可持续发展的信贷产品、融资模式、运行机制，确保真扶贫、扶真贫、有成效。

（七）积极探索政银精准扶贫成效管理方式，重点探索建立精准脱贫台账，使用考核评价方法，完善政策性金融支持扶贫的指标体系，提高脱贫效果。

（八）积极探索示范区会商会办机制，重点探索建立扶贫项目库筛选储备机制，创建定期沟通、信息共享运行模式，切实将示范区打造成政府组织优势与政策性金融特殊职能优势相融合的服务脱贫攻坚样板。

通过发挥政策性金融特殊融资机制优势和地方政府组织优势，加强金融扶贫、财政扶贫、社会扶贫的结合，探索政策性金融扶贫制度创新、产品创新、管理创新，推动实验示范区如期实现脱贫，为示范区建设的省域乃至全国金融扶贫提供可复制、可推广的经验。

二、国家级实验示范区创建方式

（一）高层统筹，迅速部署推开

农发行总行非常重视金融扶贫实验示范区工作，经总行党委多次研究，在2015年12月全行贯彻落实中央扶贫开发工作会议精神动员会上首次提出，“全面发力政策性金融扶贫攻坚，大力推动政策性金融扶贫实验示范区建设”，并提出尽快选点、尽快推开、及时跟进总结、推广应用的明确要求，为全面推进金融扶贫工作提供先行先试的借鉴。会议召开后不到一个月，农发行同原国务院扶贫办联合印发了《方案》，同时，广西百色市首个国家级实验示范区落地，充分展现农发行积极响应、迅速落实的政治担当。

2016年3月，河北保定市、贵州毕节市、陕西安康市三个国家级实验示范区在同一时间成立。2016年5月，农发行召开中国农业发展银行年度脱贫攻坚工作会议，时任国务院扶贫开发领导小组副组长、扶贫办党组书记、主任刘永富同志出席并讲话，对农发行在脱贫攻坚工作中“开局好、起步快”作了肯定性总结。2017年1月，在效果评估、总结经验的基础上，农发行与原国务院扶贫办在北京联合召开由四个示范区所在地的省扶贫办分管主任、省级分行行长、示范区市政府主要负责人、市扶贫办主任、市级分行行长参加的政策性金融扶贫实验示范区工作推进座谈会，共同以问题导向和目标导向为引领，共商创新投融资主体、创新产品、创新金融扶贫模式的路径、方法，为示范区创建工作指明了方向。

（二）搭建创新平台，引导政策积极对接

在原国务院扶贫办、农发行总行双线推动的背景下，四个国家级实验示范区也迅速响应，有效落实。一是制订符合地域特点的工作方案。2016年3月，农发行总行年度脱贫攻坚工作会议后另外三个示范区工作方案随即出台。为加强对实验示范区的领导，河北保定实验示范区上提管理层级，由原河北省扶贫办和省农发行联合制订《保定市政策性金融扶贫实验示范区工作方案》，强调半年总结评价、季度汇报解决问题。二是加强示范区责任落实。四个示范区均成立了政策性金融扶贫实验示范区工作领导小组，明确分工、落实责任，定期召开联席会议，考量工作成效。贵州省分行与毕节市人民政府签订了《联合推进落实农发行总行毕节扶贫开发实验区合作协议》，聚焦七个国定贫困县（区）的重点攻坚任务，遴选毕节纳雍、威宁、赫章三个县作为重点推进县。三是制定配套制度办法。陕西安康制定示范区项目资金使用管理办法，明确重点项目，规范资金使用和拨付路径，按照年度贷款余额1%的比例建立风险补偿专项基金，实行财政专户管理。河北省分行出台《涉农资金整合文件汇编》，为实验示范区提供最新政策。四是多措并举推进落实。广西百色市政府举办广西分行首期精准扶贫信贷政策宣讲会，省、市分行班子成员分别带队深入各县（区）宣讲扶贫信贷政策并定期组织百色市金融办、发改委、原扶贫办和财政局碰头，交流汇报相关工作进展情况。河北保定示范区深入各县级政府指导建立了金融服务中心，成立了投融资主体，用于承接易地扶贫搬迁等各类扶贫资金。陕西安康市联合召开全市脱贫攻坚工作会议，在政府相关部门会议上宣介农发行"特惠扶贫"贷款政策，为实验示范区扎实推进发挥了政府组织优势和农发行金融智慧。

（三）总结示范经验，扎实创新推广基础

为深入了解实验示范区创建起步阶段存在的问题和困难，农发行总行会同原国务院扶贫办定期联合组织召开政策性金融扶贫实验示范区工作座谈会，总结实验示范区创建效果，提出进一步推进的意见建议。在实践中，在总行层面，一方面，集中实验示范区信息反馈的焦点，加快扶贫产品研发与配套管理办法制定，及时出台光伏扶贫、旅游扶贫、网络扶贫等专项扶贫产品，推进教育扶贫、健康扶贫、贫困村提升工程、扶贫过桥、扶贫批发贷款等产品在实验示范区落地。另一方面，建立了实验示范区创新进展情况监测体系，对实验示范区效果进行监测分析，汇总推广好的做法，将实验示范区情况纳入脱贫攻坚考核体系，实行专项考核，其贷款增速不得低于省域扶贫贷款平均增速。

在四个示范区层面，政银建立了定期总结汇报机制，每半年上报取得的成效、遇到的问题和下一步工作意见。总行梳理汇总后形成工作报告正式上报原国务院扶贫

办。河北分行派出扶贫业务处副处长挂职保定市政府副秘书长，组织各县域开展农发行“433”项目对接谋划，加强实验示范区项目推进。广西百色示范区以党建引领为抓手，倾力推进隆林县定点扶贫工作，将支持定点帮扶县脱贫的工作任务和打造示范区引领标杆的目标相结合，形成了“支持易地扶贫搬迁、推进基础建设、牵头引进产业、担任经济顾问、整合外部政策，结对开展党建”的“六位一体”的金融范本，在百色市政府举办的农发行广西分行首期精准扶贫信贷政策宣讲会上作为典型示范模板进行推广。

四个国家级示范区设立的前三年，总行抓住脱贫攻坚会议、扶贫知识培训等契机，不定期组织示范区工作座谈会、模式创新研讨会，促进交流、取长补短。总行通过内部刊物转载转发各实验示范区的做法，确保了实验示范区的带动效应。

三、国家级实验示范区主要创新做法

（一）创建政策扶持、金融优惠、社会帮扶的融合扶贫模式

政府尝试统筹使用涉农整合资金和扶贫专项资金，建立“多个渠道引水、一个龙头放水”的扶贫投入新格局，集聚资金力量集中支持扶贫成效大、带贫效果明显的项目。为确保政府主导产业能够获得政策性金融的低成本资金，政府设立扶贫基金，搭建扶贫产业基金体系，吸引社会资本参与，在杠杆效能下最大限度地支持扶贫产业发展。

农发行制定差异化优惠政策，对实验示范区扶贫开发项目给予规模优先、办贷优先、条件特惠等优惠政策；设立市（县）分（支）行扶贫金融事业部门，完善业务运营机制。河北省分行与保定市政府签订了框架协议，保定分行与原市扶贫办、阜平县政府签订了《支持扶贫开发战略合作协议》，给予阜平县5年不低于100亿元的意向授信额度。

四个示范区重视“东西部扶贫协作”“万企帮万村”专项活动开展，注意吸纳社会优质资本投入，示范区民企投入项目25个，投入资金40.59亿元。

（二）创建扶贫开发投融资主体

示范区全力帮助辖区市县成立承担扶贫开发任务的投融资公司，承接易地扶贫搬迁等各类扶贫资金、建设基金，公司参与各市县（区）项目建设与管理。市级平台公司可以参股或控股县级平台公司。在此基础上，指导各公司在农发行开立了专用账户，先期推开易地扶贫搬迁业务。保定示范区与原市扶贫办联合指导各级财政部门对现有资源进行整合，对投融资主体给予市级不低于1亿元、贫困县不低于3000万元资本注入，促请保定市政府对阜平、涞源、涞水、易县四个县每年从财政收入中提取不少

于2%、其他贫困县每年提取不少于1%用于贷款贴息、保费补贴以及风险补偿金。在阜平、涞源、涞水、易县四个县成立了不低于1亿元有政府背景的专业担保公司，为建档立卡贫困户、农民专业合作社、扶贫龙头企业项目融资进行担保。安康示范区促请市政府成立了安康市扶贫开发投资公司，全市10个县（区）也成立了相应的县级扶贫投资开发公司，专用于承接中央、省级扶贫专项资金，为主体承接扶贫项目提供了基础。

（三）创新扶贫资金使用与管理模式

规范了政策性扶贫资金归集方向，探索扶贫资金使用与管理方法。在不改变用途的前提下，财政专项扶贫资金和其他涉农资金、专项建设基金、扶贫信贷资金等扶贫资金投入扶贫项目形成的资产，具备条件的可折股量化给贫困村、贫困户，资产可由村集体、合作社或其他经营主体统一经营和使用。建立健全收益分配机制，实行贫困户收益保底、按股分红，确保资产收益及时回馈持股贫困户。鼓励由农民专业合作社、村集体经济组织、家庭农场等组织化的贫困户团体获得融资支持，集中授信、使用、共享信贷资金。以企业为平台，项目为载体，股权为纽带，通过集体经营性收入产生效益，获得分红收益的方式加快贫困户整体脱贫。鼓励国有企业、民营企业等各型企业法人通过雇工方式使用贫困农户，稳定、持续增加贫困农户工资性收入。政府通过投融资平台公司担保、保证等方式为企业提供融资支持。

农发行广西区分行和百色市分行在靖西市开展了财政涉农资金整合撬动农发行贷款的调研评估，制订整合涉农资金撬动农发行贷款指导方案，通过整合地方政府涉农资金，对接农发行融资政策，充分发挥财政涉农资金杠杆作用，引导金融及社会资本参与推动脱贫攻坚项目落地。广西、贵州成立了不同层级的风险担保基金，规模7.6亿元，共投放风险担保金类扶贫贷款2.96亿元，惠及1.2万贫困人口。安康示范区为充实国有企业实力，按照年度贷款余额的1%计提风险补偿专项基金，为产业融资提供补偿准备。贵州探索的风险补偿金金融扶贫模式，在毕节实验示范区得到了有效应用，取得了理想的效果，获得了先行先试经验。

专栏1：贵州支持产业革命，打造农业政策性资金和产业扶贫投资基金结合

2018年，贵州省委、省政府明确在全省重点发展茶叶、食用菌、蔬菜、牛羊、特色林业（竹、油茶、花椒、皂角等）、水果、生猪、中药材、刺梨、生态渔业、辣椒、生态家禽12个农业特色优势产业。2019年2月，贵州出台《省委省政府领导领衔推进农村产业革命工作制度》，农发行总行借此契机同贵州省人民政府签订了《农业政策性金融支持贵州乡村振兴发展战略合作协议》，

农发行贵州省分行依据该协议探索出了一条政策性金融支持绿色产业扶贫投资基金的新路径并在毕节实验示范区推广应用。

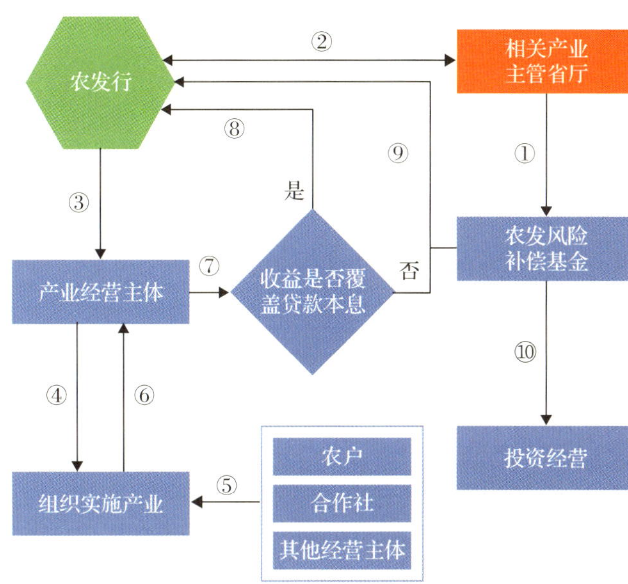

①产业主管部门整合资金设立农发风险补偿基金。
②主管部门与农发行相互推荐重点经营主体（项目）。
③农发行按5~6倍匹配优惠贷款。
④经营主体组织实施产业。
⑤农户、合作社等参与产业实施，获得相应收益。
⑥项目效益和生产收益。
⑦偿还贷款本息。
⑧综合收益覆盖贷款本息，直售偿还贷款。
⑨综合收益不能覆盖贷款本息，风险补偿基金按一定比例补偿。
⑩闲置的基金可用于购买国债、农发行定期存单等安全投资经营，实现基金保值增值。

按照“党政主导、市场机制、聚焦重点、风险可控”原则，贵州省分行先后与省农业农村厅、贵州现代物流产业（集团）有限责任公司等签署了《财政资金与农业政策性金融协同服务贵州省牛羊产业合作协议》《“贵州省牛羊产业贷”合作协议》，搭建了产业风险补偿基金，黔西县生态肉牛产业项目作为地方产业主导项目，纳入风险补偿范围。毕节市分行和贵州省分行按照“特事特办、急事急办”原则，实行“优先受理、优先调查、优先审查、优先审议、优先审批”办贷“五优先”原则，对贵州黄牛产业集团黔西县有限责任公司的黔西县生态肉牛产业项目进行一体化推进，推动黔西县建成“牧草种植与草料生产—肉牛繁育—肉牛屠宰—牛肉产品营销—投入品加工与供应—废弃物资源化利用—产业服务”山地特色生态农业全产业链，带动全县肉牛产业发展壮大，为全省肉牛产业化发展作出示范。

（四）探索定期会商会办项目推进模式

示范区结合“扶搬迁、扶基础、扶民生、扶产业”等扶贫开发重点领域和扶贫项目实施规划，按照“易地扶贫搬迁、基础设施建设、民生项目、特色产业”等行业分类建立市、县（区）扶贫项目融资储备库，定期向农发行和承担扶贫开发任务的投融资公司推荐，扶贫项目要落实精准扶贫要求，充分体现对贫困人口的扶贫带动作用和服务作用。四个示范区在政府、银行、企业三方互通机制框架下，动态评估项目库内项目落地和变化情况，实现对脱贫攻坚重点项目的精准支持。

保定示范区政府主导下扶贫业务实行清单制管理，按月动态调整，农发行全力保障贫困县信贷资源。安康市政府不定期召开政策性金融扶贫项目编报工作会。从项目前期对接和扶贫资金融合，发挥贷款资金聚集效应，对保证资金保值增值、资金分散使用、控制风险等进行编报，总编报项目20379个，申请贷款403.68亿元，涉及全市10个县区的1003个贫困村，覆盖19.4万贫困户58.17万贫困人口，其中入库项目12509个，共申贷105.19亿元，最终实现贷款投放65.59亿元。

四、国家级实验示范区创建的具体实践

原国务院扶贫办和农发行按照前期确定的《方案》，以自愿申报的原则，筛选出“政府扶贫攻坚意识强、扶贫任务重、扶贫基础较好、近年来扶贫工作成效显著”具有红色基因传承、集中连片贫困的广西百色、河北保定、贵州毕节、陕西安康四个地级市作为首批国家级实验示范区。围绕区域贫困现状、脱贫攻坚对金融资金需求，探索发挥政策性金融特殊融资机制和地方政府组织优势契合点，创新金融产品、创新服务，探索政府扶贫资金、金融信贷资金、社会帮扶资金合力扶贫着力点，做大投入“蛋糕”，发挥最大扶贫效益，为脱贫攻坚提供资金保障新模式。

（一）河北保定县域“易地扶贫搬迁+后续产业扶持”模式

保定市辖内5个市辖区，16个县市，2个开发区[①]，总面积2.2万平方公里，常住人口近1200万人。[②]地处京津冀协同发展中部核心功能区和区域性中心城市的保定市，虽然是传统农业大市、河北省第一人口大市、粮食主产区，但东西经济条件差异较大、县与县之间经济条件悬殊，沿燕山—太行山山前县域贫困县较多，燕山—太行山集中连片特困地区的阜平、涞源、涞水、易县、唐县、望都、曲阳、顺平八个县域为国家扶贫开发重点县，博野县为省级贫困县。贫困地区面积达1.38万平方公里，占全市总面积的62.4%。2015年底有贫困人口45.3万人，贫困村1082个，贫困发生率5.6%[③]。地处深山区的阜平县、涞源县贫困程度深、脱贫难度大，与山西五台县相邻，均为革命老

① 不含后划归雄安新区的安县、安新县、容城县三县。
② 数据来源：河北省第七次人口普查公布数据，此处包括安县、安新县、容城县三县人口情况。
③ 数据来源：保定市政府2015年政府工作报告。

区，这里有中国北部最早的红色政权“阜平苏维埃”，拥有闻名全国的爱国主义教育基地冉庄地道战遗址、唐县白求恩柯棣华纪念馆、集中抗日根据地和省级爱国主义阜平城南庄革命纪念馆、狼牙山五壮士英勇跳崖处、晋察冀边区旧址等。开国伟人毛主席1948年从阜平县城南庄到达革命圣地西柏坡。2012年12月末，习近平总书记到阜平县骆驼湾、顾家台考察，脱贫攻坚号角从此吹响。

阜平县是国家“八七脱贫攻坚计划”的重点扶持贫困县、河北省扶贫攻坚重点县、2011年列入国家集中连片特殊困难地区燕山—太行山片区县，脱贫攻坚任务艰巨。2016年以来，农发行阜平县支行借保定分行与阜平县政府签订战略性协作框架协议、保定作为全国四个政策性金融扶贫实验示范区之一的东风，主动作为，将阜平县“十三五”脱贫攻坚规划重点项目——四个土地整治试点村8600亩林果种植项目作为着力点和切入点，先后支持易地扶贫搬迁旧房屋拆除复垦、土地流转、林果种植、民俗村落旅游等搬迁后续产业扶贫项目，实现了易地扶贫搬迁后续产业扶持、两区同建后搬迁人口的就业安置，仅通过四个试点村林果种植项目土地流转补偿一项就能够直接带动贫困人口每户每亩每年增收800~1000元。加快了阜平县林果种植结构的调整，提高了农业综合生产能力，为乡村增美、农民增收提供了有力支持。

保定实验示范区为阜平县提供产业扶贫贷款1.68亿元，支持阜平县四个试点村通过土地流转、整理后种植林果8600亩，以建设用工、林果种植承包、后期维护统一修剪管理的方式带动了3520个贫困人口，实现了一个项目带动一方、一个产业拉动一片的产业扶贫的持久帮扶

保定市国家级政策性金融扶贫实验示范区充分发挥示范引领作用，坚持把深度贫困县易地扶贫搬迁后续项目作为金融扶持的重点。深入贯彻习近平总书记在阜平“宜农则农、宜林则林、宜牧则牧”的讲话精神，创新“政策性金融+涉农整合资金”组合支持模式。先后审批阜平拆旧复垦项目、阜平林果种植项目、涞源玖兴养殖项目、涞源黑木耳项目四个易地扶贫搬迁后续项目16.55亿元，投放10亿元，服务建档立卡贫困人口4.57万人次，有力推动了易地扶贫搬迁后续产业的良性发展。

（二）广西百色“基础设施+产业扶贫”一二三产融合发展模式

广西百色是中国红军第七军军旗升起的地方，邓小平曾在此领导了著名的“百色起义”，创建了右江革命根据地，浓厚的红色革命基因也铸造了百色人民不屈的意志。百色市同时集革命老区、少数民族地区、边境地区、大石山区、贫困地区、水库移民区“六位一体”。百色市作为广西面积最大的地级市和新工业基地，也是典型的集“老少边穷”于一体的城市。全市大部分贫困地区人多地少、自然生态环境差，很多乡村甚至乡镇都存在基础设施薄弱、集体经济较弱、产业支撑力不强的问题。同时，百色市又承担着“发展”和“守边”的双重责任。百色与越南的边境线长达360.5公里，从近代至1986年，百色一直是抗法、抗美援越、对越自卫反击战的前线，百色人民为保卫边疆、建设边疆作出了巨大贡献。“十三五”期初，百色有贫困村729个，贫困人口67.8万人，贫困发生率20.25%[①]。全市七个县（市）被列为深度贫困县（市），五个乡镇被列为深度贫困乡镇，495个行政村被列为深度贫困村，是广西壮族自治区脱贫攻坚的主战场。

广西壮族自治区德保县属国家级贫困县，2020年GDP 92亿元，财政收入不到10亿元。由于交通、地理因素的限制，基础设施条件差，产业发展长期受限，总体经济发展情况与百色辖内较发达县域存在较大差距。目前，加工制造业为德保县的支柱产业，由于交通、仓储、物流等基础设施建设滞后，使得支柱产业扩大生产特色产业发展受到制约，造成农村人口缺乏就业机会，且人均收入偏低。为巩固脱贫攻坚成果、全面推进乡村振兴，推进德保县城乡一体化进程，农发行瞄准德保县支行解决县域交通、水电等基础设施陈旧、安置点搬迁人口缺乏就近就业的岗位等问题，积极筛选符合县域特色的重点项目，支持广西百色德保县乡村振兴产业园区基础设施建设，通过标准厂房及配套设施建设，推动项目地附近易地扶贫搬迁安置点的道路、电路、供水等基础设施建设。园区建成后按功能划分，规范农副产品加工、仓储物流、产品加工

① 数据来源：2020年广西壮族自治区人民政府新闻办公室举办的广西决战决胜脱贫攻坚白色专场新闻发布会。

制造等，顺应德保特色农副产品产业发展需要，通过建设集加工、销售、物流、劳动力转移为一体的集约化、规模化、产业化园区，安排建档立卡贫困人口就业，切实做到扶持对象精准、项目安排精准、资金使用精准、措施到户精准和脱贫成效精准，实现生态保护和可持续发展，达到贫困群众由农民向产业工人转变，持续稳定增加收入，最终实现产业发展、脱贫致富、绿色生态、社会和谐的良好局面。

百色市实验示范区对辖区纳入乡村振兴产业发展基础设施公共服务能力提升三年行动计划的重点建设项目给予信贷支持，为德保县提供城乡一体化扶贫贷款8亿元，积极支持乡村振兴产业园区基础设施建设项目，该项目现已招纳农村户口员工498人，其中贫困人口73人，直接带动农村经济发展、农民特别是贫困人口的就业增收

百色市国家级政策性金融扶贫实验示范区以全区第一笔自营模式项目德保县扶贫产业园基础设施（一期）建设项目为突破口，以右江河谷为区域重点推进农业一二三产业融合发展，通过分析区域致贫因素，以扩大优势为主要目标，聚焦脱贫攻坚基本建设重点领域和薄弱环节，全力推进山区特色农业资源整合，加强对农业产业园、创业园、高新园支持，积极支持农林牧渔结合、种养加一体、一二三产业融合发展，促进农业转型升级、提质增效。“十三五”以来累计投放基础设施+产业融合类贷款77亿元，共惠及全市建档立卡贫困人口近60万人。

（三）陕西安康“项目管理+政府奖补”模式

陕西省安康市所辖十个县区均为贫困县，2015年底贫困人口58.17万人，贫困发生率23.5%，贫困人口居全省第一，贫困发生率居全省第二，共有992个贫困村，占行政村总数的40.62%，[①]致贫因素复杂。安康市位于汉江中上游秦巴山腹地，是川、陕、鄂、渝四省市的交通要冲，处于西安、武汉、重庆三大经济区的几何中心，安康全境均属于南水北调中线工程水源区，大部分县区是秦岭自然保护区和化龙山生物多样性自然保护区的核心区和缓冲区，全市2.35万平方公里国土面积中，92%以上是国家和陕西省国土主体功能区划中划定的限制开发重点生态功能区，25度以上的土石山区占92.5%，水土流失面积高达1.3万平方公里。历史上，安康也是一块红色热土、红色教育基地，境内有红军纪念馆、安康烈士陵园、山南人民抗日第一军纪念碑等。

■ 安康市实验示范区支持陕西省重点建设项目——安康高新路网新建改造项目一期工程建设。项目坐落于国定贫困县汉滨区（现为乡村振兴国家重点帮扶县），辐射安康高新区、冉家河镇等区域，联通安康新机场，项目建成通车改善了高新区对外交通现状，吸引外界投资、拉动区域内投资，加速了安康高新区经济发展，促进了整个区域经济发展结构调整和投资环境改善

① 陕西举行“打赢脱贫攻坚战　共圆全面小康梦”系列发布会（第九场）[EB/OL]. http://www.scio.gov.cn/xwfbh/gssxwfbh/xwfbh/shan_xi/Document/1688426/1688426.htm.

安康市高新技术开发区隶属于安康市汉滨区，原属于国定贫困县，也是当时全省11个深度贫困县之一，地区总人口102万人，建档立卡贫困户共计20.24万人，占地区户籍人口数量的19.84%，其中未脱贫1.13万人，已脱贫享受政策19.11万人，贫困人口多，产业发展薄弱，基础设施条件落后，问题突出。农发行安康市分行以“新安康门户区2019年重点工作任务清单（第一批）”为前提，结合“重点项目社会化专项资金制度”作为项目现金流的新切入点，支持安康高新路网新建改造项目一期工程建设。通过该项目的建设，改善了项目区现有部分道路规划不完善、交通受阻、流通不畅的现状，为贫困户提供了一条“致富之路”。同时该项目也在陕南地区城镇取得明显的突破、辐射和示范作用，实现项目自身现金流和挖掘外部现金流的多元复合，是农发行创新支持政策性金融扶贫示范区的重要探索。

安康市国家级政策性金融扶贫实验示范区以示范区搭建为契机，通过建立政府、银行、企业三方沟通机制，创新政府奖补资金+社会资本融合使用方式，以重点项目管理办法筛选入库项目，以绩效考核管理办法评估项目成效，以奖补资金细则明确补偿路径，农发行及时提供金融助力，利用政府各项重点项目奖补资金池加快扶贫项目建设，打造了“重点项目库管理+金融助力+政府奖补+社会资本参与”的信贷支持模式，利用政府各类奖补资金最大限度地支持扶贫项目建设。安康市辖内共有六个县级支行应用此模式及时为扶贫项目建设提供了信贷支持，项目涉及道路、桥梁、农村厕所、房屋改造和旅游设施建设等多个领域，是政策用好、资金用足、扶贫成效明显的典型示范。

（四）贵州毕节的县域主导产业+区域整体脱贫模式

贵州省毕节市地处乌蒙山集中连片特困地区，2015年末，毕节地区有贫困人口38万户115.54万人，1981个贫困村，贫困发生率为16.5%。[①]毕节市七个县（市）被命名为革命老区，1934年1月，毕节建立了贵州省第一个中共地下党支部，1936年，红军长征多次途经毕节，并建立了中华苏维埃川滇黔省革命委员会，以毕节地下党为基础组建了全国唯一省级抗日武装——贵州抗日救国军，毕节境内共有30多处革命遗迹，见证了毕节作为革命老区的光荣历史。毕节市属于多民族聚居地区，除汉族外的44个少数民族共有169.18万人，是贵州省贫困面最广、贫困人口最多、脱贫任务最重的市州。1988年6月，在时任贵州省委书记胡锦涛同志的倡导和推动下，经国务院批准成立毕节实验区，是我国“西部大开发”拉开序幕的地方，是贵州“科学发展的试验田”和“生态文明的示范区”，是为喀斯特地区经济社会发展提供借鉴的全国第一个综合改革实验区。2013年，国家发展和改革委出台了《深入推进毕节实验区改革发展规划

① 数据来源：贵州统计年鉴2016。

（2013—2020年）》，标志着毕节实验区的改革发展上升到国家战略。

2018年，贵州立足实际，号召在全省来一场“振兴农村经济的深刻的产业革命”，一场调结构、稳产业、促增收的产业革命在乌蒙大地铺开。作为贵州省挂牌督战的九个未摘帽深度贫困县之一，贫困面大、贫困程度深是毕节市威宁县的真实写照，威宁也成了全省脱贫攻坚道路上最难啃的一块“硬骨头”。在全省轰轰烈烈的产业结构调整过程中，威宁自治县因势利导、顺势而为，借助金融活水，合理调整农业产业布局，重点发展白菜、白萝卜、莲花白组成的“三白产业”，产业革命风生水起。在此过程中，农发行威宁县支行在信贷支持上发挥了十分重要的作用。2019年以来，农发行威宁县支行投放产业扶贫贷款4.4亿元，用于威宁蔬菜产业基地建设，将“输血式”扶贫转变为“造血式”扶贫，带动威宁6500人以上实现增收致富。信贷资金的注入也带动了威宁高山冷凉蔬菜产业突起，实现了产销两旺。该县所产蔬菜不仅畅销重庆、成都、昆明、上海等地，东南亚市场也逐步打开。2020年上半年，就实现越南、泰国、新加坡等国家出口1.1万吨。得益于蔬菜产业的发展，威宁许多老百姓通过土地流转、在产业基地务工、利益分红等方式，增加了收入，实现了“家门口”就业，为稳定可持续脱贫奠定了坚实基础。

■ 毕节市实验示范区支持的威宁县2019年蔬菜产业易地扶贫基地（一期）项目。该项目一是通过土地流转为1.44万户农民实现年均增收3600元。二是通过项目建成后年直接用工为6500户贫困人口实现年均增收超4万元。三是通过项目季节性临时用工帮扶。四是将按项目实现可分配利润的8%、2%给予贫困人口、村集体分红

毕节市国家级政策性金融扶贫实验示范区积极探索支持产业扶贫，通过选取纳雍、威宁、赫章三个县为政策性金融扶贫实验示范区试点重点县和专班开展帮扶行动，围绕毕节特色产业和生态建设，累计审批产业精准扶贫贷款49.5亿元，贷款余额31.9亿元，支持土地流转、林业资源保护与开发、农业产业化经营等县域主导产业发展，带动约19.6万人次贫困人口脱贫致富。

五、国家级实验示范区创新示范成效

国家级实验示范区支持易地扶贫搬迁成效斐然。脱贫攻坚期间，广西百色实验示范区支持易地扶贫搬迁项目贫困县覆盖率100%，四个实验示范区累计支持有易地扶贫搬迁任务的贫困县25个，占区域总量的64.1%，累计发放扶贫贷款117.04亿元，惠及搬迁人口20.25万人。保定市分行依托实验示范区优势，争取到了四个县计划搬迁人口达13.4万人份额，占保定市建档立卡搬迁人口的93%，占全省建档立卡搬迁人口的53.8%。安康示范区支持石泉、旬阳、镇坪、平利、汉滨五个区县易地扶贫搬迁工作，支持移民搬迁7.77万人，建造安置房3.3万套、配套道路137.56公里、桥梁2284米、堤防工程23.52万立方米、学校55所、卫生所44所、垃圾填埋场、社区服务中心、人饮工程等公共服务基础设施。

国家级实验示范区先行示范作用得以发挥。四个示范区均支持了辖内旅游扶贫项目，累计发放贷款10.8亿元，惠及建档立卡贫困人口12170人次。保定分行率先支持光伏扶贫，发放贷款1.6亿元，带动1000名贫困人口年均增收超3000元，百色市分行支持的田阳县“老乡家园”项目成为广西政策性金融支持易地扶贫搬迁的样板工程。

国家级实验示范区在助力脱贫中融智服务效能得到彰显。四个示范区积极协助区域内的35个县（区）组建专项用于承担扶贫开发的投融资主体，占地区数量的66.03%，其中百色和安康实现了县级投融资主体区域全覆盖。四个示范区累计支持扶贫项目86个，累计发放贷款112.7亿元，投向覆盖了易地扶贫搬迁、农村路网、农村教育和医疗、水利建设、棚户区改造、农村人居环境综合整治等农业农村基础设施建设和农业产业园区建设、旅游扶贫等产业基础设施建设领域。百色市分行有三个平台公司承接农发行专项建设基金，承接金额共计0.75亿元，投向棚户区改造和水利建设项目。创新财政资金与政策性资金协同配合机制，撬动约30.83亿元的财政资金投向辖内12个县（区），占比约22.64%，14个信贷项目服务了四个示范区内超37万贫困人口。

国家级实验示范区模式创新有效支持了产业扶贫。毕节市辖内10个县建立“脱贫人口小额信贷风险保证基金”，占比100%。另外，2个县（黔西县、威宁县）参与贵州省“牛羊产业风险补偿金”，风险补偿金规模58000万元；1个县（七星关区）参与贵州省“刺梨产业风险补偿金”，风险补偿金规模3000万元。农发行信贷累计投放额度1.7亿元。四个实验示范区支持了辖内34个县（区）发展特色产业44种，占区域总数的64.15%，累计投放信贷资金56.67亿元，带动约49342人次年均增收超1500元以上。

国家级实验示范区综合效能得以充分发挥。从总体成效数据来看，四个国家级实验示范区共覆盖33个国家扶贫开发工作重点县和集中连片特殊困难地区县，2015年末的贫困发生率为13.13%，高于全国平均水平近8个百分点。截至2020年末，广西百色、河北保定、贵州毕节、陕西安康四个国家级实验示范区共投放贷款851.89亿元，其中投放精准扶贫贷款565.35亿元，占比66.36%。扶贫贷款余额389.43亿元，占比为59.9%；扶贫贷款平均年增速为11.65%，超出所在市级分行平均贷款增速近3个百分点；与辖区内其他金融机构相比，扶贫贷款余额和累放额均居首位，起到充分的引领作用，为助推实验示范区优化金融环境提供了政策性金融保障。

四个国家级实验示范区均实现了辖内贫困县扶贫贷款投放全覆盖，地方党政也对创建实验示范区给予了高度评价，认为此举是原国务院扶贫办与农发行共同探索政策性金融精准扶贫的重大举措和有效抓手，如保定示范区连续五年扶贫成效报告均得到地方党政主要领导肯定性批示，通过实际行动获得了认可，充分彰显政策性金融的主力先锋模范作用。

第三节　省级政策性金融扶贫实验示范区设立与实践

在国务院与农发行共同成立的国家级政策性金融扶贫试验示范区的带动下，快速响应、快速行动、快速落地的工作机制得到了社会各界的普遍认可，各金融机构也相继成立了自己的金融实验示范区。为更好发挥政策性金融的职能优势，全面全力聚焦深度贫困县，农发行与签订了《脱贫攻坚责任书》的省级政府共同合作成立了省级政策性金融扶贫实验示范区，按照“积极创新、先行先试、政策支撑、风险可控，因地制宜、重点突破、科学组织、把事办成”的原则，以精准扶贫、精准脱贫为核心，发挥政策性金融特殊融资机制优势和地方政府组织优势、财政资金优势，加强金融扶贫、财政扶贫、社会扶贫的结合，探索政策性金融扶贫制度创新、产品创新、管理创新，推动实验示范区如期实现脱贫，为调动全省金融扶贫力量提供借鉴。

一、省级实验示范区基本情况

（一）省级实验示范区申报

省级政策性金融扶贫实验示范区主要选取脱贫攻坚意识强、勇于创新、信用良好且区域内贫困县任务较重的省份，由省级人民政府制订实验示范区建设方案，对农发行通过专项建设基金注入等方式合作建立政策性担保机构达成一致意见，以会议纪要、规划等形式明确省级扶贫投融资主体统一承贷扶贫贷款，采取省级政府购买扶贫开发服务模式并且明确了发挥地方政府组织优势、采取财政支持等有利于金融扶贫的其他政策措施。

（二）省级实验示范区创建重点

1. 探索扶贫贷款统一承贷模式。主要由省级扶贫投融资主体和地市级投融资主体统一承贷，按照相应政府购买服务协议进行融资，重点支持省级扶贫投融资主体统一承接政策性银行各类扶贫贷款，下拨给市、县扶贫投融资主体和扶贫项目具体使用资金，实现对国家级贫困县的支持。

2. 创新扶贫信贷产品进行综合支持。突出支持易地扶贫搬迁，以建档立卡贫困人口脱贫为出发点，积极推动贫困地区基础设施建设、产业扶贫、光伏扶贫、旅游扶贫、批发转贷扶贫、职业教育扶贫以及其他精准扶贫贷款品种创新。

3. 探索建立贷款风险补偿机制。围绕解决贫困地区“政府财力弱、担保难”和农发行“放得出、收得回”的问题和要求，探索建立政府主导的政策性银行贷款风险补偿机制。

4. 探索更加优惠的扶贫贷款政策。探索信用贷款路径、综合考量延长贷款期限、对清单扶贫项目实行利率优惠。

5. 探索实行整区域扶贫综合授信。以实验示范区为单位进行整区域扶贫综合授信并单列信贷规模。

二、省级实验示范区创新工作举措

重庆市制订了《重庆市政策性金融扶贫实验示范区建设方案》（以下简称《方案》），经市政府同意，于2017年9月22日由市金融办、原市扶贫办、市农委、人民银行重庆营管部和重庆市分行联合印发。审批由市级投融资主体重庆市兴农资产经营管理有限公司统一承贷贷款下划区县实施主体建设扶贫项目26个，金额49.95亿元，投放39.59亿元，统贷余额37.34亿元。成立扶贫过桥贷款推进领导小组，由农发行重庆市分行行级领导亲自挂帅负责扶贫过桥贷款业务的组织推动工作。召开了扶贫过桥贷款业务培训会，专门编制了扶贫过桥贷款宣传手册。与酉阳县政府达成一致意见，由酉阳政府筹集不低于2000万元的风险保证基金，农发行按照不超过风险保证基金的5~10倍的额度给予信贷支持。酉阳县已制订产业扶贫风险补偿基金实施方案，并制定下发《关于进一步加强专项扶贫贷款营销工作的通知》，分解并落实各行2018年专项扶贫贷款任务。推进农发行重点建设基金入股重庆兴农担保公司工作，对担保资源不足的贫困区县，重点引入兴农担保公司对实验示范区扶贫项目提供保证担保。

云南省分行探索出信贷支持的“鹤庆模式”。引领带动贫困村提升工程贷款营销工作，涉农资金整合账户营销工作确定了“一把手负责制”“按周通报、按季度考核”和“专项奖励制度”等具体推动措施；围绕全省23.75万亩高标准农田和12.97万亩补充耕地的年度建设任务，制订融资融智方案。上移融资层级。从项目层级来看，上半年共受理省统贷项目17个，金额158.44亿元，占受理金额的32.7%。从客户层级来看，进一步加强了与省能投、建投、交投等省级客户及其子公司的业务合作。以母公司增信等方式，通过自营模式支持省水投省级重点水利项目建设资金融资；支持省交投旗下楚雄北绕城公路有限公司一级公路项目1个，投放贷款6亿元；积极对接储备借款人综合性（特别是经营性）现金流覆盖贷款本息的项目。派出八名业务骨干三次全程参与国家发改委和省发改委组织的易地扶贫搬迁督查检查工作。在省级层面建立了113个易地扶贫搬迁项目贷款信贷电子档案，并将档案管理工作纳入条线基础管理范畴。着力加大对“三区三州”支持力度。对于迪庆、怒江州的重点项目，省分行行领导亲自挂帅，组成重点项目营销小组和金融服务小组，成功办理了400亿元省级水利建设资金贷款项目，并在深度贫困县给予了优先投放。与怒江州政府签订《农业政策性金融支持怒江州深度贫困地区脱贫攻坚战略合作协议》。

山西省分行坚持以服务脱贫攻坚统揽业务全局，明确易地扶贫搬迁为全行扶贫业务发展的重中之重，利用辖内县域机构全覆盖的组织优势成功营销农发行为全省易地扶贫搬迁资金结算行，并与有关部门联合发文落实全省86个有易地扶贫搬迁任务的县（区）全部在农发行开立易地扶贫搬迁资金结算账户，累计承接各类易地扶贫搬迁资金超60亿元，为全省易地扶贫搬迁工作顺利开展提供了全方位、多层次的一站式金融服务，实现易地扶贫搬迁贷款快速增长。

江西省分行无论是专项贷款、专项基金、项目贷款均占全省份额的60%以上，成为名副其实的主办行，同时还代理省国开行专项基金和贷款业务，成为结算行。与省工商联、原省扶贫办、省光彩会签订了《农业政策性金融支持“千企帮千村”精准扶贫行动战略合作协议》，建立“千企帮千村”双向推荐机制和精准扶贫项目库，遴选了39家企业入选项目库，实施专项管理和动态监测。加强与省水利厅、省交通厅和省住建厅等部门的通力合作，定期审定申报PSL项目库。针对示范区58个县（市、区）项目建立评审和审批绿色通道，实行优先评估、优先审议、优先投放制度。对接各县“十三五”脱贫规划，结合当地资源禀赋，帮助政府对县域内扶贫项目制订整体性解决方案。联合省扶移办、发改委、国开行对代理省国开行代理支付资金进行督导，对发现的突出问题，要求相关行彻底自查自纠，边查边改。

新疆分行分别与新疆中泰集团、中棉集团、广汇集团等签订了服务乡村振兴、助力脱贫攻坚战略合作协议。结合南疆深度贫困地区实际，积极调研，推出了以供应链金融“订单融资”为核心的“南疆扶贫模式”，通过政府整合市场资源，支持培训中心农产品配送。对发放扶贫收购贷款的棉花企业，出台了降低5%贷款担保率优惠措施。与自治区国资委签订《支持南疆特色农业产业发展战略合作框架协议》，通过信贷优惠、产品创新和优化服务等方式加大对林果业在内的特色农业产业发展项目的支持力度，与自治区旅发委签订战略合作协议将阿勒泰地区作为农发行金融创新的示范区。农发行成立推动阿勒泰地区旅游产业发展领导小组，专门为打造阿勒泰全域旅游产业提供金融服务。

贵州省分行创新财政涉农资金整合“过桥”模式，探索支持贫困村提升工程。依托国务院和贵州省政府支持贫困县开展统筹整合使用财政涉农资金试点政策支撑，在铜仁市江口县率先探索，投放了全国农发行首笔贫困村提升工程扶贫过桥贷款1.2亿元，形成了“还款来源与财政涉农资金整合政策对接、贷款额度与财政涉农资金整合总量对接、贷款投向与政府扶贫规划对接”的扶贫信贷“三对接”模式。探索省级统贷、市级统贷、市县分贷等模式。运用统贷统还，支持有中央车购税补贴等来源的农村公路建设项目。推广“分贷”模式支持贵州省骨干水源工程建设，首笔采用“分贷”模式水利建设贷款在黔东南州成功试点，并作为有效案例在全省推广。采取市级统贷、市县分贷等模式，支持农村公路统贷项目13个、金额41亿元，助推打通农村交通“最后一公里”。盯住贵州“三大战略”，推动农发行总行与国家发改委、贵州省人民政府签订《全面支持网络扶贫合作框架协议》，争取总行对贵州150亿元网络扶贫贷款的意向性信贷额度，大力支持贵州大扶贫大数据产业发展。

内蒙古自治区分行探索创新信贷模式和产品，立足内蒙古自治区优势产业，因地制宜支持“政府政策扶持+龙头企业牵头+基地+农户”等模式，率先在兴安盟建立了农牧产业扶贫贷款风险补偿基金，以点带面、复制经验，并陆续在乌兰察布、赤峰、通辽等重点盟市进行探索推进，突出发挥“兴安模式”在支持产业扶贫方面的推动和带动作用，打造支持产业扶贫的新模式。在乌兰察布市、兴安盟、赤峰市、呼伦贝尔市、锡林郭勒盟、通辽市6个盟市20个试点旗县进行现场调研对接，组织重点推进。制订了《关于易地扶贫搬迁+土地增减挂钩金融扶贫创新实施方案》《关于易地扶贫搬迁+金融扶贫创新信贷支持方案》，形成了《关于易地扶贫搬迁+土地增减挂钩调研情况的报告》等。全面推行实施项目“清单制”管理，及时掌握全行营销储备精准扶贫贷款项目进展状态，定期编发扶贫开发信息动态。建立耕地占补平衡及城乡建设用地增减挂钩专项工作周刊。按周发布国家土地利用政策、专项工作推进情况和各盟市动态情况。

三、省级实验示范区脱贫成效

省级政策性金融扶贫实验示范区，完善了区域性脱贫攻坚实践，超过签订《脱贫攻坚责任状》三分之一的省份建立起了实验示范区，在“省负总责、市县抓落实”的原则下，将金融扶贫工作摆到了重要的位置，不断创新工作机制，优化资源配置，发挥了政策性金融独特的优势，助力脱贫攻坚啃下最后的“硬骨头”，深度贫困地区的金融资源聚集度显著增强，金融服务效率显著提升，贫困户和贫困村的发展能力显著提高，贫困地区产业发展基础显著加强，基础设施和公共服务显著改善，为中国减贫实践添砖加瓦。

贵州、重庆、江西、安徽、新疆、山西、云南、内蒙古八个省级实验示范区各项贷款余额20862.05亿元，较2016年末增加11103.66亿元，增长113.8%。其中，精准扶贫贷款余额7925.76亿元，较2016年末增加4317.53亿元，增长119.66%；精准扶贫贷款占各项贷款的37.99%。为助推实验示范区脱贫攻坚提供了有力信贷支持。“十三五”期初八个省级实验示范区共有377个贫困县（市、区、旗），占辖区内县级区域的58%，占全国贫困县数量的64.44%，2016年初贫困发生率8.15%，高于同时期全国贫困发生率3.65%，截至2020年末，以上区域和人口全部实现脱贫摘帽。

安徽省分行投放易地扶贫搬迁专项建设基金和长期贷款份额占全省的90%以上，成为全省易地扶贫搬迁贷款的主办行。贵州省分行扶贫贷款余额及投放额居全国农发行系统省级分行首位，全省银行业系统第一位；省级示范区1500亿元贷款投放目标于2018年底提前2年完成。内蒙古自治区分行在各银行机构中率先投放扶贫过桥、旅游扶贫、贫困村提升工程、教育扶贫、健康扶贫、农村危房改造、土地增减挂钩和耕地占补平衡贷款，实现了专项信贷扶贫“八个第一”。山西省分行易地扶贫搬迁投放量、余额、贷款份额均为全省第一，并且作为山西省唯一的易地扶贫搬迁资金结算银行，累计承接各类易地扶贫搬迁资金150亿元左右。云南省分行脱贫攻坚期间在全省深度贫困地区扶贫贷款累计投放额与余额居全省金融同业首位。新疆自治区分行累计使用180.16亿元专项扶贫再贷款资金额度，居农发行系统首位。

安徽省分行在系统内率先采用批发贷款模式，率先投放首笔教育扶贫贷款，创新探索承贷主体与运营主体相分离的健康扶贫“灵璧模式”并推广应用。贵州省分行探索创新“三变+产业+风险补偿基金”产业扶贫信贷支持模式，探索企业综合收益还款模式。江西省分行作为支农转贷款业务创新试点行，推动支农转贷业务创新。山西省分行在全国系统创新打造产业扶贫新模式——“吕梁模式”。新疆自治区分行推进南疆林果托市收购模式创新。重庆市分行探索推出“1+6产业化联合体模式”支持全市10大山地高效特色产业和“10+2”特色扶贫产业发展。

安徽省分行在2018年安徽金融行业综合评选活动中获得优秀扶贫单位称号；2017—2018年连续两年获得系统内省级分行脱贫攻坚考核第一名；2021年六安市分行行长被评选为全国脱贫攻坚先进个人，同时六安市分行获得省级脱贫攻坚先进集体一个和先进个人两名。贵州省分行在全国脱贫攻坚总结表彰大会上被党中央、国务院表彰为“全国脱贫攻坚先进集体”。全省15个集体和12名个人分别获贵州省委、省政府“全省脱贫攻坚先进集体”和“全省脱贫攻坚先进个人”表彰。贵阳市观山湖区小湾河环境综合整治工程获评贵州省政府十大PPP样板工程，央视《焦点访谈》作为黑臭水体治理示范项目播出。惠水县明田安置点、普定县白旗新村安置点等项目成为全国首次易地扶贫搬迁现场会参观点。水城县易地扶贫搬迁项目，入选中宣部等四部门联合主办的“砥砺奋进的五年”大型成就展。平塘县农村饮水项目成为全省示范工程，2020年央视新闻频道在5月宣传报道了贵州省分行信贷支持的威宁蔬菜基地。山西省分行先后荣获省级脱贫攻坚创新奖、金融扶贫贡献奖全国脱贫攻坚先进集体等多项荣誉称号，2021年吕梁市分行荣获了“全国脱贫攻坚先进集体”的荣誉称号。

第四节　政策性金融扶贫实验示范区启示

一、实验示范区目标任务圆满完成

党的十八届五中全会明确提出，到2020年我国现行标准下农村贫困人口实现全部脱贫，贫困县全部摘帽，解决区域性整体贫困。随着脱贫攻坚的逐步深入，贫困地区金融供给不足、金融精准扶贫体制机制缺乏创新、财政扶贫资金与银行信贷资金难以发挥整体合力等制约脱贫攻坚成效的问题日益突出。在此背景下，农发行因地制宜开展政策性金融扶贫实验示范区创建工作，鼓励和引导各地大胆创新、先行先试，通过将政策性金融特殊融资机制优势和地方政府组织优势、财政资金优势有机结合，解决贫困地区发展和贫困人口脱贫融资难、融资贵问题，助推地方政府加快脱贫攻坚步伐，为打赢脱贫攻坚战提供可复制、可推广的经验。

实验示范区地方政府、相关部门、农发行高度重视，坚持把创建政策性金融扶贫实验示范区作为重要平台和抓手，聚焦精准扶贫、精准脱贫基本方略，充分发挥政策性金融扶贫引领示范作用，按照加强财政政策、信贷政策“两方对接”和推进金融扶贫、财政扶贫、社会扶贫“三方融合”的要求，走出了一条创新发展、协同发展、共享发展的新路子。

二、实验示范区树立脱贫攻坚典范

（一）发挥政府对脱贫攻坚的支持引导作用

脱贫攻坚是从国家战略高度进行制度安排和政策实施，国家主导和政府推动是中国脱贫攻坚最重要的特点，政策性金融扶贫是国家脱贫攻坚的重要途径和手段，而政府部门是多种综合配套政策的引导者，这就形成了自上而下、依靠制度优势、政策支持和系统力量支撑的金融扶贫体制、机制和模式，农发行的政策性金融扶贫实验示范区的出发点和目标都与国家的战略意图和目标保持高度一致，有利于与国家扶贫攻坚各项任务、政策、措施形成高度协同和相互支撑。

（二）树立示范区对脱贫攻坚的示范带动作用

农发行在金融扶贫实验示范区中，基于地区条件及致贫因素，制定针对性的解决方法和路径，以政府规划投入为引导，以贫困村和贫困群众为受众，整合扶贫资金，集中投向贫困村建设，力求贫困村山田水、道路和环境的综合治理，经济教育、医疗卫生和文化社区等方面协同发展，改善贫困地区的物质基础，培育贫困人口的持续发展能力。在做好脱贫攻坚基础保障后，进一步立足本地特色优势产业，注重增强贫困户内生动力，将资源优势转化为经济发展优势。实验示范区的成功，证明了区域性脱贫是短期和长期联合开发的有机结合，更加注重脱贫的长效机制，因地制宜、因时制宜地将多种扶贫模式相结合，推动了整体区域的综合发展。

（三）推动示范区对乡村振兴的创新引领作用

扶贫金融实验示范区是农发行在新时代要求和新发展形势下，实现自身高质量发展和更好发挥政策性银行职能作用的双赢探索。示范区的建立，不仅使政策性金融依据地方资源禀赋和脱贫需求开展工作，也为总行政策制定和推广应用提供了充分的实践经验。随着乡村振兴战略的全面展开，一项深度、广度、难度都不亚于脱贫攻坚的挑战再次摆在面前，农发行率先与农业农村部、国家乡村振兴局对接，以三方协议为抓手，协同推进浙江、河北、贵州等乡村振兴实验示范区建设，实验示范区模式必将在乡村振兴中继续发挥强有力的创新引领作用。

第九章

“东西部扶贫协作”“万企帮万村”金融扶贫模式

“东西部扶贫协作”和“万企帮万村”扶贫方式是社会化扶贫创新的集中体现，是中国特色扶贫方式的重要组成部分，即在政府引导、部门或社会化组织倡导下，进一步激发社会各界关心和参与精准扶贫热情、动员各类社会资源参与扶贫、实现社会扶贫制度化和常态化制度安排。在两类社会化扶贫方式中，金融机构发挥着信贷催化提升、拓展扶贫效能的特殊职能。

第一节 “东西部扶贫协作”金融扶贫模式

一、“东西部扶贫协作”模式概述

“东西部扶贫协作”，即东部发达省市与西部贫困地区结对开展扶贫协作，是国家为实现共同富裕目标作出的一项制度性安排，被习近平总书记誉为“推动区域协调发展、协同发展、共同发展的大战略，是加强区域合作、优化产业布局、拓展对内对外开放新空间的大布局，是实现先富帮后富、最终实现共同富裕目标的大举措”[①]。“东西部扶贫协作”模式具体包括创建高层沟通机制的扶贫模式、基于企业合作层面的扶贫模式和集中于重点贫困地区的扶贫模式。

农发行“东西部扶贫协作”金融扶贫模式，是遵循“东西部扶贫协作”政策要求和主要模式下的创新，是围绕政府及职能部门部署要求、社会化组织安排和协作扶贫的重点事项，通过对东部、西部符合农发行业务范围条件的扶贫客户参与东西部合作扶贫项目的支持，给予贫困地区、贫困村、贫困人口信贷帮扶的扶贫方式。“东西部扶贫协作”金融扶贫模式有三个鲜明特点，一是通过信贷支持“东西部扶贫协作”项目拓展、催化、提升其扶贫益贫效果，间接实现金融扶贫的效能。二是在政府主导、政策引领下，尊重社会扶贫主体意愿，遵守市场化规则和监管政策的框架下，推进金融服务模式创新。三是鼓励“东西部扶贫协作”项目与“万企帮万村”专项行动关联起来。

脱贫攻坚战打响以来，农发行贯彻落实党中央“东西部扶贫协作”的要求，立足“东西部扶贫协作”国家区域发展总体战略，参与政府及社会化组织推进“东西部扶贫协作”各项活动，依托行业、系统优势，积极促进资金、资源、技术、市场在东部地区和西部地区之间有效衔接、优化配置，通过先富带后富，促进区域协调发展。依据国家确定的省份帮扶关系、对口支援“联姻”（见表1、表2）情况，创新东西部结

① 习近平. 切实做好新形势下东西部扶贫协作工作[N]. 人民日报，2016-7-22.

对帮扶，协调东部发达省份机构从产业帮扶、消费扶贫、招商引资、定点扶贫等方面帮助脱贫攻坚任务较重的西部省份机构开展结对帮扶工作，特别在产业对接、企业合作签约等方面，积极推动东部的资金优势、产能优势与西部资源优势精准对接，以产业扶贫为支撑，加大对西部特色农作物收购、原材料采购外输、项目合作投资等方面的帮扶力度，有效发挥政策性金融助贫带动效应。截至2020年末，农发行应用营销产品27个，支持“东西部扶贫协作”客户489个，累计投放“东西部扶贫协作”贷款967.73亿元，贷款余额559.68亿元，贷款支持涉及粮棉油收购、教育扶贫、健康扶贫、产业扶贫、农村路网、土地整理、生态环境保护等多个领域，充分彰显了农业政策性金融服务“东西部扶贫协作”“三农”情结，家国情怀。

表1　脱贫攻坚时期“东西部扶贫协作”结对帮扶关系

帮扶地区	被帮扶地区
北京	内蒙古、河北张家口市和保定市
天津	甘肃、河北承德市
上海	云南、贵州遵义市
广东	广西、四川甘孜州、贵州黔南州（广州）、毕节市（广州）、四川凉山州（佛山）、云南昭通市（中山　东莞）、云南怒江州（珠海）
江苏	陕西、青海西宁市和海东市、贵州铜仁市（苏州）
浙江	四川、湖北恩施州（杭州）、贵州黔东南州（杭州）、吉林延边州（宁波）、贵州黔西南州（宁波）
山东	重庆、湖南湘西州（济南）、贵州安顺市（青岛）、甘肃陇南市（青岛）
辽宁	贵州六盘水市（大连）
福建	宁夏、甘肃定西市（福州）、甘肃临夏州（厦门）

表2　脱贫攻坚时期“东西部扶贫协作”结对帮扶关系

帮扶地区（对口支援）	被帮扶地区
北京、江苏、上海、山东、湖北、湖南、天津、重庆、广东、福建、浙江、辽宁、河北、陕西、黑龙江、吉林、安徽	西藏
北京、广东、深圳、江苏、上海、山东、浙江、辽宁、河南、河北、山西、福建、湖南、湖北、安徽、天津、黑龙江、江西、吉林	新疆

二、“东西部扶贫协作”发展历程和政策

“东西部扶贫协作”是国家扶贫开发政策体系的重要组成部分。自提出以来，在党和政府的统筹推动下，逐步建立起一套系统、灵活且适用的机制。“东西部扶贫协作”推动了脱贫攻坚的高质量发展，持续服务于巩固拓展脱贫攻坚成果同乡村振兴有效衔接，展现出中国贫困治理的独特价值。此外，“东西部扶贫协作”在实现城乡一体化、统筹区域协调发展等方面也发挥了辐射性作用。

“东西部扶贫协作”模式启动于1996年，共分为四个阶段。1979—1995年为初步形成和探索时期，由“输血”式帮扶转向“造血”式帮扶。1996—2000年为正式形成和成效展现时期，东西部对口扶贫协作的省（自治区、直辖市）间通过双方互派交流干部、援建学校和基本农田水利设施、助修公路、解决贫困地区人畜饮水困难等方法开展贫困治理。2001—2015年为稳定发展时期，国家根据扶贫协作在20世纪90年代取得的成绩及发现的问题，调整扶贫协作的措施，提出了新目标，明确“进一步扩大协作规模，提高工作水平，增强帮扶力度”，同时把“东西部扶贫协作”从省级向市级和县级下沉，让扶贫瞄准更加精准，适应整个扶贫工作发展的需要。

2015年至2020年末，为新时期“东西部扶贫协作”阶段。随着国家精准扶贫的全面展开，为适应新时期扶贫工作需要，《中共中央 国务院关于打赢脱贫攻坚战的决定》要求，“健全东西部扶贫协作机制。加大东西部扶贫协作力度，建立精准对接机制，使帮扶资金主要用于贫困村、贫困户。……鼓励东西部按照当地主体功能定位攻坚产业园区，推动东部人才、资金、技术向贫困地区流动”。中央在2016年7月20日召开的“东西部扶贫协作”座谈会上，再次认可了“东西部扶贫协作”模式在国家扶贫工作中的重要性，同时要求把“东西部扶贫协作”工作机制下沉到县、乡、村之间。“完善省级结对关系。在此基础上，实施‘携手奔小康’行动，着力推动县与县精准对接，还可以探索乡镇、行政村之间结对帮扶。”为了贯彻落实协作座谈会中的精神，2016年10月，中共中央办公厅、国务院办公厅印发了《关于进一步加强东西部扶贫协作工作的指导意见》，提出新时期“东西部扶贫协作”将围绕东西部间的产业合作、劳务转移协作、人才培养和支援、扶贫资金支持、动员社会参与五个方面进行。为提高“东西部扶贫协作”对贫困人口帮扶效果，要求帮扶资金和项目瞄准对象调整至贫困村和贫困户，其中重点以建档立卡贫困户为对象。因此，“东西部扶贫协作”帮扶对象调整为省级、市级、县级、村级和贫困户五个层级。原国务院扶贫办出台《东西部扶贫协作考核办法（试行）》，强调“推动参与‘东西部扶贫协作’的各省深入贯彻精准扶贫精准脱贫基本方略，向深度贫困地区倾斜，向乡村基层延伸，进一步加大帮扶力度，提升帮扶工作水平，促进西部贫困地区如期完成脱贫攻坚任务”。

三、"东西部扶贫协作"政策落实重点举措

农发行高度重视"东西部扶贫协作"工作，多次召开专题会议研究落实细节、专项会议推动落实，要求各级行发挥政策性金融优势和系统优势，加大对扶贫协作支持力度，先后出台《关于支持东西部扶贫协作的指导意见》《关于进一步加强东西部扶贫协作工作的通知》《关于做好2020年东西部扶贫协作工作的通知》等，将中央确定的东西部协作、对口帮扶省份中的八个省级分行建立"一对一"帮扶关系，并将结对帮扶情况列入单项考核，压实了"东西部扶贫协作"金融支持工作。

（一）对接地方政府，准确把握工作定位

按照"东西部扶贫协作""省负总责"的原则，各省级分行主动向省委、省政府汇报宣介农发行支持政策，以东部地区省级政府统筹开展的"东西部扶贫协作"工作为中心，依托东西部省级政府合作协议，申请成为各省"东西部扶贫协作"联席会议成员，积极参与各省"东西部扶贫协作"方案编制。发挥系统优势，指导基层行落实《东西部地区友好合作帮扶协议》，加强东西部扶贫协作项目对接，按照"上下结合、动态管理"方式，建立精准扶贫项目库，按照项目成熟度有序推进。对于市帮市、县帮县的结对帮扶，相关分支行主动对接地方党政，积极为东西部扶贫协作项目提出融智建议，引导合作。

（二）完善合作机制，明确支持对象范围

总行加强对有关分行的指导和现场辅导，通过产业帮扶、信贷支持、项目帮扶、资金帮扶、劳务协作等途径，深化东西部政银企扶贫协作，积极推进东部适宜产业向西部梯度转移，推动西部贫困人口脱贫致富。

省际省级分行通过东、西部高层对接、充分沟通，明确各自工作重点，加强信息交流，建立合作机制。东部省级分行的工作重点是选择东部地区经营良好的优质企业及其他符合农发行要求的经济组织到西部投资进行结对帮扶，西部省级分行的工作重点是选择"三农"领域、满足精准扶贫要求，贫困地区、贫困村、建档立卡贫困人口帮扶对象，确保结对符合政策、具有切实扶贫带动作用，补足对口支援贫困地区的脱贫短板。东西部省级分行加强横向联动，定期通报项目进度及资金使用管理情况等。

（三）共享客户资源，加强监测考核推广

建立内外协同资源共享机制，做到"三个坚持""三个要"，凝聚社会扶贫合力。"三个坚持"：坚持重点企业原则，支持市场前景好、行业地位高企业开展合作，确保扶贫效果；坚持量身定制原则，因企施策制订金融服务方案，加大东西部分行客户资源共享；坚持共同发展原则，引导东部企业向西部贫困地区梯度转移，通过产业协

作促成西部产业兴旺，形成自我发展能力，达到优势互补、互利双赢。“三要”：一要强化监测。建立台账，加强跟踪，定期报告进展。二要强化考核，将“东西部扶贫协作”纳入脱贫攻坚工作考核，特别是作为对东部地区分行脱贫攻坚工作考核的重点内容。三要总结推广。及时总结支持“东西部扶贫协作”中好的典型经验、成功案例，形成成熟模式及案例，经过复制推广，扩大扶贫效能。

四、“东西部扶贫协作”的金融支持模式

“东西部扶贫协作”引导东部省份优质企业到中西部贫困地区发展产业，结合贫困地区的生态、资源等因素，由东部企业注入启动资金，帮助贫困地区发展一些规模适度、贫困人口参与度高、契合当地资源禀赋、具有长效带贫能力的种养殖项目，带动当地建档立卡贫困人口就业增收，建立扶贫长效机制促进贫困地区“造血功能”增强增效。农发行遵照国家有关“东西部扶贫协作”的制度性安排，紧紧围绕各省级政府具体工作部署，积极参与政府有关部门、社会化组织发起的“东西部扶贫协作”各类专项活动，对符合农发行业务范围和条件的扶贫主体积极给予信贷支持。在金融服务脱贫攻坚实践中，包括前述的粮棉油产业跨省协作模式、基础设施的跨区域投资模式、产业扶贫的“产业链”金融扶贫模式等，农发行有许多探索创新。在此，按照脱贫攻坚期东西部省际交流、协作扶贫的主要做法，重点介绍契合政府部门、社会化组织“东西部扶贫协作”中的高层沟通机制、企业层面合作、重点贫困地区投资的三种“东西部扶贫协作”金融扶贫模式。

高层沟通机制的“东西部扶贫协作”金融扶贫模式。高层沟通机制的扶贫模式是指“东西部扶贫协作”双方创建与坚持有效的沟通机制，在高层沟通机制下确定扶贫工作的内容与方式。这种模式以福建与宁夏回族自治区的扶贫协作为代表①，双方自1996年便建立了年度联席会议制度，保持信息互通的时效性、先进理念的指导性和实践性可以第一时间传达到位，不定期穿插的各类商贸会谈也起到了为贫困地区招商引资的作用。

脱贫攻坚以来，农发行各省级分行积极参与省际“东西部扶贫协作”的高层对接专项活动或贸易洽谈，并以信贷方式支持推动双方洽谈对接扶贫协作项目的落地，尽快发挥扶贫协作效能。东部发达省份的省级分行对“东西部扶贫协作”项目不但有融智前期服务，更有跟进的信贷资金支持。典型支持的项目包括东部优势企业到西部进

① 李培林，魏后凯. 中国扶贫开发报告[M]. 北京：社会科学文献出版社，2016:213.

行投资帮扶的“输血式”扶贫、销售西部地区农产品的产业扶贫、东部龙头企业带领下的“品牌客户+造血扶贫”产业链帮扶等，各个省级分行都有契合当地省委、省政府“东西部扶贫协作”部署要求，支持参与帮扶企业及项目的成功经验和做法。例如，农发行福建分行响应福建省委、省政府号召，积极支持政府对接洽谈确定扶贫项目落地，单在宁夏、甘肃和河北三个省份扶贫项目就有6个、投入贷款7.8亿元，扶贫方式有甘肃礼县矿山修复和贫困户搬迁、河北承德县资产收益扶贫、龙头企业带动的产业就业帮扶等，典型案例有支持福建永辉超市股份有限公司与宁夏永宁县结对帮扶农产品采购扶贫，支持福建紫金矿业集团股份有限公司对礼县罗坝镇徐李村、巩河村易地扶贫搬迁住房及配套设施建设和尾矿治理修复扶贫，支持达利食品集团有限公司在四川、甘肃、云南、贵州、广西等地子公司开展就业扶贫、基地收购马铃薯产业扶贫。福建分行探索出了“品牌客户+造血扶贫”“异地子公司承贷+在厦门母公司担保”等“东西部扶贫协作”金融扶贫模式。

案例一：福建到甘肃投资礼县罗坝镇搬迁安置扶贫融资案例

一、项目概况

（一）项目背景

由于早期当地县办企业粗放式开矿，位于陇南紫金矿区范围内的巩河村和徐李村的自然景观、植被和生态环境遭到严重破坏，水土流失严重，对当地村民的生活环境也造成严重破坏，经济社会发展缓慢，部分村民在原址无法脱贫致富。

为落实当地政府精准扶贫的部署要求，紫金矿业重组成立陇南紫金矿业有限公司，对前期尾矿进行综合回收处理，开采未挖掘的保有黄金资源量200吨，以集中安置的搬迁方式安置到陇南市礼县罗坝乡楼底村，通过完善安置区的基础设施，实施开发式扶贫，使他们的生产、生活条件得到有效改善，彻底解决温饱问题，为当地村民致富奔小康打下坚实的基础，也为陇南紫金矿业有限公司尽快恢复生产提供有力保证。

紫金矿业经福建省人民政府《关于同意设立福建紫金矿业股份有限公司的批复》（闽政体股〔2000〕22号）批准，于2000年8月17日以发起方式设立，于2003年12月23日在香港联交所主板上市。同年公司更名为紫金矿业集团股份有限公司，实收资本23亿元。

（二）建设内容

新建安置房132户每户面积146.5平方米，总建筑面积为19338平方米，以及相应配套基础设施。

（三）融资方案

向紫金矿业集团股份有限公司提供基础设施贷款0.22亿元，用于礼县罗坝镇扶贫搬迁住房工程项目建设，贷款期限9年（含宽限期1年），执行农发行扶贫贷款优惠利率，由紫金矿业集团股份有限公司偿还贷款本息，采取信用贷款方式。

■ 农发行支持的礼县罗坝镇徐李村、巩河村贫困居住环境前后对比

二、主要做法

（一）主动作为，优质服务送上门

行领导带头走访市、区相关政府部门，根据“东西部扶贫协作”企业名单，筛选符合扶贫贷款业务范围的客户，逐一上门走访，宣传农发行支持“东西部扶贫协作”的信贷政策，了解企业资金需求。

（二）精准对接，逐个摸排和遴选

农发行了解到福建紫金矿业股份有限公司到甘肃礼县进行矿山修复、开采；古琳达姬（厦门）股份有限公司到甘肃临夏州成立子公司建设扶贫工厂、到承德县从事固定资产收益扶贫、到甘肃临夏州永靖县建设旅游扶贫项目、在临夏州办厂招聘建档立卡贫困人口就业等情况后，立刻将企业纳入扶贫客户储备库。

（三）选派骨干，一对一服务跟进

做好信贷扶贫政策宣介，做细做实前期材料收集工作，帮助制订融资方案，增强企业对农发行了解和融资合作信心，推动项目加快落地。

三、取得成效

本项目的实施，一是通过对罗坝镇徐李村、巩河村村民进行集中搬迁安置，使当地贫困人口搬出穷窝，致富脱贫。二是引导资金投向贫困地区，落实了“东西部扶贫协作”政策，发挥了政策性金融的支农作用。三是加深了地方政府、上市公司对农发行的了解，提高了对农发行支持新农村建设的认知度。

农发行东、西部省级分行，按照政府协作扶贫工作的部署与要求，契合东、西部客户对金融融资需求，都有服务政府东西部扶贫协作的实践和具有地方特色经验，为“东西部扶贫协作”有效开展发挥了农业政策性金融先锋主力模范作用。

表3　截至2020年末农发行支持“东西部扶贫协作”结对帮扶一览（部分）

单位：万元

序号	帮扶来源省份	帮扶省份数量	被帮扶省份	信贷客户数量	支持项目个数	贷款累计投放金额
1	北京市	16	江西、海南、吉林、山西、四川、新疆、重庆、西藏、陕西、内蒙古、湖北、河南、河北、广西、甘肃、安徽	32	40	661303
2	天津市	9	甘肃、河北、黑龙江、吉林、辽宁、内蒙古、青海、山东、新疆	40	80	398292
3	辽宁省	4	甘肃、贵州、西藏、云南	5	8	73441

续表

序号	帮扶来源省份	帮扶省份数量	被帮扶省份	信贷客户数量	支持项目个数	贷款累计投放金额
4	上海市	11	甘肃、广西、贵州、海南、河南、湖北、吉林、山西、陕西、新疆、云南	16	20	348342
5	江苏省	16	安徽、甘肃、云南、广西、河南、湖北、山西、陕西、贵州、河北、黑龙江、江西、内蒙古、青海、山东、新疆	111	171	1666667
6	浙江省	13	安徽、甘肃、广西、贵州、湖北、湖南、吉林、江西、青海、四川、新疆、云南、重庆	74	77	593406
7	福建省	3	甘肃、河北、宁夏	11	17	680050
8	江西省	9	河北、广西、湖北、湖南、陕西、内蒙古、四川、新疆、云南	28	29	429980
9	山东省	13	安徽、甘肃、广西、贵州、湖北、湖南、吉林、内蒙古、青海、四川、新疆、云南、重庆	90	98	1306270
10	广东省	16	甘肃、广西、河南、贵州、湖南、湖北、云南、海南、四川、陕西、河北、安徽、山西、江西、吉林、新疆	57	148	1681730

企业协作金融扶贫模式是指“东西部扶贫协作”双方积极推动两地企业的合作，是以企业为基本驱动单元，主要是东部发达地区与西部被帮扶地区的企业开展合作，以技术优势、人才优势、资源优势、渠道优势等带动贫困地区企业发展，一是通过社会宣传的方式吸引政府、其他社会团体共同参与。二是通过人才交流、技术引进的方式为贫困地区培养专业技术人才，提高当地劳动力素质，将人口优势转变为人才优势。三是商业联姻，开展“东西部扶贫协作”。农发行江苏分行支持企业到河北、陕西、广西、湖北、湖南、内蒙古、四川、新疆、云南等地进行企业合作帮扶。

案例二：江苏东台国贸大厦与陕西耀州区产业合作融资案例

一、项目概况

（一）项目背景

陕西省铜川市耀州区是陕甘边照金革命根据地，国定贫困县，素有“北山锁钥”“关辅襟喉”之美誉。江苏省东台市是江苏20个中心城市之一，著名的“鱼米之乡”，被誉为“黄海名珠”。新一轮的“东西部扶贫协作”，让远隔1200公里的陕西省铜川市耀州区与江苏省东台市“最美丽的遇见”。东台市国贸大厦有限公司是江苏省东台市支行“银行+政府+公司+村合作社+贫困户”企村协作扶贫模式贷款客户，该公司选择陕西省铜川市耀州区作为主要扶贫点，与照金镇杨家山村签订了精准扶贫结对村企帮扶协议书，和村经济合作社签订了养殖产业扶贫合作协议，免费为该村搭建了农副产品在线销售平台，覆盖全村建档立卡贫困人口68户241人。

（二）融资方案

通过产业扶贫流动资金贷款支持东台市国贸大厦有限公司，用于农村各类商品连锁配送经营及农副产品收购等生产经营相关的流动资金，贷款期限一年，贷款利率执行农发行扶贫贷款优惠利率，采取抵押担保贷款方式。

二、主要做法

（一）政银结合，签订框架协议

根据深度贫困村现状，该公司和江苏省东台市农发行对接原耀州区扶贫局、照金镇人民政府四方商定脱贫攻坚实施方案，按照人民银行“精准”要求最终将金融的资金、服务落到名录内的扶贫对象头上。在两地政府、两地农发行的见证下，该公司与照金镇杨家山村签订《扶贫协作框架协议》。

（二）实地调研，选择合作产业

银企深入开展扶贫协作调研对接活动，结合当地政府“扶贫先扶志”的思路，确定了与镇政府合作，共同投资参与“五个一”产业项目，即在七个深度贫困村建设一个光伏电站、一个规模化养殖场、一个规范化种植示范区、一个标准化设施蔬菜基地和一座社区扶贫工厂，增强村级集体经济，为贫困户安排就业岗位，实现一人就业、全家脱贫、村集体分红，助推贫困群众脱贫增收。

（三）营销对接，线上线下合作

产业扶贫带动消费扶贫，2018年5月22日，东台市国贸大厦有限公司与耀州全民合伙人网络科技有限公司签订了《耀州地方特色产品销售协议》，开展了线上线下合作，在旗下三家超市设立耀州农特产品专柜，耀州瓷，耀州平果、核桃、花椒等特色产品被摆上柜台。2019年当年采购苹果等贫困地区产品370多万元。

（四）多方监管，产业分红明晰

经与照金镇政府协商，资金使用由照金镇政府出台实施意见，投资杨家山村专项用于产业扶贫发展，政府与当地扶贫局监督使用等一系列采购、监管、养殖、销售、用工、分红及投资企业不分红。投入帮扶资金监管及投资成本管理实现全程跟踪可查。

■ 东台市国贸大厦公司在帮助照金镇杨家山村建设养殖场的现场和建成后养殖场景，仅此扶贫方式便直接帮扶贫困人口20人

三、取得成效

东台国贸建立的多渠道农副产品销售机制，让更多东台市居民能买到耀州地区的产品，不仅极大地丰富了东台居民的餐桌，更提升了耀州农副产品的销量，将耀州群众的“钱袋子”和东台市民的“菜篮子”紧紧连接在一起，让东台市民在奉献爱心的同时收获美味。从最初的资金捐赠、结对帮扶，到如今的消费扶贫、深度协作，东台农发行不断探索帮扶模式，不断孕育脱贫攻坚的“新苗”，结出了东台和耀州共同的“富裕果”。

项目通过“银行+政府+公司+村合作社+贫困户”村企结对帮扶，实现陕西省铜川市耀州区照金镇杨家山村年累计实现增收31.63万元，覆盖贫困人口68户241人。

“村企协作”金融扶贫模式，在陕西省农发行系统得到了复制推广，2020年末，该行累计引导63家企业，帮助发展产业项目33个，帮助3000余名贫困人口实现增收脱贫。2020年，全行累计投放产业扶贫贷款98.35亿元，较上年度增幅325%，完成总行下达任务的218%。

案例三：天津蓟州区“企业+银行”扶贫协作融资案例

一、项目概况

（一）项目背景

天津市蓟州区政府为扎实做好东西部扶贫协作帮扶，成立小微企业天津蓟州津甘农业发展有限公司（以下简称津甘公司），专门负责东西部帮扶业务。津甘公司成立于2020年3月，主要负责蓟州区消费帮扶甘肃省武威市天祝、古浪两县消费帮扶任务，帮助销售农副产品。蓟州区2021年消费贫困地区农产品目标任务，由津甘公司承担具体采购、销售工作。

（二）融资方案

农发行为天津蓟州津甘农业发展有限公司提供农村流通体系建设流动资金贷款950万元，贷款期限1年，执行扶贫贷款优惠利率，还款来源为企业销售回笼款及企业综合收益，采取第三方全额保证担保贷款方式。

二、主要做法

（一）深入挖掘目标客户

天津市分行作为天津市东西部扶贫协作和支援合作领导小组成员单位，积极参加市政府“东西部扶贫协作”等各类项目推动会，第一时间掌握项目资源，主动对照市金融局提供的产业化龙头企业名单，筛选走访目标客户，对符合扶贫协作条件的客户做好标记，重点走访，商榷协作具体事宜。

■ 农发行支持的公司在甘肃天祝县定点采购展示区和加工采购分割点工作场景

（二）精准对接企业需求

农发行在走访中了解到，津甘公司作为蓟州区农副产品流通重点企业，已被纳入“东西部扶贫协作”“万企帮万村”精准帮扶行动项目库，主要负责收购东西部对口帮扶地区稻谷、玉米、肉类等农副产品，承担着蓟州区消费帮扶甘肃省武威市天祝、古浪两县重要帮扶任务。但津甘公司季节性收购期间流动资金明显不足，难以支撑帮扶项目正常运行。农发行对此主动上门对接，宣介政策、了解需求，为企业提供专业化、零距离、一站式的金融服务。

（三）量身设计融资方案

农发行遵循“政策支农、商业化管理、严控风险、可持续发展”的原则，从接触企业到贷款发放，做到“点穴式”精准施策，放宽准入门槛、优化授信方案，为津甘公司确定用信品种、金额、期限、利率等，切实做到为企业“送资金、送政策、送服务”，将政策红利切实传导至扶贫主体。

三、取得成效

该笔贷款为精准销售甘肃天祝、古浪地区贫困人口的农产品提供了便利，促进了小微企业发展与贫困户增收的深度融合，形成了政府部门牵头、金融部门资金助力、小微企业跨县域协作的帮扶新模式，激发了小微企业帮扶新动力，为农发行在发达地区支农、支小、扶贫协作、更好服务乡村振兴提供了参考。

2016年以来，农发行天津市分行作为中央确定的东西部扶贫协作结对帮扶省级分行，坚决贯彻落实党中央及总行党委关于东西部扶贫协作决策部署，与定点帮扶和对口支援工作有机结合，积极参与谋划推进，通过消费协作、产业协作、提供金融结算、减费让利等手段，为东、西部省份企业提供融资融智服务，发挥了农业政策性银行当先导、补短板、逆周期调节作用。截至2020年末，农发行天津市分行累计投放产业扶贫贷款金额突破22.75亿元，帮扶范围辐射河北、甘肃、山东、黑龙江、吉林、内蒙古、新疆七省份的部分深度贫困县。

贫困地区投资金融扶贫模式是指，帮扶方综合考虑协作地区的贫困程度、地区因素、资源禀赋等不同特点，将深度贫困地区作为帮扶重点，由发达地区企业到贫困地区进行投资扶贫的一种模式。在该模式下，地区经济平等发展的优先级得到了提高，通过缓解落后地区的贫困程度，在推动地方经济发展的基础上，为其他较发达地区提供了一定程度的经验积累。北京与内蒙古、河北的扶贫协作有着特殊意义，京蒙扶贫协作在2010年作出了调整，由帮扶8个盟市调整为重点帮扶乌兰察布市和赤峰市各8个旗（县、市），缓解了深度贫困地区经济社会发展滞后、贫困面广而深的突出问题。

案例四：农发行支持密云区企业到张家口蔚县开办服装加工厂融资案例

一、项目概况

（一）项目背景

河北省张家口市蔚县是深度贫困地区的国定贫困县，“十三五”初期贫困人口55151人，贫困发生率13.1%。蔚县地处太行山及熊耳山之间，位置偏远，交通落后是导致该地区的主要致贫原因，其次由于该地区常年贫困，大量青年外出务工，现居民多为高龄、疾病或残疾等原因导致的弱劳动力人群，同时蔚县是华北地区的资源大县和煤炭主产区，该县的经济对采矿业依赖程度较高。随着国家产业、环保政策的调整及资源的逐渐枯竭，蔚县的经济结构亟待转型。

（二）建设内容

本项目总占地面积约20亩，新建厂房车间面积12360平方米，高11米、展厅和库房面积为2352平方米、宿舍面积为2352平方米、食堂面积为516平方米、配套道路交通设施及智能设备安装调试。

（三）融资方案

农发行向雅派朗迪（蔚县）科技发展有限公司发放产业扶贫固定资产贷款0.35亿元，用于雅派朗迪个性化定制生产车间项目建设，贷款期限10年（含宽限期1年），执行农发行扶贫贷款优惠利率，采取“租赁收入质押+保证担保+风险补偿”组合担保贷款方式。

二、主要做法

（一）政银携手，共谋发展

张家口市及蔚县政府与农发行意愿高度契合，要联合搭乘京津冀协同和脱贫攻坚对口帮扶的快车欲望强烈，政府召开会议并多次与农发行协调引资、引流事宜，将发展县域特色产业、招商引资，加大项目引流等产业发展规划列入了“十三五”脱贫规划。

■ 农发行北京雅派朗迪服装公司到张家口市蔚县开办服装加工厂的车间

（二）深度考察，携手落地

张家口分行与蔚县政府一起到北京怀柔考察项目情况，确定借助雅派朗迪公司在北京销售平台开展业务，实现企业和贫困群众的双重受益，为煤矿关停后下岗工人贫困人员提供就业岗位，制订融资方案启动项目建设。

（三）三方联动，高效办贷

北京市委书记与河北省委书记调度协作扶贫，农发行省分行行领导亲自部署，三方联动，开辟绿色通道，在较短的时间内完成项目审批发放。

三、取得成效

（一）增强了贫困地区造血功能

密集型服装制造业为县域经济转型带来显著贡献，在提供就业岗位的同时，解决了煤矿关停后下岗工人的失业问题。

（二）功能疏解，降低了成本

北京雅派朗迪公司生产加工和物流运输等逐步转移出京，填补了北京公司的产能缺口，有利于降低生产成本、拓展更广阔市场，带动更多的贫困人口就业。

（三）扶贫成效惠及面广

项目公司可提供不低于30%就业岗位用于安排建档立卡贫困人口就业。项目运营期内租赁的扶贫车间建设，可惠及建档立卡人口数为50~100人，可使贫困人口年增加劳务性收入30000元。

案例五：农发行支持北京企业到贫困县“投资+养殖”融资案例

一、项目概况

（一）项目背景

为深入学习贯彻习近平总书记关于打好精准脱贫攻坚战的重大决策部署，落实北京市委、市政府关于京津冀一体化发展和农发行总行关于“东西部扶贫协作”的总体要求，农发行以银企携手为发力点，积极探索“政府发起，龙头企业带动，农发行支持，农民组织参与”的产业发展模式，在落实培育“高产蛋鸡、特色蛋鸡、优质肉鸡、白羽肉鸡”的品种战略中，实现产业精准扶贫，对建档立卡贫困人口精准帮扶。与此相关，在未来的城市规划和发展中，北京市将对养殖企业实施禁养和拆迁，北京华都峪口禽业有限责任公司在大兴良种基地和俸伯蛋种鸡养殖基地均处于北京市禁养区之内，到2017年底需要全面搬迁。而河北省石家庄市行唐县当时正处于脱贫攻坚的关键时期、产业扶贫招商引流的关键时刻，该项目迁移到国家级贫困县——行唐县开工建设，既可以满足公司产能搬迁的需求，又能够拉动贫困地区投资，带动贫困人口脱贫致富，需求融合、利国利民。

（二）建设内容

项目建设4个25万套蛋种鸡养殖基地，2个25万笼位育雏育成基地，2个年孵化能力2000万的孵化厅，1个年生产饲料10万吨的饲料场，以及兽医室、解剖室、锅炉房、配电室等生产辅助用房。其中种鸡舍单栋建筑面积为1395.76平方米，育成鸡舍单栋建筑面积为1217.16平方米。

（三）融资方案

农发行向北京市华都峪口禽业有限责任公司发放农村土地流转中长期贷款1亿元，用于行唐县蛋种鸡产业扶贫示范园区建设项目，贷款期限8年（含宽限期3年），执行农发行扶贫贷款优惠利率，公司育雏、成品鸡销售收入等作为第一还款来源，采取保证担保贷款方式。

二、主要做法

（一）银企协作

农发行与首农集团一道考察、一起谋划、一同实施，全力推进北京市华都峪口禽业有限责任公司在河北省石家庄市行唐县蛋种鸡孵化养殖培育项目建设运营。

（二）合理授信

统筹首农集团整体信誉情况，结合承贷企业经营状况，确定以“基金+固贷+流贷”的投贷联动方式，为北京市华都峪口禽业有限责任公司授信2亿元，其中中长期贷款授信1亿元，支持企业从“育、繁、推”三个维度全方位支持贫困地区的脱贫攻坚和区域养殖业的发展。

（三）精准服务

发挥农发行系统协调管理优势，北京市分行与河北省分行联动服务，为项目与当地政府及主管部门协调提供方便，为项目建设、资金结算、地方地域事务性协作提供服务。

三、取得成效

本项目位于河北省石家庄市的国家重点贫困县——行唐县上方乡上方村、只里乡习村。项目解决了县域产业扶贫过程中“缺资金”“缺技术”“缺模式”“缺品牌”的问题；项目通过“股金、薪金、租金、利金”的“四金”收益扶贫方式，从多个方面让贫困人口增加收入，从而实现脱贫致富。“股金”收益，给予农民专业合作社每年10%的股金回报；“薪金”收益，项目提供的就业岗位使贫困人口获得稳定的薪金收入；“租金”收益，贫困人口通过土地出租获得租金收入；“利金”收益，从第四年开始至第十年，在原有收益基础上，再给予合作社当年纯利润的10%。

本项目是推动当地从“输血型”扶贫逐步向“造血型”扶贫转变的典型。除就业帮扶外，截至2020年底，项目累计向贫困人口分红800万元，带动3329户建档立卡贫困户脱贫增收，为实现贫困地区产业可持续发展作出了有益尝试。

■ 农发行支持北京市华都峪口禽业有限责任公司到国家级贫困县行唐投资蛋、种鸡扶贫示范园区的开工仪式

随着农发行“东西部扶贫协作”金融扶贫模式的推进，扶贫效能递进增强，农发行“东西部扶贫协作”省级分行间积极互动，多措并举参与“东西部扶贫协作”的高层互访、企业互动、投资洽谈等各类扶贫活动，呈现出农发行与客户携手全力服务“东西部扶贫协作”的局面。截至2020年末，农发行累计审批“东西部扶贫协作”贷款1085亿元，累计投放贷款967.73亿元，涉及粮棉油产业扶贫贷款182.73亿元，产业客户东西部扶贫协作贷款536.72亿元，基础设施中长期贷款和产业固定资产贷款248.28亿元。

第二节 “万企帮万村”金融扶贫模式

一、“万企帮万村”金融扶贫模式概述

“万企帮万村”精准扶贫行动，是由全国工商联、原国务院扶贫办、中国光彩会组织开展的，是以民营企业为帮扶方、以建档立卡的贫困村为帮扶对象，以签约结对、村企共建为主要形式，动员全国一万家以上民营企业参与帮助一万个以上贫困村加快脱贫进程的一项社会扶贫工程，是民营企业参与社会扶贫的知名品牌。“万企帮万村”金融扶贫模式，就是农发行通过支持贷款客户参与“万企帮万村”精准扶贫行动，进一步拓展和提升参与“万企帮万村”客户对贫困地区产业的帮扶带动能力、贫困人口的就业帮扶能力的信贷扶贫方式，是履行政策性银行职能、服务脱贫攻坚战略、扩大支农支小和服务实体经济的重要平台。

农发行坚决贯彻落实党中央、国务院关于“健全社会力量参与机制，工商联系统组织民营企业开展‘万企帮万村’精准扶贫行动”的战略部署，将“万企帮万村”精准扶贫行动作为开辟扶贫新路径、引领扶贫新方向、更好履职尽责的重要举措，第一时间对接全国工商联、原国务院扶贫办和中国光彩会，签订四方战略合作协议，推动各级行与当地工商联、扶贫办、光彩会同频共振，联合探索支持模式、路径和方法，切实加大了对“万企帮万村”精准扶贫行动涉农产业的信贷支持力度，推动民营企业踊跃投身脱贫攻坚，支持企业数量和带贫成效显著提升，政策性金融引领作用凸显。2016年以来，农发行“万企帮万村”项目库企业由342家增加到2396家；贷款余额由379.1亿元增加到1419.53亿元；带动及帮扶贫困人口由8.94万人次增加到90.6万人次，2019年，农发行支持“万企帮万村”精准扶贫行动荣获“2019年度中国普惠金融可持续发展典型案例”。

二、“万企帮万村”金融扶贫推进历程

农发行支持“万企帮万村”精准扶贫专项行动，经历了“探索、推动、攻坚”递进升级的过程，也是应用信贷产品支持具有家国情怀、社会责任的民企共同服务脱贫攻坚的过程。

（一）探索期

遵照习近平总书记“‘万企帮万村’精准扶贫行动很好，要抓好落实、抓出成效”[①]

① 2016年3月4日，习近平总书记在参加全国政协十二届四次会议民建、工商联界委员联组会上发表讲话。

的重要指示，2014年，国务院办公厅发布《关于进一步动员社会各方面力量参与扶贫开发的意见》，明确提出：“要培育多元化社会扶贫主体大力倡导民营企业扶贫、积极引导社会组织扶贫、广泛动员个人扶贫、深化定点扶贫工作、强化东西部扶贫协作四个社会扶贫主体”，并提出了相应的保障措施。全国工商联经过调研后提出了组织引导民营企业实施精准扶贫行动的设想，调研报告得到了时任国务院副总理汪洋同志的充分肯定，并将行动命名为“万企帮万村”。2015年9月，全国工商联、原国务院扶贫办、中国光彩会联合印发《“万企帮万村”精准扶贫行动方案》（全联发〔2015〕11号），并在全国第二个扶贫日正式启动“万企帮万村”精准扶贫行动，首次开启组织引导广大民营企业积极投身精准扶贫历程。2016年1月，印发《全国工商联　国务院扶贫办　中国光彩会　关于推进“万企帮万村”精准扶贫行动的实施意见》（全联发〔2016〕2号），明确了“万企帮万村”基本要求、具体帮扶方式，该项精准扶贫专项行动从此步入了更加规范、有序、精准、高效的轨道。

作为农业政策性金融机构、服务脱贫攻坚主力银行，农发行积极对接全国工商联、原国务院扶贫办、中国光彩会，于2016年9月5日同全国工商联、原国务院扶贫办、中国光彩会签署了《政策性金融支持“万企帮万村”精准扶贫行动战略合作协议》（全联厅发〔2016〕27号）（以下简称四方协议），协议从合作内容、合作机制、任务分工等方面作了详细约定，为农业政策性金融推动民营企业服务脱贫攻坚行动指明了道路。农发行总行分管副行长增补为“万企帮万村”精准扶贫行动领导小组副组长，通过搭建联席会议、信息共享平台，构建了“万企帮万村”扶贫项目推荐机制、评审机制、增信机制、监测与评价机制、宣传与推广机制，赋予了农业政策性金融扶贫新动能。

发挥非公有制经济自身的独特优势，运用市场的手段在贫困地区发展经济，是脱贫攻坚时期独具特色的扶贫开发模式。在这个阶段，农发行依托三方雄厚的民营企业资源，创新政策、制度、模式，推进精准扶贫行动开展。一是建立扶贫项目库。以全国工商联台账管理系统为基础，筛选建立农发行“万企帮万村”精准扶贫项目库，指导各分支机构“按图索骥”开展项目对接。二是制定优惠政策。从客户准入、增信措施等方面推出优惠政策，实施利率适度优惠，杜绝对民企设置歧视性要求，提高贷款落地率。三是创新支持模式。利用现有的光伏扶贫、旅游扶贫等各类精准扶贫信贷产品，以及粮棉油收储、加工、流通贷款，农业开发和农村基础设施类贷款等信贷产品，打好产业扶贫“组合拳”。四是提供融智服务。为参与“万企帮万村”行动的扶贫企业量身定做金融服务方案，提高办贷质效、提升扶贫效果。五是开辟“绿色通道”。三方以“总对总”的形式，向农发行推荐“万企帮万村”的重点支持企业，对共同确定的企业或项目，农发行优先受理、优先评审、优先安排信贷资源，充分发挥农发行在支持“万企帮万村”精准扶贫行动中的示范引领作用。

（二）推动期

2016年10月13日，时任国务院副总理汪洋同志在全国“万企帮万村”精准扶贫行动现场会上作出重要指示，要求农发行以政策性金融为企业履行社会扶贫责任提供信贷支撑。因此，农发行多方施策贯彻落实这一重要指示精神。一是强领导。农发行总行第一时间召开党委会议学习领会精神，专题研究贯彻落实的路径、方法和具体措施。二是定政策。陆续下发了《关于支持“万企帮万村”精准扶贫行动的意见》《关于进一步做好支持“万企帮万村”精准扶贫行动有关工作的通知》等一系列文件，从制度层面保障“万企帮万村”精准扶贫专项行动的有序开展。三是严考核。自2016年起，农发行将支持“万企帮万村”工作情况纳入扶贫工作考核，实行专项考核并不断提高考核权重。四是全力推动。农发行通过召开“万企帮万村”精准扶贫行动视频动员会、现场汇报推进会等措施，强力推进“万企帮万村”精准扶贫行动精神、信贷支持政策的贯彻落实，从履行政策性银行职能、服务脱贫攻坚战略、扩大支农支小、服务实体经济视角，通过搭建平台、明确政策、筛选项目、择优支持等做法，在民营企业参与社会扶贫行动中打响了农发行的名号。

2016年10月26日，在全国“万企帮万村”现场会上，湖北省农发行与工商联成员单位湖北省宏源药业科技股份有限公司、李时珍医药集团有限公司现场签订了《银企合作贷款协议》和《银企意向合作协议》，迈出了全国第一步，充分展现了农发行奋勇争先扶贫工作的态度。此后农发行积极推进“万企帮万村”专项行动，主要是：

一是深化合作机制向基层延伸。要求各省级分行与各地工商联、扶贫办、光彩会及时对接，迅速将“总对总”的合作工作机制迅速复制覆盖全国31个省份，河北、上海、安徽、山东四个省级分行更是形成了省、市、县三级工作机制搭建全覆盖的局面。2019年末，农发行系统市、县级合作机制覆盖率分别达到61%和53%，部分分行已实现省、市、县三级合作机制全覆盖。截至2019年12月底，农发行“万企帮万村”行动项目库入库企业1600家，较年初增长62.11%；已经支持企业1203家，增长51.51%。①一批聚力帮扶贫困地区、建档立卡贫困人口的企业及项目，一批区域、行业优势明显，效益好、有规模、讲诚信，具有良好信誉的民企，在“万企帮万村”平台上、在农发行助力下，尽到了社会帮扶责任。

二是创新模式推进活动开展。在积极支持参与“万企帮万村”行动中，农发行探索土地集约提升型、能人大户带动型、扶贫资金入股型、电商平台拉动型等各类金融

① 燃吧！2020“万企帮万村”[EB/OL]. https://www.sohu.com/a/370251978_114731.

扶贫模式，促进了规模型民企在“万企帮万村”行动中发挥了骨干带头作用；通过推动地方政府建立风险补偿机制的“吕梁模式”，引导政府为民营企业增信，将地方政府的组织优势与农发行的专业优势充分融合，解决中小民营企业信息不对称导致的“融资难、融资贵”问题；通过产业支持“东西部扶贫协作模式”，支持发达地区优质企业在贫困地区投资，将发达地区资金管理优势与贫困地区资源优势有机结合，帮助西部地区加快扶贫产业发展。经过多年实践，农发行在支持“万企帮万村”行动中，勇于探索、大胆创新，形成了一系列扶贫信贷模式，在着力提升服务民营企业能力水平的同时，确保“万企帮万村”行动健康可持续发展。

三是发挥政策性金融支持产业扶贫的独特优势。2017年、2018年两次召开国家扶贫日论坛，全国“万企帮万村”精准扶贫行动领导小组共向216家企业授予了“万企帮万村”精准扶贫行动先进民营企业称号，其中农发行支持企业38家，占评选总数的17.6%，进一步彰显了政策性金融扶贫的示范引领作用。此外，农发行将2018年获得表彰的100家“万企帮万村”精准扶贫行动先进民营企业纳入名单制管理，要求各行积极营销，充分运用“万企帮万村”和扶贫贷款信贷优惠政策，为企业提供优质金融服务，此举得到工商联领导高度称赞。

（三）攻坚期

遵照习近平总书记“民营企业‘万企帮万村’行动要向深度贫困地区倾斜”[①]指示精神，2018年7月，全国工商联、原国务院扶贫办、光彩会、农发行四家联合印发《推进“万企帮万村”精准扶贫行动向深度贫困地区倾斜的落实方案（2018—2020年）》（全联发〔2018〕8号），明确要求组织引导民营企业聚焦深度贫困地区、深度贫困村和贫困人口发力攻坚。2019年、2020年农发行等三部门联合印发《全国“万企帮万村”精准扶贫行动领导小组年度工作要点》，以及系统的《关于进一步深入开展“万企帮万村”消费扶贫行动的通知》（全联厅发〔2020〕13号），在脱贫攻坚收官之年，集中精力攻克深度贫困堡垒，着力构建稳定脱贫长效机制，高效务实组织开展消费扶贫，持续强化金融支持扶贫企业，探索解决相对贫困的方式方法，为夺取脱贫攻坚全面胜利，做好乡村振兴衔接工作起到了有力支撑。

决战聚合力，聚焦深度贫困，农发行勇于担当。一是凝聚银政企多方合力。充分发挥全国工商联、原国务院扶贫办、中国光彩会与中国农业发展银行四方合力，共同开展专项调研、培训和督导工作，实现资源共享、优势互补，凝聚银政企各方面力量，助力脱贫攻坚。二是推广创新模式积极推动各类融资模式在贫困地区的应用，推动以省、市、县为单位利用专项扶贫资金、财政支农资金和社会帮扶资金等多种形式

① 2017年6月23日，习近平总书记在山西太原市主持召开的深度贫困地区脱贫攻坚座谈会上讲话时指出。

建立扶贫资金的风险共担机制，确保“万企帮万村”行动健康可持续发展。三是着力提升金融服务质量。主动提供融资融智服务，进一步加大对受表彰先进民营企业和示范带动能力强的企业的支持力度，进一步聚焦深度贫困地区，瞄准坚中之坚、短板中的短板；全力支持深度贫困地区打赢脱贫攻坚战。四是统筹衔接“万企帮万村”与乡村振兴。突出产业扶贫主线，全面聚焦产业兴旺，为支持“万企帮万村”精准扶贫行动提供了更多载体，也为乡村振兴奠定基础，巩固提升脱贫成效，进一步增强“万企帮万村”扶贫工作的力度、深度和广度。

支持“万企帮万村”已成为农发行金融扶贫的响亮品牌。自参与行动以来，农发行与各级工商联、原扶贫办、光彩会携手共进，紧密合作，搭建多级合作平台，出台专项优惠政策，加大考核评价，积极扩大民营企业合作范围，支持企业数量和带贫成效显著提升。2020年末，“万企帮万村”已实现31个省级分行信贷投放全覆盖，项目库入库企业比2016年增长了6倍；贷款余额比2016年增长了3倍多；带动及帮扶贫困人口从8.94万人次增加到90.6万人次。支持“万企帮万村”已成为农发行金融扶贫的创新平台。农发行在支持“万企帮万村”行动中，围绕解决“融资难、融资贵”问题，结合民营企业实际，大胆创新，形成了一系列扶贫信贷模式，着力提升了服务民营企业的能力水平，帮助西部地区加快扶贫产业发展。支持“万企帮万村”已成为农发行与民营企业合力攻坚、合作共赢的共享平台。民营企业通过在贫困地区投资、安排贫困人口就业、签订帮扶协议等多种方式，有力地带动了贫困人口脱贫和贫困地区产业发展；同时通过运用贫困地区资源禀赋优势和劳动力成本优势，用好国家和地方相关支持政策，在“万企帮万村”行动中实现了自身的发展壮大。农发行主动为民营企业量身定制金融服务方案，实施特殊信贷政策，为民营企业提供了强有力的信贷资金支持，为下一步更好地支持民营企业奠定了良好基础。

三、“万企帮万村”金融扶贫的支持模式

“万企帮万村”行动中的金融模式创新，拓宽了农发行支持产业扶贫的路径、增加了普惠金融的覆盖面、有效破解了贫困地区“融资难”问题。如“政银担”的风险共担、利益共享带动模式，有效激发金融机构支持贫困地区产业发展的动力，增加了企业贷款的可获得性，破解了贫困地区农业实体企业融资难问题；如支持龙头企业到贫困地区投资的“订单融资”“公司+基地+农户”合作带动模式、政银企合作风险共担模式、利益共享等融资模式，实现了产供销无缝衔接帮扶，有效带动贫困地区产业发展、更多贫困人口脱贫增收，模式复制增加了农发行产业扶贫覆盖面。

（一）龙头企业带动模式

自“万企帮万村”精准扶贫行动开展以来，越来越多的企业发挥自身辐射作用，通过总部经济优势实施“走出去”战略，而上海作为长三角经济带的发动机，在发达经济辐射带动方面具有得天独厚的优势。上海分行把握机遇，以“万企帮万村”精准扶贫行动为抓手，积极对接上海市人民政府及上海市工商联，对辖内地方政府和企业进行走访，将工商联“万企帮万村”精准扶贫行动项目库企业上海雪榕生物科技股份有限公司选为农发行支持对象。上海雪榕生物科技股份有限公司为创业板上市公司，主营业务为鲜品食用菌研发、工厂化种植与销售，是“农业产业化国家重点龙头企业”，早在2014年，公司便积极响应党中央、国务院号召，分别在贵州省毕节市大方县和贵州省威宁彝族回族苗族自治县成立了子公司，建立了六个食用菌生产项目并实现投产。

■ 农发行上海市分行支持的雪榕公司在威宁建设的生产厂区，威宁雪榕公司共带动798个建档立卡贫困人口增收，其中30人为未脱贫人口。2人为返贫人口，766人为已脱贫享受政策人口。大方雪榕公司实施的产业精准扶贫项目共带动169个建档立卡贫困人口增收，均为已脱贫享受政策人口

为助力企业扩大生产能力，拓展帮扶渠道，农发行上海市分行在对企业实地考察的基础上，创新采用“东西部扶贫协作”和“上贷下转、异地抵押”的融资模式对其进行支持，由集团母公司雪榕公司向农发行申请贷款，实际用款人为大方雪榕生物科技有限公司和威宁雪榕生物科技有限公司，贷款用途为支持两家子公司在贵州毕节和威宁县发展菌菇产业。企业通过农发行信贷支持，在贵州省毕节市大方、威宁两个国

定贫困县投资建厂、采购设备原料、雇用当地建档立卡贫困人口等，带动当地贫困户发展食用菌产业、上下游产业及附带产业，切实改善了贫困地区人民的生活条件。两家企业2017年、2018年分别惠及建档立卡贫困人口816人、817人。2017年，公司获得上海上市公司协会颁发的“精准扶贫奖”、财新智库“2017年中国上市公司社会责任10强（扶贫攻坚特别奖）”。2018年，大方雪榕生物科技被评选为贵州省“万企帮万家”精准扶贫行动先进民营企业。

（二）风险共担扶贫模式

广西壮族自治区隆林县作为农发行总行的定点扶贫县，综合分析地方经济发展方式、特色产业布局和脱贫攻坚需求，积极适配总行“万企帮万村”及定点扶贫县相关优惠政策，借鉴“吕梁模式”，推动隆林县政府设立了农业扶贫贷款风险补偿基金并优选项目库企业三冲茶叶有限公司进行信贷支持。

■ 农发行广西分行支持的隆林县三冲茶叶种植项目的采摘图片，该公司在经营过程中通过雇用贫困户进行茶园管理、搬运、生产线加工等，为贫困户提供约150元日均收入

三冲茶叶作为隆林县最大的茶叶生产厂家，早在2012年12月便通过了国家绿色食品认证，是百色市农业产业化重点龙头企业和百色市扶贫龙头企业，公司旗下“翅东牌”是广西著名商标。企业不仅在政府出资成立农业扶贫贷款风险补偿基金时主动参与，也切实负担起了帮扶贫困群众的责任。农发行广西壮族自治区分行根据定点扶贫

县相关优惠政策，通过利率下浮、绿色通道办贷等方式，为企业发放产业化龙头企业茶类中期流动资金扶贫贷款，每年为企业节约融资成本约4.2万元，大幅度降低企业经营压力及融资成本。引导企业通过“公司+基地+合作社+农户”的经营模式，指导农户种植茶叶，并进行毛茶收购交易，年收购贫困户茶叶原材料约2吨，扶贫人口年均可增加收入3500元/人，实现了定点扶贫县“万企帮万村”零的突破，为引导更多民营企业参与到“万企帮万村”精准扶贫行动中来起到了良好的示范带头作用。

（三）利益共享扶贫模式

为更好地发挥省级扶贫资金的带动效果，实施精准扶贫、精准脱贫政策，维护贫困户利益，河北省深州市政府制订了《省级扶贫资金实施方案》，将深州市701万元省级扶贫资金中的690万元平均分配给17个乡镇的1443户2510名贫困人口。乡镇政府按照享受政策的贫困户委托，将扶贫资金投入到扶贫龙头企业深州鲁花公司，龙头企业利用扶贫资金合作经营，贫困户收益按照每年10%的标准分红，形成了“政府+银行+企业+贫困户”四位一体扶贫模式，实现了政银企户多方共赢。

■ 农发行支持的河北深州鲁花公司厂区图片，2017年12月以来该公司直接带动1443户贫困家庭实现增收，扶贫人口达到2510人

早在2013年，随着精准扶贫理念的提出，深州鲁花公司围绕“食用油加工”主业，努力创收，通过资产收益扶贫服务模式精准助力贫困人口增收。同时，企业结合实际情况，在河北省及周边省市广泛开展原材料花生收购，优先收购贫困户粮食，作

为“因粮而生，伴粮成长”的农业政策性银行，农发行深州市分行伴随着深州鲁花一路走来，也见证了企业践行的社会责任，自“万企帮万村”精准扶贫行动开展以来，农发行积极与当地原扶贫办、工商联、光彩会沟通，将企业纳入项目库进行支持。2017年12月以来，深州鲁花公司与上述17个乡镇政府签订了五年期的《资产收益扶贫合作协议书》，并按照每年10%的标准分红，每半年发放一次，并在深州市人民政府网站进行公告，真正实现了扶贫“造血”功能，通过资产收益扶贫合作模式，直接带动1443户贫困家庭实现增收，扶贫人口达到2510人，具有显著的扶贫成效。

（四）合作共赢扶贫模式

宁夏德福葡萄酒有限公司是银川市永宁县闽宁镇招商引资引入的闽商投资企业，是宁夏回族自治区农业产业化重点龙头企业，被宁夏诚信企业联合会授予“诚信企业建设示范单位”。农发行宁夏分行2013年与德福公司建立信贷关系，自“万企帮万村”精准扶贫行动开展以来，按照“产业兴旺、实体承贷、精准扶贫、风险可控”原则，立足宁夏优势特色葡萄产业，积极鼓励农发行贷款客户参与“万企帮万村”精准扶贫行动，为当地脱贫攻坚事业作出贡献。德福公司采用“公司+基地+农户”模式搭建利益共享链条，将自身及关联企业建设为闽宁镇主要劳务输出实体，提供岗位培训平台，带动移民及农户增收，2017—2018年共向闽宁镇袁隆村、木兰村、园艺村等多个贫困村的贫困户提供就业岗位1200多个，成为闽宁镇帮助移民增收脱贫的带头企业。在2018年热映的《厉害了，我的国》中，企业控制人陈德启出镜对自己成立企业帮扶闽宁镇的初心作了阐述，得到了社会的高度认可。

■ 农发行支持宁夏闽宁葡萄种植项目采摘图片，该企业2017—2018年为当地贫困人口提供了超过1000个就业岗位

第三节 支持“东西部扶贫协作”“万企帮万村”启示

农发行“东西部扶贫协作”“万企帮万村”金融扶贫模式，体现了政府主导、企业及社会化组织积极参与、金融助力的合力效应，体现了中国金融扶贫制度优越性，也体现了农业政策性金融提升助力脱贫攻坚功能、发挥先锋主力模范作用贡献的金融智慧。

农发行积极参与“东西部扶贫协作”“万企帮万村”专项行动，坚持融资融智，得到了政府及社会各界的广泛认可。在人民日报社等单位联合举办的“2019年中国普惠金融典型案例”评选活动中，农发行支持“万企帮万村”行动从410家金融机构628个案例中通过网络投票和专家评审脱颖而出，成为20个获奖案例之一，农发行“东西部扶贫协作”“万企帮万村”金融扶贫模式的使用路径、方法，被政府有关部门和参与扶贫各类主体所接受，得到了社会各界的大力支持。进入2021年以来，农发行持续发力，上半年累计发放“万企兴万村”帮扶贷款1118.31亿元，“东西部扶贫协作”帮扶贷款125.96亿元。

一、政银企合作为扶贫营造了良好环境

党中央、国务院及地方党政部门政策安排、制度体制建设，均为社会各类经济组织和社会团体开展扶贫合作创造了良好政治氛围、政策支持。农业政策性银行作为政府的银行、支农的银行、补短板的银行，是为弥补市场机制运行过程中“公平”的缺失而存在的，农发行始终坚持共享发展理念，认真落实国家强农、惠农、富农政策，聚焦“三农”发展重点领域和薄弱环节、落后地区和贫困弱势群体，强化金融供给，在社会各界广泛友好支持下，积极探索建立普惠金融、支农支小和精准扶贫长效机制，通过优化授信政策、加强资源配置、完善服务模式等手段，不断提高服务涉农主体、贫困人口、中小企业和民营经济的水平。通过“东西部扶贫协作”“万企帮万村”精准扶贫行动，深化了银企合作关系，企业也通过搭建社会关系，增强自身影响力，强化了政企、政银、银企的关联程度，银企形成互相的有效促进作用，共同为打赢打好脱贫攻坚战拼搏奋进。

二、银企合力扶贫为推进乡村振兴积累经验

党的十四届九中全会将公有制为主体、多种所有制经济共同发展纳入社会主义基本经济制度范畴，公有制经济和非公有制经济协同发展，激发了脱贫攻坚全新活力和

不竭创造力。在脱贫攻坚战中，银企携手落实国家战略布局，积极投身决战决胜脱贫攻坚、共赴乡村振兴伟业，在“东西部扶贫协作”“万企帮万村”专项行动中创新模式、积累了经验、增强了实力，与国家经济发展脉搏互动共鸣。特别是民营企业在“万企帮万村”精准扶贫行动中，切实体现了社会主义经济制度对民营经济的友好性，致力于扶贫事业汇聚成一支前进中的扶贫生力军，充分彰显民营企业在脱贫攻坚中发挥的重要作用。在“十四五”的乡村振兴中，农发行坚决在党中央决策部署、政策制度的框架内，服务于各类经营主体及社会经济组织等，携手同心，共同为巩固拓展脱贫攻坚成果、全面推进乡村振兴作出不懈努力。

三、为民营企业参与乡村振兴起到积极引导作用

中共中央、国务院《关于实施乡村振兴战略的意见》明确提出，要加快制定鼓励引导工商资本参与乡村振兴的指导意见，充分发挥财政资金的引导作用，撬动社会资本更多投向乡村振兴战略。脱贫攻坚战胜利之后，两大行动继续发挥作用，“东西部扶贫协作”更名为“东西部协作”，“万企帮万村”也升级为“万企兴万村”，民营企业将在原有帮扶项目的基础上，进一步延长产业链、供应链，开发农业多种功能、乡村多元价值，催生出高效农业、乡村旅游等新产业、新业态，扩大农村产业集群规模。农发行也将“东西部协作”“万企兴万村”行动作为巩固拓展脱贫攻坚成果、全面推进乡村振兴的重要抓手，在总结过去行之有效经验模式的基础上，结合实际改进完善，着力提升服务民营企业能力水平，助力民营企业继续投身乡村振兴。

第十章

巩固拓展成果　推进乡村振兴

实施脱贫攻坚和乡村振兴根本上都是为了解决城乡发展不平衡这个最大的不平衡和农村发展不充分这个最大的不充分问题，都是为了满足农民日益增长的美好生活需要。作为我国唯一的农业政策性银行，农发行将坚定不移服务国家重大战略，立足新发展阶段、贯彻新发展理念、服务新发展格局，继续推动行之有效的金融扶贫模式发挥积极作用，在金融服务巩固拓展脱贫攻坚成果、全面推进乡村振兴工作中进一步发挥先锋主力模范作用。

第一节　接续支持乡村振兴的基础保障

脱贫攻坚战宣布胜利之际，党中央、国务院就提出要对脱贫地区、脱贫摘帽县“扶上马、送一程”，明确“四个不摘”工作要求。在新发展阶段，要坚决守住脱贫攻坚成果，做好巩固拓展脱贫攻坚成果同乡村振兴有效衔接，确保工作不留空档，政策不留空白，坚决守住不发生规模性返贫底线。诸多国家政策，为金融服务巩固拓展脱贫攻坚成果同乡村振兴有效接续指明了方向、提供了保障，为金融扶贫模式在全面推进乡村振兴中延续应用、不断地探索创新提供了扎实基础和前提。

一、政治保障

脱贫攻坚战的全面胜利标志着中国共产党在团结带领人民创造美好生活、实现共同富裕的道路上迈出了坚实的一大步，充分体现了中国共产党领导的政治优势，为脱贫攻坚胜利完成提供坚实的政治保障。2020年后，我国已经把减贫事业纳入乡村振兴战略框架下统筹安排，印发了《中共中央、国务院关于实现巩固拓展脱贫攻坚成果同乡村振兴有效衔接的意见》，明确了总体要求和具体举措，平稳有序推动实现有效衔接。巩固拓展脱贫攻坚成果、全面推进乡村振兴是系统性工程，必须全面坚持党的集中统一领导，坚持党在乡村振兴工作中总揽全局、协调各方作用，形成中央统筹、省负总责、市县乡抓落实五级书记抓乡村振兴工作的工作机制，创新开展群众工作，发挥群团组织作用，为全面推进乡村振兴凝聚全社会的强大合力。农发行各级党组织要充分发挥在支持乡村振兴中金融先锋主力模范作用，确保党中央关于巩固拓展脱贫攻坚成果、全面推进乡村振兴的决策部署在农发行落地见效。

二、法律保障

2021年6月1日，《中华人民共和国乡村振兴促进法》正式实施，标志着依法全面推进乡村振兴时代的到来。制定乡村振兴促进法，是贯彻落实党中央决策部署，保障乡村振兴战略全面实施的重要举措，是充分总结“三农”法治实践，完善和发展中国特色“三农”法律体系的重要成果，对于促进农业全面升级、农村全面进步、农民全面发展，全面建设社会主义现代化国家，实现中华民族伟大复兴中国梦，具有重要意义。同时，《中华人民共和国乡村振兴促进法》也为金融扶贫模式在乡村振兴工作中接续应用提供了法律依据，其中第六十五条明确指出，国家建立健全多层次、广覆盖、可持续的农村金融服务体系，完善金融支持乡村振兴考核评估机制，促进农村普惠金融发展，鼓励金融机构依法将更多资源配置到乡村发展的重点领域和薄弱环节。政策性金融机构应当在业务范围内为乡村振兴提供信贷支持和其他金融服务，加大对乡村振兴的支持力度。既明确了各类银行金融机构的职责，也提出了工作要求和指引，为金融机构乡村振兴工作的开展提供了有力的法律保障。

三、政策保障

国家把巩固拓展脱贫攻坚成果作为“十四五”时期“三农”工作的重要任务，摆在突出位置，明确要求务必守牢不发生规模性返贫的底线要求，建立防止返贫的监测和帮扶机制。当前，脱贫户和一些边缘户存在返贫风险，建立长效机制主要就是监测收入状况、“三保障”状况、饮水安全状况，始终坚持“三早”，即早发现、早干预、早帮扶，这也是在脱贫攻坚期主要解决的问题。2021年初，党中央、国务院印发了《关于全面推进乡村振兴加快农业农村现代化的意见》，决定对脱贫县设立五年过渡期。在这五年当中，主要帮扶政策保持稳定并不断完善，把脱贫攻坚期内形成的组织动员、要素保障、政策支持、协作帮扶、考核督导等一系列政策举措和机制办法应用到乡村振兴上来，特别是做好财政投入、金融服务、土地支持等政策衔接，推进领导体制、工作力量、规划实施、项目建设和考核督导的有效衔接，建立上下贯通、精准施策、一抓到底的乡村振兴工作体系。持续强化帮扶政策，继续做好易地扶贫搬迁后续扶持工作，有针对性地做好产业帮扶、就业帮扶，加强基础设施、公共服务建设。特别是壮大一批产业推进贫困地区特色产业持续发展。稳定加强产业发展扶持政策举措，引导和支持以县为单位，规划发展乡村特色产业。完善全产业链支持措施，加快农产品和食品仓储保鲜、冷链物流设施建设，建设一批产业园、科技园和产业融合发展示范园，推动产业特色化、品牌化、绿色化、融合化发展。此外，国家2021年确定了160个乡村振兴重点帮扶县，银保监会也专门印发《支持国家乡村振兴重点帮扶县工作方案》，明确了具体要求和支持政策，这为我们推动各方力量、各方资源聚焦，全力支持国家乡村振兴重点帮扶县巩固拓展脱贫攻坚成果、全面推进乡村振兴提供了有力的政策保障。

四、制度保障

2021年6月29日，人民银行、银保监会、证监会、财政部、农业农村部、乡村振兴局联合发布《关于金融支持巩固拓展脱贫攻坚成果　全面推进乡村振兴的意见》（以下简称《意见》），对原金融精准扶贫产品和金融支农产品、民生领域贷款产品等进行整合优化，要求金融机构要围绕巩固拓展脱贫攻坚成果、加大对国家乡村振兴重点帮扶县的金融资源倾斜、强化对粮食等重要农产品的融资保障、建立健全种业发展融资支持体系、支持构建现代乡村产业体系、增加对农业农村绿色发展的资金投入、研究支持乡村建设行动的有效模式、做好城乡融合发展的综合金融服务八个重点领域，加大金融资源投入。《意见》的出台不仅为农发行金融扶贫模式在金融支持巩固脱贫攻坚成果全面推进乡村振兴有效衔接中的应用与创新提供了支持和指导，更为农发行的业务推动和发展提供了制度保障。

2021年5月24日，中国农业发展银行与农业农村部、国家乡村振兴局联合签订了《战略合作协议》。此次合作协议的签订，是三家单位全面落实党中央、国务院关于全面推进乡村振兴、加快农业农村现代化战略部署的重大举措，农发行成为率先与农业农村部、国家乡村振兴局签订三方合作协议的金融机构，凸显了农发行政策性银行属性，强化了银政合作的机制，推动了各项工作落实落细。

第二节　金融扶贫模式支持乡村振兴发力点

“三农”工作重心历史性转向全面推进乡村振兴，对标“产业兴旺、生态宜居、乡风文明、治理有效、生活富裕”乡村振兴战略的总要求，一方面要看到其工作的深度、广度、难度都不亚于脱贫攻坚，另一方面也要看到巨大的金融需求将随之释放，金融扶贫模式在巩固脱贫攻坚成果接续乡村振兴工作中推广应用、拓展创新大有可为。

一、助力壮大扶贫产业与乡村产业振兴发展

脱贫攻坚没有产业基础是不牢固、不可持续的。产业振兴是一个长期的过程，巩

固脱贫成果也是一个长期的任务。精准扶贫政策实施以来，各地区把产业发展作为脱贫的关键抓手，培育了一批产业，对促进贫困人口脱贫和区域经济发展发挥了重要作用。脱贫攻坚与乡村振兴发展接续期，发展产业仍是巩固拓展脱贫攻坚成果、缩小区域发展差距的重要举措，也是做好衔接工作的重要纽带。在产业扶贫和乡村产业振兴的衔接阶段，农发行前期总结产业金融扶贫模式中的“产业化联合体”“供应链”“土地+”等诸多可以直接应用的模式，特别是粮棉油产业金融扶贫模式，不但能够支撑农发行做实做强主责主业，更能够在乡村振兴落实“中国人的饭碗任何时候都要牢牢端在自己手上”总要求中发挥独特作用，在巩固和扩大脱贫攻坚成果的基础上，为推进乡村振兴发挥更大的作用。

二、助力巩固易地扶贫搬迁成果与推进生态移民

针对“一方水土养育不了一方人”、贫困人口难实现就地脱贫的情况，近年来，国家通过实施易地扶贫搬迁工程，采取一系列超常规举措，解决搬迁地区贫困人口脱贫工作取得了决定性进展。但这并不意味着这项工作完全结束，“搬得出、稳得住、能脱贫”成果巩固拓展需要强化落实，特别是搬迁后的一些产业需要转型升级，一部分搬迁劳动力还没有稳定就业，一些安置点配套基础设施也有待完善，还有一些同样生活在生存环境恶劣地区的边缘户没有享受到搬迁政策的扶持，存在返贫的风险。脱贫攻坚期后，国家有关部门将对易地扶贫搬迁政策进行调整完善，巩固易地扶贫搬迁成果与推进生态移民的需求将进一步增大，以相对落后地区为重点，把符合搬迁条件的农民群众一起纳入搬迁范围的新一轮生态扶贫搬迁工程将会启动。随着国家易地扶贫搬迁融资政策的调整，农发行立即调整支持策略、转移支持重点，应用现有信贷产品、成熟的融资模式率先作为，着力加大对易地扶贫搬迁后续扶持信贷支持力度，在解决棘手问题时发挥积极作用。后续，农发行将尽快实现与国家发改委联合发文，在5年过渡期内，承诺易地扶贫搬迁后续扶持信贷资金投入不低于1200亿元目标。同时，农发行按照国家部署，用好易地扶贫搬迁金融服务积累的经验，做好未来生态移民搬迁政策研究、产品与融资模式创新和资金筹措等各项准备工作。

三、助力补齐相对落后地区基础设施建设短板

脱贫攻坚期间，国家全力支持贫困地区基础设施建设，生产生活条件明显改善，这是贫困群众看得见、感受得到的最大实惠，但与全国相比、与自身发展需要相

比，贫困地区基础设施建设仍然滞后，质量还不够高，有的设施还不健全。此外，前期建成的道路、水利等基础设施缺乏后续运营维护，存在“重建设、轻管理”的现象，补齐农村基础设施和公共服务短板将是一项长期的历史任务，也是区域性帮扶的重点任务举措，必须持续用力、久久为功，不能因为脱贫摘帽而松下来、慢下来。国家有关部门已经明确，过渡期基础设施建设投入将进一步向脱贫摘帽较晚地区倾斜，中央预算内投资支持力度保持不变。农发行基础设施扶贫金融模式也必将在基础设施补短板中发挥效能，不断为助力改善区域发展条件、持续巩固脱贫成果发挥作用。

四、助力提升农村公共服务能力改善民生水平

脱贫攻坚期内，从中央到地方，都大力推进贫困地区乡村教育、文化、医疗卫生、社会保障等农村公共服务，政策体系不断健全完善，公共服务水平明显改善和提升，为贫困群众织起了一张“保障网”，为贫困地区乡村振兴提供了有力支撑。但相对落后地区公共服务水平仍然滞后，供给总量不足、保障水平低、政策“悬崖效应”明显等问题仍然存在，与未来推动持续减贫、实现乡村振兴的要求不相适应。要做好与乡村振兴的衔接工作，必将着力巩固脱贫摘帽县“三保障”成果，不断提升农村公共服务能力改善民生水平。财政投入将向重点帮扶的相对落后地区倾斜，中央财政一般性转移支付力度将进一步加大。在补上教育、文体、医疗卫生、社会保障等方面硬件短板的同时，更加注重公共服务质量的提升，促进公共服务均等化，缩小城乡差距，更好满足农民群众对美好生活的需要。农发行将充分应用“三保障”、基础设施、“土地+”等金融扶贫模式，在与时俱进、不断应用创新中打好“组合拳”，为提升农村公共服务能力改善民生水平发挥更大作用。

第三节 全面服务乡村振兴战略

脱贫攻坚战取得全面胜利后，共同富裕的主题聚焦于乡村振兴。农发行坚持“服务乡村振兴的银行”战略定位，以服务乡村振兴统揽新发展阶段支农业务，牢牢聚焦服务乡村振兴的六大领域，坚决维护国家粮食安全，全力服务巩固拓展脱贫攻坚成果同乡村振兴有效衔接，大力支持农业现代化，积极支持农业农村建设，全力服务区域协调发展，提升绿色金融服务水平，继续争当金融服务巩固拓展脱贫攻坚成果、全面推进乡村振兴的先锋主力模范。

一、坚决维护国家粮食安全

充分发挥“粮食银行”品牌优势，全力支持政策性收储和市场化收购，全力服务国家粮食调控政策。围绕“粮头食尾”支持粮食全产业链发展，促进粮食加工业发展，支持现代农业产业园和农业强镇建设，积极支持重要农产品稳产保供。平衡好保障粮食安全与特色农业的关系，积极支持粮食安全产业带建设，认真落实“藏粮于地、藏粮于技”战略，解决好种子和耕地两大“瓶颈”，推动品种培优、品质提升、品牌打造和标准化生产等“三品一标”建设。在推动延伸粮食产业链、提升价值链、打造供应链“三链协同”中发挥积极作用，在促进优粮优产、优购、优储、优加、优销“五优联动”中作出突出贡献。做强“农地银行”品牌，着力助推农田提质增效，积极支持高标准农田建设，全力助推农村土地改革。积极支持现代种业提升工程，推动农作物种业、畜禽种业和水产种业高质高效发展。支持育种创新龙头企业发展，助力建设具有国际水平的基础性、前沿性和商业化育种体系。支持建设一批现代化种养业良种生产基地，推动形成保、育、测、繁分工种业发展格局。支持农业科技和装备建设，提升农业科技水平。大力支持“中国好粮油”示范县中的脱贫县发展，以产业化龙头企业、优质粮油产品加工等为重点，加大对粮食产购储加销各环节的信贷支持力度。

二、服务巩固拓展脱贫攻坚同乡村振兴有效衔接

继续传承发扬打造“扶贫银行”品牌的有效做法和攻坚精神，按照“四个不减”“四个坚持”“五个衔接”的工作要求，突出支持巩固“两不愁三保障”成果，及时了解重点项目资金需求，做好融智融资服务。突出支持易地扶贫搬迁后续扶持，巩固搬迁主力银行地位，助力搬迁群众稳得住、有就业、逐步能致富。突出支持脱贫地区特色产业发展，积极对接脱贫县特色产业规划，重点支持实施特色种养业提升行动，加大对产业后续长期培育的支持力度。将支持乡村振兴重点帮扶县摆在突出重要位置，创新推出一批新的差异化政策，推动项目、资源、举措聚焦倾斜。坚持把定点帮扶作为重大政治任务，持续深化“四融一体”帮扶体系，举全行之力完成好定点帮扶工作，争当中央定点帮扶单位先锋模范。全力推进对口支援、“东西部扶贫协作”“万企兴万村”和驻村帮扶等各项帮扶任务。持续强化帮扶成效管理，把促进脱贫人口和低收入人口稳定就业摆在突出位置。将帮扶成效落实情况作为贷后检查的重点，切实巩固金融扶贫成果。对于巩固拓展脱贫攻坚成果同乡村振兴有效接续，农发行有着先行先试的尝试。保定市阜平县脱贫实践被誉为脱贫攻坚同乡村振兴有效衔接的缩影。

专栏2：持续探索阜平金融支持模式，打造支持乡村振兴的样板间

2013年元旦前夕，习近平总书记在阜平县骆驼湾村和顾家台村慰问特困群众，考察扶贫开发工作，全国脱贫攻坚战的号角从这里吹响。作为全省唯一农业政策性银行，针对阜平县贫困范围广、程度深、发展基础弱的实际，坚持融智融资融情融力合力聚焦，助力阜平县扶贫项目利益链接机制和长效机制的建设，助力阜平县巩固拓展脱贫攻坚成果，全面推进乡村振兴。

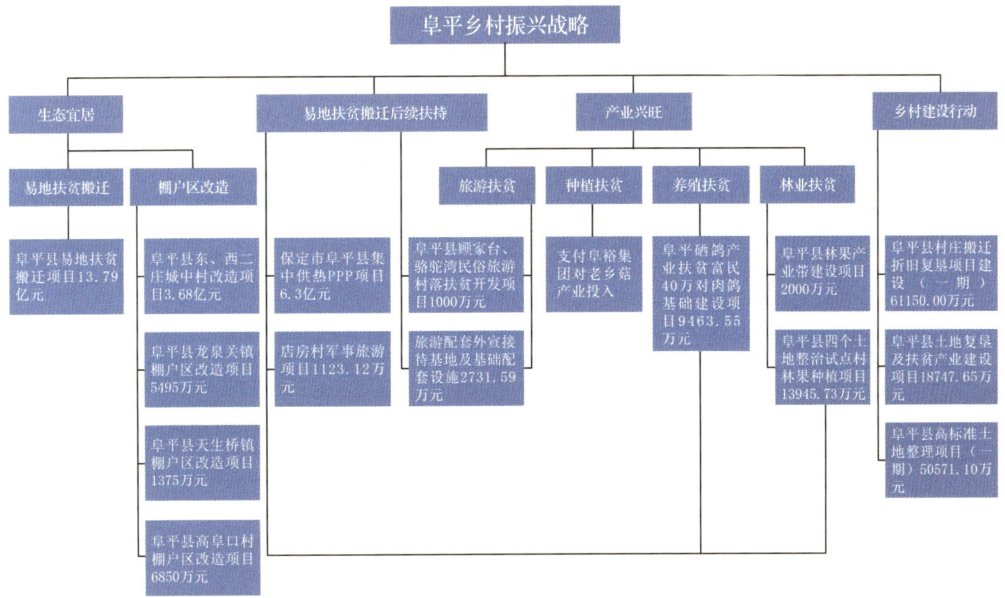

1. 通过支持改善居住生活环境，助力生态宜居。农发行为阜平县提供易地扶贫搬迁贷款13.79亿元、棚户区改造贷款5.05亿元，支持建设32个集中安置社区，助力137个行政村3.33万人实现易地扶贫搬迁；支持建设棚改安置房4418套，满足了拆迁农户住房、饮水安全和取暖、用电等基本生活需求。

2. 通过对易地扶贫搬迁后续扶持，提升公共服务水平。农发行为阜平县提供集中供热PPP项目贷款6.3亿元，使县城两个易地扶贫搬迁集中安置区和三个乡镇的集中安置点，实现了供热全覆盖。以“投贷联动”方式，支持阜平县城内集中供热二次管网改造建设项目，替代燃煤锅炉259台，减少了耗煤量、烟尘排放量，改善了人民群众生活环境，提升了公共设施服务的承载能力。

3. 通过支持发展县域特色产业，助力产业兴旺。为推动贫困地区、贫困人口自身造血功能的持续增强，农发行在支持阜平县产业发展上多点发力、多方聚焦，先后支持阜平县林果产业带建设项目、40万对肉鸽基地建设项目、骆驼湾顾家台村落文旅等县域特色扶贫、旅游扶贫项目落地，以土地流转、养殖、屠宰、食品加工、饲料加工、鸽粪加工等发展绿色循环经济，以“龙头企业+园区+贫困户”扶贫方式，推进区域林果种植、加工、现代服务产业的一二三产业融合发展，每年为流转土地450亩的农户带来33万元收益，每年为搬迁人口和土地流转农户提供岗位600多个，每人每年增收3万元。骆驼湾村和顾家台村坚持“把农村建设得更像农村”理念，打造民俗乡村旅游，带动当地旅游产业发展和50%贫困人口增收，已成为全国亮点之一。

4. 通过支持乡村建设行动，助力乡村全面振兴。农发行审批扶贫搬迁后拆旧复垦的项目贷款10.8亿元，审批农村土地流转和土地规模经营贷款10.1亿元，支持易地扶贫搬迁后村庄拆旧复垦和产业升级改造，支持县域土地平整、灌溉与排水、田间道路、农田防护和生态环境保持等工程建设，支持对现有村庄进行村容村貌改善。项目新增耕地面积2.64万亩，新增耕地率57.52%，涉及24个行政村，地区总人口26425人，涉及原贫困人口占比44.08%。项目流转土地从2021年起开始以分红方式给脱贫农户带来收益，实现乡村产业发展、居住环境改善。

5. 通过融智融力服务，实现银政企多方共赢。在扶贫实践中，农发行派出业务骨干挂职县长助理，积极参与阜平县脱贫攻坚规划编制、重点项目谋划，通过落实精准扶贫的“28+10+10”差异化信贷优惠政策，激励推动国有企业市场化转型，既解决市场主体缺乏的难题，又壮大了地方国有经济实力。

2014年，阜平县贫困发生率54.37%，2020年2月，河北省政府宣布阜平县退出贫困县序列。2021年2月，党中央、国务院授予中共阜平县委全国脱贫攻坚“先进集体”荣誉称号，红草河现代农业园区、阜平县顾家台村、阜平县骆驼湾村被原国务院扶贫办确定为首批全国脱贫攻坚考察点。2020年7月，骆驼湾被文化和旅游部评为全国乡村旅游重点村。同月，原国务院扶贫办在甘肃省陇南市召开全国产业扶贫工作推进会，阜平县作典型发言；同年12月，在国家发改委主办的全国易地扶贫搬迁论坛上，阜平县作经验交流。

三、大力支持农业现代化

认真贯彻农业供给侧结构性改革要求，坚持质量兴农、绿色兴农，建立全口径产业贷款支持体系，助推各地走特色化、规模化、园区化道路，提高农业质量效益和竞争力。突出支持乡村特色产业发展，抓牢产业链核心企业，打造“农头工尾”农业全产业链，推动种养加一体、农村一二三产业融合发展，围绕国家“一村一品”示范村镇和各县特色主导产业，突出支持一批有特色、有市场、有效益、有规模、有品牌的产业。全力支持农村现代物流体系建设和各类乡村产业园区建设。支持新型农业经营主体适度规模经营，积极推广产业化联合体模式，推动小农户与现代农业有机衔接。

四、积极支持农业农村建设

充分发挥农发行支持农业农村基础设施建设的专业优势，在业务范围内为乡村振兴提供中长期信贷服务。积极支持国家乡村建设行动，密切对接各地乡村建设规划，注重培育融资主体，主动参与项目设计，深入挖掘现金流，支持建设宜居、宜业乡村。接续推进农村人居环境整治提升五年行动，加大对农村改厕、生活垃圾处理、污水治理以及村容村貌提升等重点领域的支持力度。积极服务农村路网建设，持续加大对“四好农村路”建设的支持力度。推动城乡融合发展，大力支持以县城城镇化为重点的新型城镇化建设，支持棚户区改造和城镇老旧小区改造。打造“水利银行”特色品牌，全力支持水利和生态环保设施建设。围绕城乡公共服务设施均衡配置，加大对教育、医疗等公共服务设施建设的信贷支持，提升农村公共服务水平。

五、全力服务区域协调发展

认真贯彻落实国家区域协调发展战略，坚持系统观念，强化战略统筹，完善支持措施，创新金融服务，精准对接区域发展规划，全力支持长江经济带发展、黄河流域生态保护，持续加大对西部大开发的支持力度，积极推动雄安新区建设，大力支持京津冀协同发展、粤港澳大湾区建设、长三角一体化发展、海南自由贸易港建设等国家重点战略。

六、提升绿色金融服务水平

深入学习贯彻习近平生态文明思想，落实绿色发展理念，聚焦“三农”领域绿色发展。完善顶层设计和管理机制，制订绿色金融发展规划，充分发挥绿色信贷委员会职能作用。积极推动绿色金融创新，丰富绿色信贷、绿色债券、绿色投资等金融产品，加快探索排污权、用能权、用水权、碳排放权等绿色权益担保方式。大力支持生态修复、环境保护、污染防治、清洁能源等生态文明建设，助力做好碳达峰、碳中和工作，着力打造"绿色银行"品牌。

"十四五"期间，农发行将以习近平新时代中国特色社会主义思想为指导，全面贯彻党的十九大和十九届二中、三中、四中、五中、六中全会精神，准确把握新发展阶段，深入贯彻新发展理念，全力服务新发展格局，坚持稳中求进工作总基调，以服务乡村振兴统揽工作全局，持续深化改革创新，全面提升治理体系和治理能力现代化水平，巩固提升在农村金融体系中的主体和骨干作用，更好发挥政策性银行"当先导、补短板、逆周期"作用，推进农业农村现代化，助力全面建设社会主义现代化国家，推动全体人民共同富裕，开启农业政策性金融服务"三农"的新阶段。

参考文献

[1] 中共中央党史和文献研究院. 习近平扶贫论述摘编[M]. 北京：中央文献出版社，2018.

[2] 中共中央党史和文献研究院. 习近平关于“三农”工作论述摘编[M]. 北京：中央文献出版社，2019.

[3] 钱文挥. 推动政策性银行高质量发展[J]. 中国金融，2019（3）.

[4] 钱文挥. 聚合资源　聚焦重点　聚力帮扶　构建农业政策性扶贫新格局[J]. 中国金融家，2019（8）.

[5] 钱文挥. 践行农业政策性银行职责使命　坚决助力脱贫攻坚战圆满收官[J]. 中国金融家，2020（4）.

[6] 钱文挥. 不负习近平总书记嘱托　发挥金融扶贫先锋主力模范作用[J]. 农村发展与金融，2021（3）.

[7] 解学智. 全力服务国家战略和“三农”发展[J]. 紫光阁，2017（8）.

[8] 解学智. 以更大作为高质量服务乡村振兴战略[J]. 农村发展与金融，2018（5）.

[9] 解学智. 充分发挥农业政策性金融职能作用　坚决助力打赢脱贫攻坚战[J]. 中国政协，2020（5）.

[10] 解学智. 脱贫攻坚再出征[J]. 农村发展与金融，2021（3）.

[11] 徐一丁. 政策性金融的精准扶贫[J]. 农村发展与金融，2017（6）.

[12] 徐一丁. 对持续推进政策性金融扶贫实验示范区建设的思考[J]. 中国银行业，2018（7）.

[13] 徐一丁. 发挥政策性银行作用，坚决打赢脱贫攻坚战[J]. 农村发展与金融，2020（1）.

[14] 中国农业发展银行课题组. 农业政策性金融演进与国际比较[M]. 北京：中国金融出版社，2020.

[15] 农发行总行乡村振兴部（原扶贫综合业务部）. 支持易地扶贫搬迁　打响“当头炮”勇当“主力军”[J]. 农村发展与金融，2021（3）.

[16] 农发行总行粮棉油部. 决战决胜脱贫攻坚的“粮棉油”力量[J]. 农村发展与金融，2021（3）.

[17] 农发行总行基础设施部. 基础设施助脱贫 政策金融显实效[J]. 农村发展与金融，2021（3）.

[18] 农发行总行产业客户部（原创新部）. 真抓实干促脱贫 尽锐出战勇攻坚[J]. 农村发展与金融，2021（3）.

[19] 农发行总行政策研究室. 以高质量政策研究助力打赢脱贫攻坚战[J]. 农村发展与金融，2021（3）.

[20] 农发行总行政策研究室课题组. 建立完善更好发挥政策性银行职能作用的体制机制[J]. 农村发展与金融，2020（12）.

[21] 中国农业发展银行. 2020债券社会责任报告.

[22] 中国农业发展银行. 打造产业扶贫“吕梁模式”[OL]. 人民网—扶贫频道—专题策划——第三届中国优秀扶贫案例报告会，2020.

[23] 陈锡文，韩俊. 中国脱贫攻坚的实践与经验[M]. 北京：人民出版社，2021.

[24] 胡兴东，杨林. 中国扶贫模式研究[M]. 北京：人民出版社，2019.

[25] 黄承伟. 一诺千金 新时代中国脱贫攻坚的理论思考[M]. 南宁：广西人民出版社，2019.

[26] 黄承伟. 一诺千金 中国精准扶贫路径与时间[M]. 北京：外文出版社，2021.

[27] 李飞，杨德勇. 金融扶贫理论的中国实践研究[M]. 北京：中国经济出版社，2020.

[28] 李培林，魏后凯，等. 中国扶贫开发报告（2016）[M]. 北京：社会科学文献出版社，2016.

[29] 李培林，魏后凯，吴国宝，等. 中国扶贫开发报告（2017）[M]. 北京：社会科学文献出版社，2017.

[30] 廖文梅，胡春晓，彭泰中. 区域农村贫困现状脱贫路径及其绩效研究[M]. 北京：中国商业出版社，2019.

[31] 潘功胜. 金融精准扶贫：政策、实践和经验[M]. 北京：中国金融出版社，2019.

[32] 王曙光. 中国扶贫——制度创新与理论演变（1949—2020）[M]. 北京：商务印书馆，2020.

[33] 中国国际扶贫中心. 资产收益扶贫的中国实践与经验[M]. 北京：中国农业出版社，2020.